Le
Roman de mon Enfance

et

de ma Jeunesse

MADAME ADAM

(JULIETTE LAMBER)

Le
Roman de mon Enfance
et
de ma Jeunesse

PARIS
ALPHONSE LEMERRE, ÉDITEUR
23-31, PASSAGE CHOISEUL, 23-31

M DCCCCII

PRÉFACE

—

Aujourd'hui l'œuvre d'un écrivain n'a tout son intérêt que si cette œuvre est étudiée dans les impulsions premières qui l'ont fait naître, dans le milieu où elle a été élaborée, dans ses relations avec le but poursuivi et le but atteint.

Autrefois l'écrivain avait peu d'importance. L'œuvre, et c'était assez! La dualité de la recherche des causes de la production et de la production elle-même ne préoccupait qu'une minorité infime de lecteurs.

Mais, peu à peu, les écrivains s'y prêtant, on a jeté chaque jour des regards plus indiscrets dans la vie personnelle de ceux qui se consacrent à diriger, à éclairer ou à distraire la vie des autres.

Il y a quarante ou cinquante ans le lecteur

lisait d'abord un livre, il jugeait l'écrivain à l'écrit, puis, au besoin, il appuyait son jugement sur celui d'un grand critique ayant fait lentement sa preuve de savoir et reconnu digne d'être consulté.

A cette heure il se produit tout le contraire. Le livre est annoncé avec tant d'indiscrétion que le grand public sait par avance quels en sont le thème et le développement. On a parcouru vingt petites analyses, autant d'interviews de l'auteur, et alors sur l'impression de cet ensemble on se décide à lire, ce qui est une faveur insigne pour l'écrivain, car on pourrait fort bien parler de son livre, le juger sans l'avoir lu.

La curiosité générale est insatiable de menus détails sur les faits et gestes de l'écrivain déjà célèbre ou gravitant autour de la notoriété.

Mais si les façons actuelles diluent à l'infini les éléments d'appréciation personnelle d'une œuvre, en revanche elles ajoutent au portrait de l'écrivain, qui se dégage de toutes ces enquêtes, de toutes ces indiscrétions, des traits de physionomie qui ont peut-être un intérêt plus vivant.

Il faut donc en prendre son parti et se demander si, à l'aide d'observations multipliées, étendues de l'œuvre à l'ouvrier, une critique plus large, plus éclairée, ne s'élabore pas, englobant toutes les intentions de l'écrivain en même temps que tous les résultats obtenus par son livre.

Ou bien serait-ce que, toujours surmenés, nous sommes devenus impropres à ressentir l'onction de la lecture d'une œuvre pour elle-même, sans récits anecdotiques délassant en dehors d'elle quoique se rapportant à elle, que nous ne trouvons plus le loisir des réflexions profondes et mûries, des jugements qui se formulaient en axiomes dont les termes étaient longuement pesés?

Il faut du temps pour découvrir quelle est la pensée maîtresse d'une œuvre de valeur, pour en dégager les moralités hautes, les hérédités d'art.

Savoir vite, vite étant la loi affolante de la vie nouvelle, on demande à l'auteur, dont on connaît par avance tous les mobiles, ce qu'il a voulu dire, faire, ou prouver; que de temps on gagne ainsi, et nul risque alors de « rêvasser à faux ».

Ah! oui, le rêve, parlons-en! monnaie dorée qui n'a plus cours, qu'on sème derrière soi dans sa hâte à poursuivre ce qui est devant les autres. Si, par hasard, on le retrouve, au retour, ce rêve, comme il apparaît souillé dans la poussière du chemin!

Une question à poser, voire un phénomène à constater, lequel d'ailleurs peut vous « sauter aux yeux », cela se fait en courant, mais scruter seul les pourquoi, découvrir la loi des faits qu'on groupe avec quelque méthode, donner à cette loi son classement logique dans les causalités générales, en vérité quelques mots bien vulgaires peuvent seuls résumer l'impression que ces problèmes, qui nous passionnaient, nous, « les anciens », que ces « balançoires », que ces « machines » font éprouver à ceux qui entendent avant tout être « nouveaux ».

En écrivant vos souvenirs personnels vous encouragez, me dira-t-on, ce que vous paraissez condamner. Je ne condamne rien. Je constate un état d'esprit, des façons d'être. Je pense même que si « de mon temps » l'œuvre tenait toute la place, et que si aujourd'hui l'auteur excite un intérêt disproportionné, l'avenir pourra trouver entre ces deux extrêmes une moyenne équilibrée.

Si la vie littéraire se brûle maintenant par tous les bouts, c'est peut-être qu'à son foyer il n'y a plus que les tisons des torches lumineuses du passé. Il faut que le bois dont se chaufferont les écrivains futurs soit renouvelé et se consume normalement par le milieu.

Quoiqu'il en soit, il est utile peut-être de fixer une époque fuyante aux yeux de ceux qui se précipitent à la poursuite de l'époque qui la remplace.

Les vieillards ont le goût et la mission de raconter ce qui était hier, surtout lorsqu'ils n'imposent pas la supériorité et l'enseignement de ce qui a disparu, qu'ils narrent simplement et laissent aux jeunes le soin de dégager la leçon et de conclure.

Dans les esprits de ceux qui nous ont éduqués, le sentimentalisme, l'humanitarisme, brutalement puis glorieusement refoulés par la Terreur et par l'Empire, étaient rentrés triomphants.

Bien plus, la Révolution et Bonaparte avaient ouvert nos portes à l'afflux du dehors. Nos pères donnèrent asile à toutes les utopies venues d'Italie, d'Allemagne, d'Autriche, de Russie. Le mélange était si ahurissant que toutes les extravagances en découlèrent.

Autour de la conception sociale des « classes souffrantes » de la conception politique des « crimes des grands », la conscience des « hommes de progrès » évolua.

De l'amour et de l'indignation furent les aliments dont on nourrit notre jeune cœur.

L'Évangile, le socialisme de Jésus, les exemples de sublimité tirés de la Grèce et de Rome, étrangement associés, guidaient les actes de nos pères, inspiraient les premiers des nôtres.

Les ennemis étaient naturellement et exagérément les gens de raison, ceux qui possédaient le lourd bon sens, le « bourgeois ».

Nous sommes, dans nos impulsions premières, les fils des hommes de 1848 ; nos réactions mêmes sont nées de leur action.

Nous n'avons marché qu'entraînés par eux, hantés comme eux de la nécessité d'ajouter à nos rêves illimités ce qu'ils ont cru le contre-poids de l'amour éperdu de l'humanité, la science ; mais la science qui, croyions-nous, apportait l'allégement au travailleur par la machine, le bon marché au pauvre, l'enrichissement égalitaire au misérable.

Les droits de l'homme, phrase ressassée sans qu'elle ait jamais entraîné sa compréhension par ceux qui s'en disaient les défenseurs avant, pendant et après 1848, n'avaient pour eux d'autre signification que de faire réaliser par la société la plus grande somme de bonheur possible pour l'individu.

Ceux qui se proclamaient alors socialistes, et la tradition en est restée, ne tenaient aucun compte de la société, ni de ses relativités, ni de ses moyennes nécessaires, ni de ses « cottes mal taillées », comme il faudrait dire. En face des droits de l'homme socialiste, ils ne consentaient pas à voir se dresser les droits sociaux, expression souvent dure des droits de chacun additionnés et devenant les droits de tous.

Les dogmes religieux seuls peuvent affirmer l'absolu du droit de l'âme individuelle, parce que celle-ci ne prend contact avec les autres âmes que dans l'infini. L'absolu ne se réalise que dans les évolutions vers la mort. Mais le contact des hommes dans la vie a des contingences que la société triture bien ou mal selon que les individus s'enchevêtrent bien ou mal, tiraillent la société ou la servent.

Les problèmes sociaux, qu'on les revête de forme dithyrambique ou qu'on les habille d'oripeaux offensants, ne peuvent faire pénétrer dans la société les réformes qu'on pose en leurs noms que si la société est prête à assimiler leurs solutions ; sinon ils la bouleversent, la convulsionnent, et la repoussent vers les réactions.

Je suis la fille d'un père sincèrement sectaire, désintéressé jusqu'au sacrifice, qui rêvait la liberté absolue, l'égalité absolue. Jusqu'à l'année terrible, son esprit a dominé le mien. Il ne crut son rêve réalisé qu'un instant, à la Commune. Aujourd'hui il serait le disciple de M. Brisson, dont il était l'ancêtre. Il ne poursuivrait qu'une idée : le chambardement.

Les chambardeurs et les Brissonnistes ne sont

donc que des intelligences attardées et vieillies que n'a pas délivrées des sophismes la fulgurante et terrible vision de 1870, que n'a pas galvanisées la plainte de la terre Française piétinée par les Prussiens, que n'a pas armées de combativité patriotique le spectacle de la chair pantelante des provinces arrachées à la France, et qui, sur la figuration de notre Patrie, occupaient la place du cœur...

JULIETTE ADAM.

Le

Roman de mon Enfance

et de ma Jeunesse

———

A mesure que j'avance en âge, l'une des choses qui m'étonne le plus, c'est la netteté singulière de mes souvenirs d'enfance. Quelques-uns m'ont été maintes fois redits, il est vrai — et ce sont justement les plus lointains, — par la bonne qui m'a élevée, par mes grands-parents, pour lesquels tout ce qui concernait leur unique petite fille prenait une importance à nulle autre pareille.

Cependant, au travers de ces redites, lorsque je m'interroge, je retrouve des impressions, des actes, que nul des miens n'a pu connaître et qui surgissent à mes yeux avec une précision extraordinaire.

Mais alors je suis prise d'un autre scrupule et je me demande si ces impressions viennent à moi, telles, strictement, que je les ai éprouvées et vécues à leur heure, ou bien, si retournant vers elles avec le bagage de la vie je ne les surcharge pas inconsciemment.

Pour rassurer ma sincérité qui a des exigences troublantes, je m'efforce de me rappeler dans quels termes, à toutes les époques de ma vie j'ai parlé de mon enfance et de m'inspirer de la forme des quelques notes trop rares, hélas! prises dans ma jeunesse et gardées par les miens. C'est donc avec une préoccupation jalouse de franchise que je commence ce récit.

.*.

Élevée par ma grand-mère, je parlerai beaucoup d'elle. Parviendrai-je à la faire revivre dans toute son originalité, dans sa passion du roman qu'elle nous a imposée à tous, faisant de la vie des siens, par l'impulsion première et dominatrice qu'elle donnait à leurs actions, une perpétuelle course au romanesque?

Nulle femme n'a été plus enfermée dans le gynécée. Je n'ai pas vu ma grand'mère, sauf pour aller le dimanche à la messe de huit

heures, sortir cent fois de sa grande maison et
de son grand jardin ; en revanche je n'ai jamais
rencontré dans un esprit un pareil amour de
l'aventure, une telle horreur de l'existence
attendue et subie, un appétit si journalier et si
impérieux du roman lu ou vécu.

Sa tendresse pour moi fut si absorbante que
j'ai pour ainsi dire dévoré sa vie à partir du
jour où elle me l'eut consacrée.

Je l'ai aimée exclusivement jusqu'au jour où
mon père, avec sa puissance d'arguments, la
plupart négateurs, et sa bonté vivifiante, s'em-
para de mon esprit et m'entraîna dans ses
idées.

Entre ces deux êtres exceptionnels et un peu
fous, l'un d'une générosité de cœur admirable,
d'une droiture de sectaire, passionnément con-
vaincu dans ses exaltations et immodifiable,
l'autre d'une vraie noblesse d'âme, de vertu
rigide, mais d'une imagination fantaisiste sans
limites : entre les deux, les adorant tour à tour
un peu plus l'un, un peu plus l'autre, j'ai été
ballottée à tel point qu'il m'eût été impossible
de trouver en moi un point d'appui à mes premières pensées, au milieu d'oscillations continuelles, si je ne m'étais constamment efforcée
de me chercher et de me trouver. Et, malgré
cet effort, quel temps j'ai mis à me dégager de
la double empreinte de mes bien-aimés parenst !

Ce qui m'a garée de l'absorption totale de l'un d'eux, ce qui m'a permis d'échapper à l'ardeur de chacun de me pétrir à sa ressemblance, si dissemblable de celle de l'autre, c'est la conscience très hâtive que j'ai eue des bienfaits protecteurs de la volonté personnelle.

Entre mon père et ma grand'mère, je me suis, intuitivement d'abord, puis sûrement plus tard, appliquée à être quelque chose. Est-ce là le point de départ de mon vouloir d'être quelqu'un?

Dans la lutte sans trêve dont je fus l'enjeu entre mon père et ma grand'mère, nous étions trois.

*
* *

Il flotte dans mes souvenirs vingt histoires plus bizarres, plus excentriques les unes que les autres, de mariages de bisaïeules, de trisaïeules dans la famille de ma grand'mère maternelle.

Leurs aventures ont tant intéressé mon enfance que je n'hésiterais pas à les livrer à l'ébahissement de mes lecteurs, si, en vérité, elles n'étaient trop nombreuses.

Ma grand'mère, qui causait et contait avec

un esprit très vif, très goguenard, très mordant, se plaisait aux récits des romans de ses
grand'mères. Elle aimait à faire revivre pour
moi toutes ces figures apparentées « de son
côté », ne me parlant jamais de la famille de
mon père que je ne connus que très tard.

Elle avait l'orgueil de sa caste marchande et
bourgeoise. J'ai par elle compris bien des
choses obscures dans l'histoire des luttes de la
royauté française contre les grands seigneurs
féodaux, internationalistes d'alors.

Elle me disait des siens : « Nous descendons
de ces familles de marchands de Noyon, de
Chauny, de Saint-Quentin, si influents dans
les conseils des Communes, dont plus d'un
membre fut échevin, fidèles à leur ville, à leur
province avant tout, fidèles à la royauté, pas
toujours au Roi, à la religion, pas toujours au
Pape, libéraux, homme de progrès, de pure race
gauloise, s'enrichissant avec une probité jalouse,
avec mesure, et fort dédaigneux de ceux d'entre
eux qui, pour des services rendus au souverain,
sollicitaient des lettres de noblesse.

La mère de ma grand'mère était tombée à
quatorze ans follement amoureuse d'un parent
venu de Noyon pour causer d'affaires et qui,
après une journée d'entretiens, plus sérieux
que poétiques, continués au déjeûner et au
dîner, avait reçu à son départ la déclaration

suivante : « Mon cousin, quand vous reviendrez l'année prochaine ce sera pour me demander en mariage. » On rit beaucoup de cette folie, mais, comme la jeune personne fille unique était fort bien dotée, les parents de Noyon moins riches ne dédaignèrent pas l'invitation faite à leur fils.

A quinze ans la précoce Charlotte épousait son cousin Raincourt, fort beau garçon de vingt-deux ans, mais elle mourait en couches l'année suivante, donnant le jour à ma grand'mère.

*
* *

Le très jeune veuf confia la petite Pélagie à la mère de sa femme, devenue veuve elle-même.

Tandis que mon arrière grand-père se remariait à vingt-quatre ans et qu'il lui naissait trois filles très sages, très correctement instruites, Sophie, Constance et Anastasie, ma grand'mère poussait en sauvageon et stupéfiait quelquefois par ses excentricités d'enfant affreusement gâtée la paisible ville de Chauny.

Elle lisait, lisait, tout ce qui lui tombait sous la main, sans choix, refusant de se laisser con-

duire par qui que ce soit ou par quelque raison
que ce fût.

Dès qu'elle eut treize ans elle déclara à sa
grand'mère que son éducation était terminée.
Elle sortit d'une pension où depuis cinq ans
elle avait fort peu appris et se consacra alors
tout entière, pour toute sa vie, à la lecture des
romans.

Spirituelle, vivante, brillante et même quelque peu endiablée, ma grand'mère était rousse
à une époque où la couleur des cheveux
« carotte » avait peu de succès. Ses dents superbes, son nez fin aux ailes mobiles, ses yeux
verts brillants, son teint très blanc pailleté de
petites taches dorées, lui donnaient une physionomie de belle laide fort attrayante.

Romanesque comme sa mère et ses nombreuses grand'mères, elle cherchait elle-même
celui qui fixerait son choix. Elle eut quinze ans
avant de le trouver. Malgré le sort dramatique
de sa mère morte en couches et mariée trop
jeune, Pélagie commençait à se désespérer de
rester si longtemps fille.

Les prédictions de Mlle Lenormand ayant fait
surgir par toute la France une foule de nécro-
manciennes, ma grand'mère en consulta une
qui lui dit :

« Vous épouserez un étranger à la ville. »

Et cela ne l'étonna point, car elle connaissait

tous les prétendants qui pouvaient aspirer à sa main, et, parmi eux, aucun ne répondait à ce que son imagination cherchait dans un époux. Pas un jeune chaunois de bonne famille ne s'était encore jusque-là payé le luxe d'une aventure romanesque.

Ce n'est point à l'une de ses trois sœurs qu'elle eût été confier son impatience, leur père à toutes ayant déclaré que Pélagie ne se marierait qu'à vingt-et-un ans. Il désirait conserver l'administration des biens de sa première femme le plus longtemps possible au profit des trois filles nées de son second mariage.

Celles-ci d'ailleurs affirmaient que Pélagie était trop extravagante pour être mariable. L'aînée, Sophie, n'avait que quatorze mois de moins que Pélagie mais dix ans de plus comme sagesse et comme savoir.

Pélagie fit avec sa grand'mère le voyage de Noyon à la recherche d'un mari. Elle habita tout un grand mois une jolie maison ancienne, place de la cathédrale, possédée par un vieux parent qui eût désiré convoler en secondes noces avec sa grand'mère. Elle s'amusa de ce roman vieillot, mais ne vit point paraître la main de l'époux cherché, et elle s'en alla comme elle était venue...

***

Un beau jour il débarque à Chauny un jeune chirurgien en quête de clientèle.

Voilà « l'étranger à la ville » prédit par la sorcière, songe Pélagie même avant de l'avoir aperçu, et elle parle de son espoir à sa grand'-mère.

« Il y a une chose à laquelle je ne consentirai jamais, répondit celle-ci, c'est que tu épouses quiconque ne serait pas de bonne famille bourgeoise. »

Et la grand'mère prit un air d'autorité dont sa petite-fille rit de tout son cœur.

Le jeune chirurgien s'appelait Pierre Seron. On ne pouvait être bourgeoisement mieux né. Il descendait d'un médecin de Louis XIV. Son père était le premier médecin de Compiègne ayant de la réputation jusqu'à Paris. Un cousin Seron avait été conventionnel avec Jean de Bien et jouait un grand rôle politique en Belgique d'où les premiers Seron français étaient venus.

« Bonne famille! » répétaient en chœur Pélagie et sa grand'mère.

Pourvu qu'il n'ait pas eu une existence trop ordinaire, se disait Pélagie.

Pierre Seron passe et repasse dans toutes les rues de la ville pour faire croire qu'au débotté il a déjà une clientèle. Il a bien vite quelques succès qui le font apprécier.

Comme homme il est superbe, un peu trop grand peut-être. Sa taille est celle d'un grenadier de la garde impériale ; de visage il est moins bien. Il porte les cheveux plats à la Napoléon, il a le front un peu étroit et de grands yeux gris à fleur de tête. Son nez est gros, mais sa bouche — il est toujours fraîchement rasé — a un joli sourire gai et narquois malgré des lèvres sensuelles fort épaisses.

Jamais on ne le voit qu'en habit et en cravate blanche. Somme toute bien campé, de belle allure, Pierre Seron a bon air et vraiment c'est un très bel homme.

Il faudrait qu'il n'eût pas l'œil ouvert et l'extrême besoin de faire un mariage riche pour ne pas remarquer l'intérêt que Mlle Pélagie Raincourt prend à chacune de ses allées et venues.

« Pourquoi, son père étant médecin à Compiègne, ce jeune chirurgien est-il venu s'établir à Chauny? répète la grand'mère. Il y a quelque chose. »

Oh! oui, il y a quelque chose! Et, comme

Pierre Seron est assez bavard, que Compiègne
n'est pas à cent lieues de Chauny, on la sait
bien vite, « l'histoire ».

*
* *

C'est tout simplement un héros de roman !
« Sa vie est un roman, un grand, un vrai roman, » s'écrie un jour Pélagie, rentrant d'une
visite à une vieille parente que soigne Pierre
Seron et chez laquelle elle a tout appris !

Et la grand'mère, émue de l'émotion de sa
petite-fille, écoute le récit amoureusement
conté, car déjà Pélagie est éprise de la triste
aventure de Pierre Seron autant et plus peut-
être que de lui-même.

« Il est le second fils d'un père qui l'a exécré
dès le jour de sa naissance. Le docteur Seron
n'a jamais aimé que son aîné, son orgueil, celui
qui aurait dû être « l'unique ».

Ce mot, il l'a répété sans cesse à la mère
craintive, soumise, qui osait à peine protéger
l'enfant malmené, battu, vivant avec les domestiques.

Pauvre petit, sauf un baiser rare, une caresse
furtive de sa mère, il a été la victime des siens.

Un jour qu'il est très malade du croup, son

père veut l'envoyer à l'hôpital à cause de la contagion pour l'aîné. La mère, cette fois, résiste, s'enferme avec lui dans sa toute petite chambre, le soigne, le veille, l'arrache à force d'énergie et de dévouement à la mort. Mais elle a épuisé toutes ses forces. Elle reste ensuite comme hébétée, et l'enfant souffre dans sa convalescence ; il est en danger presque autant que durant sa maladie.

A neuf ans, un domestique l'accuse d'un vol que lui-même a commis. Il est chassé de la maison paternelle un soir d'automne, n'ayant pour tout bien que les pauvres vêtements qu'il porte et quelques écus péniblement amassés par sa mère qui les lui glisse dans la main sans même l'embrasser.

Il se couche en travers de la porte lorsqu'elle se referme sur lui et il espère que quelqu'un en passant l'écrasera. Il crie, il supplie. Les voisins s'ameutent autour de lui, le plaignent, répétant haut, très haut, que c'est abominable, que la justice devrait protéger ce malheureux petit, mais pas un n'ose l'emmener chez lui.

Dès que Pierre est seul, de nouveau abandonné, il regarde une dernière fois « les grands yeux luisants et méchants des fenêtres éclairées de la maison ».

C'est, dit Pélagie à sa grand'mère, la phrase dont Pierre Seron s'est servi en contant son histoire. Le pauvre enfant va droit devant lui. Où? il ne le sait pas. Instinctivement il se dirige vers la ferme où l'envoyaient chaque matin à la première heure et par tous les temps, les domestiques de son père chercher du lait.

La fermière, plus d'une fois, l'a pris en pitié lorsqu'il lui a dit sa peine, et il se rappelle l'une de ses paroles.

« Tu serais plus heureux gardeur de vaches. »

Il entre. Les fermiers soupent. Il s'assied auprès d'eux et éclate en sanglots. Il ne peut parler.

« On t'a chassé? » lui demande la fermière. Il fait signe que oui. Alors les braves gens le consolent, l'obligent à souper, vont le coucher sur de la paille fraîche à l'écurie et le gardent, l'occupant à la ferme où il gagne sa nourriture.

L'année suivante le vacher étant parti, à dix ans, ayant l'air d'en avoir quatorze tant il a grandi, il le remplace. Tout ce qu'il peut faire pour prouver sa reconnaissance à ceux qui l'ont recueilli, il le fait. Très appliqué, dévoué, intelligent, il supplée à sa jeunesse par une bonne volonté sans cesse en éveil.

Le fermier, dès le lendemain de l'entrée de Pierre chez lui, refusa de servir du lait au docteur Seron. Plus tard il alla le braver, pensant l'humilier lorsque son fils devint vacher.

« Tant mieux, répondit le père avec dureté, c'est probablement le seul métier qu'il pourra jamais faire. »

Ces paroles, répétées à Pierre, au lieu de le désespérer, fixèrent sa destinée.

« Je serai un jour le docteur Seron, » se dit-il.

Sa mère lui avait appris à lire dans un vieux petit dictionnaire de médecine latin-français qu'il ne quittait pas et à l'aide duquel il se perfectionnait dans sa connaissance bien imparfaite de l'assemblage des mots.

A partir de ce jour, durant qu'il gardait ses vaches, non seulement il s'exerçait à bien lire, à écrire les lettres avec un bâton sur la terre, mais il apprenait un à un les mots latins et français du dictionnaire, et sa jeune cervelle s'éclairait au contact de cette science brute et informe.

Dès qu'il gagna quelque argent il acheta des livres de médecine et il étudia avec rage le jour, le soir sous la lampe fumeuse du fermier, la nuit au clair de lune.

Il ramassa des simples pour un herboriste rencontré dans les champs et reçut de lui d'utiles leçons. Cet herboriste s'intéressa au pauvre enfant, dirigea un peu ses études et lui acheta des livres utiles.

Pierre inventa un panier de jonc très joli

pour mettre le fromage frais en été, et la fermière qui vendait dans ces paniers ses fromages
quelques sous de plus en partagea le bénéfice
avec Pierre.

Il confiait ses économies à son protecteur
l'herboriste qui prêtait aux uns et aux autres
de petites sommes, et en tirait quelques rentes
au profit de la maigre bourse du vacher.

Quelques années se passèrent. Pierre essaya
plusieurs fois de revoir sa mère. Elle vivait
enfermée, séquestrée peut-être, et il ne put
jamais parvenir jusqu'à elle.

Son frère qui avait cinq ans de plus que lui
et qui étudiait la médecine à Paris festoyait
durant les vacances avec les jeunes messieurs
de la ville.

Pierre l'entendit un jour nommer par un
camarade dans une troupe de jeunes gens et de
belles demoiselles qui venaient boire du lait
chaud à la ferme.

« Ce lait vous est servi par le vacher d'ici,
qui est votre frère légitime, lui dit Pierre en lui
présentant un bol mousseux.

— Mon frère est mort, répondit l'aîné.

— Vous le retrouverez avant quelques années
bien vivant en face de vous à Paris, monsieur, »
répliqua Pierre.

On parla dans tout Compiègne de l'histoire
oubliée de l'enfant chassé et abandonné.

Comme l'aîné des Seron donnait peu de satisfaction à son père, on se dit que c'était Dieu
qui punissait ce dernier de sa cruauté, mais on
ne prêta aucune attention à la prédiction du
vacher.

*
* *

A dix-neuf ans Pierre possédait onze cents
francs d'économie. Un jour d'automne que son
père prenait la diligence, comme il le faisait
chaque quinzaine pour aller embrasser son fils
aîné à Paris et surtout pour le recommander à
ses professeurs qui ne pouvaient rien faire de
cet étudiant ennemi de l'étude, Pierre Seron,
le cadet, se dirigeait pieds nus, pour ne pas user
ses souliers, et sa besace au dos vers la capitale.

On devine dans quel bouge du quartier latin
il se logea. Avant de se faire inscrire à la Fa-
culté il chercha sur les quais un travail de nuit.
Sa haute taille lui devint la meilleure des recommandations. Il fut engagé comme déchargeur
de bateaux de huit heures du soir à deux heures
du matin au prix de quarante-cinq sous. Il ne
lui en fallait pas plus pour vivre, et il espéra
même ajouter à son pécule qu'il craignait ne

pouvoir lui suffire pour ses inscriptions et ses livres.

Combien de fois moi-même ai-je fait raconter à mon grand-père cette époque de sa vie qu'il se rappelait fièrement.

Pélagie continuait son récit à sa grand'mère qui écoutait bouche bée, attendrie aux larmes.

Pierre avait emporté ses habits de travail, et chaque soir il devenait, non un débardeur de bal public comme son frère, mais un déchargeur sur les quais de la Seine.

Le jour, il suivait les cours avec un zèle, une application, une ardeur passionnés, qui le firent bien vite distinguer par ses professeurs.

Son nom les frappa ; ils l'interrogèrent et l'un d'eux, que le docteur Seron avait blessé en lui faisant d'aigres reproches sur sa sévérité envers son fils aîné, exalta le cadet, s'en occupa spécialement, et bientôt il y eut deux camps : celui des travailleurs amis de Pierre, celui des bambocheurs amis de Théophile Seron. Une fois on en vint aux mains. Le cadet prit son aîné à bout de bras et le secoua fortement.

« Je vous avais bien dit que votre frère le vacher vous retrouverait à Paris, » lui dit-il en le laissant retomber d'un peu haut.

Tandis que son frère festoyait grassement, Pierre gelait sous les toits en hiver, cuisait en été, mangeant et dormant mal, travaillant

chaque nuit sur les quais. Le dimanche il rac-
commodait ses habits achetés chez le fripier et
fort peu solides, il faisait la lessive de son pauvre
linge. Pierre ne portait que des plastrons et des
manchettes, sa chemise était de toile grossière,
ses chaussettes n'avaient que des sous-pieds et
pas de pieds. Il connut toutes les misères et
toutes les privations.

Il eut en revanche la joie de comprendre
l'avantage d'être né de parents affinés. Les
bonnes manières lui furent faciles et son intelligence aidée par l'hérédité lui sembla toute
préparée à s'ouvrir aux études médicales les
plus ardues. Il se découvrit des facultés d'assi-
milation qui l'étonnèrent lui-même. Bref, il
passa brillamment ses examens, tandis que
monsieur son frère était réfusé à tous.

Le docteur Seron, que Pierre rencontra plus
d'une fois en compagnie de son frère, lui parut
un vieillard courbé par le poids des chagrins;
son fils bien-aimé le ruinait.

Lorsqu'il eut terminé ses études et conquis
ses titres, Pierre Seron écrivit deux lettres, une
à son père et une à sa mère, leur disant qu'il revenait à eux comme un fils seulement éloigné,
qu'il pardonnait. Il ne reçut aucune réponse de
sa mère, mais une malédiction furieuse de son
père.

Son ami, l'herboriste de Compiègne, découvrit la situation de Chauny et lui fit quelques avances nécessaires pour l'occuper. Il ne trouva d'aide qu'auprès de ce fidèle protecteur.

« C'est ainsi, continua Pélagie Raincourt, que Pierre Seron vint s'établir dans la ville où je l'attendais, » et elle ajouta : « Grand'mère, il me le faut pour mari ! »

* *
*

« Sans doute répondit la grand'mère, je l'aime déjà, moi aussi, ce brave cœur, mais il faut que tu lui plaises. »

Pélagie n'avait pas pensé à cela.

Un ami fut chargé de demander au docteur Seron, — on l'appelait déjà ainsi, sans ajouter son nom de baptême, pour le venger des cruautés de son père, — un ami fut chargé de l'interroger sur les sentiments que pourrait lui inspirer Mlle Pélagie Raincourt.

« Belle-fille, répondit-il, mais elle est rousse, et je déteste les rousses. »

On devine ce que dut éprouver Pélagie, lorsque sa grand'mère, avec d'infinies précautions oratoires, lui communiqua cette réponse, à elle qui s'était crue jusque-là irrésistible.

Son désespoir et sa colère furent tels qu'elle

menaça de se jeter par la fenêtre. Comme elle était dans sa chambre, au premier étage, elle se pencha si brusquement, que sa grand'mère prise de frayeur l'enlaça avec force et l'attira brusquement en arrière, mais elle se prit dans la robe longue de Pélagie, tomba et se démit le poignet.

On fit appeler le docteur Seron qui accourut, et, cric-crac, en rebouteur désireux de frapper l'imagination de clients d'importance plus qu'en chirurgien prudent, il remit le poignet.

Pélagie prodigua à son adorée grand'mère, qu'elle voyait souffrir par sa faute, toutes ses tendresses. Elle fut hautaine, presque insolente avec le docteur Seron qui n'aimait pas les rousses, mais elle le frappa par son extrême élégance et par un esprit qu'il s'étonna de trouver si original, si brillant chez une provinciale. Il vint deux fois le jour, et le cruel plut davantage encore avec son joli accent de Compiègne et de Paris un peu grasseyant.

Mais Pélagie, remuée par trop d'émotions, eut la fièvre et s'alita. Pierre prit goût à la cure et il eut bientôt une sorte de folie en se sentant adoré par une attirante et riche jeune fille de seize ans à peine, et maternellement aimé par la grand'mère, lui qui considérait l'affection familiale comme le bien le plus rare et le plus enviable de tous.

*
* *

Pierre, un soir, fit sa déclaration brûlante, telle que Pélagie pouvait la désirer ; séance tenante, tous deux vinrent s'agenouiller devant la grand'mère ravie, et enlever son consentement.

Le docteur Seron demanda sur l'heure qu'on fixât la date du mariage, mais il fallut le mettre au courant de la situation, lui révéler quels étaient les obstacles à une si prompte solution.

Pierre très pauvre, et qui n'était nullement insensible aux beaux deniers de la fiancée, trouvait un peu dur d'abandonner au beau-père, comme le conseillait la grand'mère. tout ou majeure partie de la fameuse dot de sa première femme que M. Raincourt ne voulait pas lâcher. Il proposa de réfléchir quelques jours aux moyens de s'y prendre, de consulter le notaire ; mais le notaire ne vit aucune possibilité de se passer du consentement du père et d'échapper aux conditions que la grand'mère de Pélagie supposait qu'il dût y mettre.

« Je doublerai, dit celle-ci, ce que je comptais donner à Pélagie, si son père marchande le bonheur de ma bien-aimée petite-fille. »

Le docteur Seron s'en alla donc demander à M. Raincourt la main de sa fille Pélagie, qui lui fut refusée jusqu'au moment où il proposa de ne réclamer, s'il obtenait cette main, fort belle d'ailleurs, aucun compte de tutelle.

L'accord conclu, on fixa le jour du mariage.

Pierre Seron, une fois encore, écrivit à son père et à sa mère, s'acharnant à mendier une part de leur tendresse. Rien, toujours rien de sa mère, mais plus une seule malédiction de son père.

Il apprit par une lettre de son ami l'herboriste, qui acceptait d'être l'un des témoins de son mariage, que son frère était mourant à Compiègne; son père aux trois quarts ruiné, ayant à peu près perdu sa clientèle à la suite de ses trop fréquents voyages à Paris pour arracher son fils à la débauche, avait été frappé de paralysie.

Ainsi le malheur accablait celui qui s'était endurci dans l'injustice, dans la cruauté, tandis que le pauvre enfant, chassé honteusement de la maison paternelle, voyait sa situation grandir, l'heure de ses joies complètes approcher.

Il allait être heureux, posséder une jolie fortune, une femme captivante, dont il était de plus en plus épris et qui l'aimait follement.

*
* *

Mais voilà que la veille du jour tant désiré Pélagie éprouva le besoin d'exaspérer ses sœurs, déjà irritées d'un mariage qui la rendait si insolemment heureuse. Elle voulut se venger de l'éternel mot si blessant que lui avait tant de fois répété sa sœur cadette, Sophie : « Tu es immariable ! »

Alors que le contrat était signé, que tout était prêt, sans une anicroche, pour la noce du lendemain, une scène eut lieu, très violente, entre la future Mme Pierre Seron et ses trois sœurs.

La belle-mère de Pélagie prit parti pour ses filles, le mari pour sa femme, et tout fut rompu, M. Raincourt reprenant sa parole, reniant ses engagements de père.

La grand'mère de Pélagie, cette fois, perdit patience, Pierre se désespéra et la jeune fille alla se coucher, furieuse contre elle-même, pleurant, mordant son oreiller, hantée dans sa fiévreuse insomnie par les projets les plus bizarres, s'arrêtant aux résolutions les plus violentes.

Au lever du soleil, affolée, ne sachant ce qu'elle faisait, elle sortit de la maison en robe

de chambre, en bonnet de nuit, partant à pied
pour Noyon, se disant qu'elle demanderait
asile au vieil ami de sa grand'mère, son propre
parent.

Ce qu'elle voulait avant tout, c'était d'échapper aux reproches de Pierre, de ne pas subir le
blâme de sa grand'mère, de ne pas entendre le
bruit des ragots de la ville, qui, lui semblait-il,
parviendrait jusqu'à ses oreilles. L'humiliation d'être condamnée par l'opinion générale,
le chagrin de faire souffrir Pierre, qui déjà
avait tant souffert, l'angoissaient au point de
l'obliger à fuir. Elle essayait d'échapper à sa
propre condamnation, qui courait après elle.

Ayant fait quelques kilomètres, peu habituée à marcher, exténuée, elle s'assit sur un
tas de pierres, la tête dans ses mains, criant
tout haut son désespoir.

Un cavalier passe, en habit et cravate blanche,
sans chapeau, monté à poil nu : c'est Pierre.
Il l'a vue...

« Votre père consent à nouveau : vite, lui
dit-il en mettant pied à terre, venez, je vous
prends en croupe, et, pour être sûr qu'il ne
retirera pas sa parole encore une fois et que
vous ne recommencerez pas quelque coup de
tête, nous irons droit à l'église, où votre grand'-
mère a fait tout préparer. C'est elle qui a de-
viné que vous deviez être sur la route de Noyon,

si vous n'étiez pas chez moi, car elle vous a soupçonnée de cette abomination, folle que vous êtes. »

Il la hissait sur le cheval, la maintenait d'un bras, tenant de l'autre une simple longe passée au cou de la bête.

« Allons, allons, il est bien temps qu'on vous donne un maître, lui dit-il. Ce que vous méritez d'être battue !…

— Mais, répond-elle égayée par le romanesque de l'aventure, je ne vais pas me marier en bonnet de nuit.

— Pourquoi pas? C'est une pénitence comme une autre, et vous avez grandement besoin d'absolution. Vous vous habillerez en mariée quand vous le serez et pour la fin de la noce. »

C'est en croupe que ma grand'mère fait sa rentrée à Chauny. Il est neuf heures du matin. Toutes les commères sont aux fenêtres, dans la rue, à la porte de l'église.

Pélagie descend de cheval, ébouriffée sous son bonnet de nuit, les yeux encore gonflés par les larmes. Une femme du peuple attache un œillet blanc à son bonnet. Elle fait son entrée dans l'église au bras de Pierre. C'est un éclat de rire général. Jamais on n'a vu mariée pareille. Les sœurs et la belle-mère sont bien vengées.

Le vieux doyen, qui cependant aime Pélagie

pour sa charité active, ne peut dominer un bon rire.

Il se hâte, souriant jusqu'à la fin de la cérémonie.

Pélagie se retourne. On croit que sa confusion va la faire rentrer sous terre.

« C'est un mariage gai, dit-elle. »

Et c'est ainsi que fut mariée ma très romanesque grand'mère, scandalisant un grand nombre de gens et amusant les autres.

L'œillet et le bonnet de nuit devinrent des reliques. Je les ai vus et touchés, sachant leur histoire.

**

Vingt jours après son mariage, quoiqu'il ait eu l'un des premiers numéros au moment du tirage au sort, le docteur Seron reçoit l'ordre de partir pour l'armée impériale comme chirurgien. Il faut trouver un chirurgien qui le remplace, et cela coûte une très grosse somme.

Au bout de l'année, Mme Pierre Seron est mère de deux jumelles. L'union est parfaite dans le ménage. Le pauvre enfant abandonné est un père attendri, heureux, qui rentre à la maison pour bercer et promener ses filles en chantant.

Les petites n'ont pas huit mois que le pauvre chirurgien reçoit à nouveau l'ordre de rejoindre l'armée impériale. Elle est en Allemagne. Pierre Seron ne cherche même plus un remplaçant. La dot s'amaigrit par trop, à la fin, et il faut songer à celle des jumelles. Il part, le cœur déchiré.

La grand'mère de Pélagie vient habiter avec elle, parce qu'il est impossible de laisser seule une jeune femme, d'autant que le père, les sœurs, la belle-mère de Pélagie, fort peu ménagés par le docteur Seron, qui les a ridiculisés par ses bons mots et auxquels il est parvenu à rendre la vie intenable, voient dans le départ du jeune chirurgien l'occasion de se venger; mais Pélagie, mais sa grand'mère, sont défendues par les nombreux amis de Pierre; toute la ville prend parti pour la jeune demi-veuve; blâmé, chansonné, irrité, M. Raincourt, finalement, quitte Chauny, pour aller se fixer dans le Soissonnais, pays de sa femme.

Pélagie respire, car elle n'a cessé d'être harcelée par son père. Hélas! le malheur l'accable. Elle perd sa grand'mère et la voilà seule, chef de famille, forcée avant dix-huit ans d'administrer sa fortune, ne recevant qu'à des intervalles de moins en moins rapprochés des nouvelles de son mari.

Un matin, Chauny s'éveille, menacée. Les

alliés sont aux portes de la ville. On dit qu'ils saccagent tout sur leur passage. Mais il y a pire encore. Au pont du canal, les huit premiers Prussiens qui se présentent sont abattus. Deux heures après, les habitants de Chauny apprennent que s'ils ne paient pas dans les vingt-quatre heures une énorme indemnité de guerre ils seront tous passés au fil de l'épée.

Mme Seron seule, sans défenseurs, est l'une des plus taxées, et elle est forcée, pour payer la part qu'on exige d'elle, de prendre des engagements ruineux.

Elle passe une nuit à creuser le sol de sa cave, sous un tonneau qu'elle roule avec des difficultés inouïes et qu'elle remet en place, aidée de la nourrice de l'une de ses petites filles; c'est elle qui nourrit l'autre. Mme Seron a caché là ses bijoux, son argenterie, une caisse dans laquelle sont ses papiers les plus importants. Cela fait, elle songe, comme beaucoup d'autres, à abandonner sa maison, qui est très en vue sur la place et dans laquelle vont venir se loger les envahisseurs.

On perd la tête, on fuit, on va « se cacher dans les bois » où les ennnemis, dit-on, ne s'aventurent pas.

Elle emporte à peine quelques vêtements, un peu de linge, qu'elle charge comme une pauvresse, dans un sac, sur ses épaules. La nourrice porte les deux petites, et les voilà sur la route de Viry.

En chemin Mme Seron avise un convoi de mulets qui reviennent à vide de la ville où ils ont porté du bois. Chaque bête a deux paniers accrochés à son bât. Elle hisse la nourrice sur l'un des mulets et arrange dans chacun des paniers l'une des petites jumelles. La nourrice est une paysanne qui sait conduire un mulet, mais la jeune femme en ce moment a peur de tout; au lieu de monter elle-même sur un autre mulet, elle reste à côté de celui qui porte ses petites, la main appuyée à l'un des paniers.

Elle rencontre MM. de Sainte-Aldegonde à cheval gantés de blanc, qui, dit le muletier, attendent leurs « bons amis » les ennemis depuis plusieurs jours et vont au-devant d'eux.

Les Messieurs de Sainte-Aldegonde galopent, et l'allure de leurs chevaux met les mulets en gaieté. Ils s'emportent follement. La nourrice est semée sur la route. Les petites poussent d'affreux cris de douleur; la mère appelle au secours, épouvantée, courant, pleurant, suppliante.

« Jamais, disait-elle plus tard, je n'ai souffert pareille torture. »

Le muletier enfourche l'un des derniers mulets et galope vers celui dont les paniers contiennent les jumelles. Il l'arrête. La mère et la nourrice, qui est seulement blessée sans gravité au front et à la joue, accourent, et chacune enlève l'une des petites qui ont les mains, la figure en sang, et sont évanouies. Les malheureuses tiennent les jumelles dans leurs bras; elles les regardent étranglées par le chagrin, comme hébétées, sans un mot : elles pleurent...

Machinalement elles rebroussent chemin, reviennent à Chauny ne sachant où elles sont ni ce qu'elles font, les yeux rivés au petit visage immobile et sanglant; elles entrent dans une maison, demandent de l'eau, lavent les écorchures. La pauvre mère a conservé sa besace, le sac de linge. On déshabille les mignonnes, on change leurs robes maculées, on les frotte avec du vinaigre, avec de l'eau-de-vie. Presque en même temps elles rouvrent les yeux pour se plaindre douloureusement.

Leurs plaies continuent de saigner et elles font pitié. Lorsque Mme Seron arrive devant sa maison, des cosaques s'apprêtent à faire sauter la porte fermée; la nourrice s'approche avec la clef pour ouvrir. Elle aussi a le front et la joue entourés d'un linge ensanglanté. L'enfant qui est dans ses bras gémit, l'autre dans les bras de sa mère crie.

Les cosaques apitoyés parlent un peu le français. Ils sont quatre : deux prennent les petites, les bercent, tandis que leur mère et leur nourrice lavent une fois encore le douloureux visage et appliquent du taffetas gommé sur les écorchures.

Mme Seron, au bout de quelques heures, est un peu rassurée sur ses petites, elle l'est complètement sur les cosaques qu'elle traite de son mieux ; les jours suivants ils aident au ménage, la cuisinière s'étant enfuie « dans les bois » ; ils promènent les jumelles, les amusent, les soignent avec dévouement, car elles ne se remettent pas de l'ébranlement qu'elles ont subi et elles boivent du lait de nourrices qui ont été trop bouleversées, qui restent fiévreuses.

Les petites filles dépérissent, et un ami de leur père, malgré l'énergie de sa médication, ne peut les sauver ; elles sont prises de convulsion et meurent toutes deux le même jour. Les cosaques pleurent les enfants avec la mère.

*
* *

Seule, toute seule, souffrant des malheurs de son pays, car elle est très Française, désespérée de la mort de ses adorées petites, de la mort de sa grand'mère, de l'absence de son mari, des dangers qu'il court, exploitée par des gens d'affaires contre lesquels elle se débat, la vie devient si atroce pour la jeune femme qu'elle tente de se suicider. Un cosaque la sauve ; ses camarades et lui la consolent si naïvement, de façon si touchante, qu'elle se laisse tristement vivre.

Mme Seron a répété toute sa vie et elle l'a profondément gravé plus tard en moi, sa petite-fille, un axiome : « Il faut haïr les Anglais, craindre la brutalité prussienne, aimer les Russes. »

Mon grand-père revint de l'armée suivi d'une Allemande qui ne l'avait pas quitté et qui refusait de croire à son mariage. Il eut toutes les peines du monde à s'en débarrasser, et il n'y parvint que parce que sa femme s'en mêla. Blessée au cœur, Pélagie ne trouva la force de réagir que dans sa passion du roman. Elle en vécut un et sa lutte avec sa rivale fut des plus mouvementées. Finalement elle obtint, après avoir été assaillie chez elle par « l'Allemande », que celle-ci fût conduite à la frontière.

Le docteur Seron avait assisté à des batailles parmi lesquelles celles de Lutzen et de Bautzen occupaient la première place. Il en parlait sans cesse comme aussi des bras et des jambes coupées avec son maître Larrey, chirurgien en chef des armées impériales, jambes et bras dont le nombre croissait d'année en année.

La fidélité conjugale de Pierre, émiétée dans ses campagnes, ne se retrouva plus. Il acquit la réputation d'une sorte de don Juan, sur les conquêtes duquel les mauvaises langues de la ville ne tarissaient pas.

Quand je suis devenue grande, combien de grands-oncles m'a-t-on dénoncés!

Ayant été privé de vin en Allemagne il l'aima davantage à son retour en France. Très sobre le matin jusqu'à l'heure du déjeuner, heure à laquelle il rentrait après avoir fait ses opérations à l'hôpital ou en ville, il buvait régulièrement par jour à la maison douze bouteilles d'un vin de mâcon léger, toujours le même. Dire qu'il se grisait, ce si grand et si gros homme, serait excessif, mais il était, l'après-midi, bavard, goguenard, hâbleur, au point que toutes les plaisanteries, tous les demi-mensonges étaient à Chauny et aux environs appelés des « seronnades ».

La passion de ma grand'mère pour son mari s'en était allée illusion par illusion, malgré l'effort prodigieux qu'elle avait fait pour ne pas juger mon grand-père sur les premières preuves données par lui de ses appétits matériels, de sa façon brutale de jouir de la vie. La force de Pierre était telle dans tous les exercices du corps, à la chasse, à la pêche, qu'il lassait les plus intrépides; son amour du remue-ménage était si naïf, sa gaîté si exubérante qu'on pardonnait à ce tempérament des emportements, des excès même qu'on n'eût point pardonnés à d'autres.

Mais peu à peu il fatiguait à la maison tandis qu'on se l'arrachait au dehors. Sa femme le vit partir à l'aube, rentrer tard dans la nuit sans aucun regret. Jamais à l'heure des repas il ne se faisait attendre, et il lui fallait prendre pour cela une peine extrême.

« Il est de la *dernière* galanterie, répétait-il, traînant son accent grasseyant sur le mot *dernière*, de ne pas laisser la compagne de sa maison, sinon de sa vie, seule à table. »

Une fille, Olympe, était née dans le ménage après le départ de l'Allemande ; sa mère la nourrit, l'éleva avec amour, et l'on devine si l'imaginative Pélagie rêva de bonne heure au roman du mariage de celle qui devait rester son unique enfant.

Malheureusement Olympe la désolait par son peu de fantaisie, s'intéressant beaucoup, dès l'âge le plus tendre, aux détails du ménage, tracassière, popote même, disait sa mère ; elle refusait de lire, se désolait des absences de son père dont elle incriminait tout haut les motifs sur les ragots des bonnes, lui faisait des scènes, reprochait aigrement à sa mère le nombre des livres qu'elle dévorait et apportait, dans un

intérieur où la légèreté d'une part, la résigna-
tion de l'autre, eussent entretenu le calme,
une agitation qu'alimentaient des disputes continuelles.

Cependant les deux époux fort désunis
étaient fiers de la beauté de leur fille.

Le père disait volontiers :

« Il lui faudra un prince ! »

La mère répondait :

« Un berger lui plaira mieux. »

Rien n'annonçait que cette admirable statue
dût s'animer un jour. Olympe eut quinze ans.
Dans la famille quinze ans avaient, jusque-là,
sonné à toute volée l'âge du mariage, et les parents d'Olympe se sentaient humiliés à la pensée que personne encore ne leur avait demandé
leur fille.

La romanesque Pélagie rêvait pour Olympe,
comme autrefois pour elle, un mariage *imprévu*.
Cette fois, il ne fut point prédit. Jamais Mme Seron ne put décider sa fille à venir avec elle consulter une nécromancienne. Hélas ! la voie restait obscure, mais de même qu'il lui avait été
impossible de rencontrer son héros dans la jeunesse de la ville, de même ce héros lui paraissait introuvable à Chauny pour Olympe.

Comment, se dira-t-on, ne jugeait-elle pas
son expérience de l'*imprévu* lamentable? Non,
pas du tout. Pélagie ne regrettait rien et c'eût

été à refaire qu'elle aurait refait le même mariage avec toutes ses conséquences.

Le roman désiré avait en somme été écrit. Combien de dénouements ressemblaient au sien? La grande affaire est d'avoir aimé. Son mari, don Juan, ne la révoltait pas. Elle, l'épouse fidèle, quoiqu'elle se fût reprise, conservait dans le roman vécu une figure sans banalité. L'époux, forcé au respect, ne pouvait non plus regretter le passé et il y faisait parfois galamment allusion, ajoutant :

« C'est encore à l'affection de ma moitié que je suis le plus constant à travers mes inconstances. »

Et c'était vrai, il aimait sa femme ; et n'eût pas hésité à lui sacrifier ses plus tendres amies. Jamais il ne la contrariait dans aucun de ses projets. Il répétait avec elle : « Que faire, où chercher, comment découvrir le mari d'Olympe? »

Ils habitaient la rue de Noyon, la maison de la place étant devenue odieuse à Mme Seron qui y avait perdu sa grand'mère, les deux jumelles, subi l'invasion et les scènes de l'Allemande. Or, dans cette rue, en face de l'une des fenêtres du grand salon où Pélagie passait la plus grande partie de sa journée à broder et surtout à dévorer des romans à la douzaine, se trouvait la grande porte de sortie d'une pension de jeunes gens. Mme Seron connaissait chaque élève, chaque professeur.

Elle avait remarqué, parmi ces derniers, un garçon de haute taille et de belle mine, qui ne sortait jamais sans avoir un livre à la main. Il saluait Mme Seron avec respect plusieurs fois par jour, car elle levait machinalement les yeux chaque fois que la porte d'en face se refermait bruyamment.

Un beau soir que le directeur de la pension, M. Blangy, venait consulter le docteur qu'il savait trouver à l'heure du repas, Mme Seron le questionna sur son nouveau professeur :

« Mais c'est toute une histoire très romanesque.

— Contez-nous-la.

— Il s'appelle Jean-Louis Lambert. Son père fut apporté nouveau-né par une sage-femme, vêtu d'une robe couverte de broderies et de dentelles, à un cultivateur aisé de Pontoise, près Noyon, lequel n'ayant pas d'enfants, consentit à prendre le petit qu'on lui dit orphelin et à l'élever. Une fille tardive étant née cinq ans après, on maria plus tard les deux jeunes gens qui s'aimaient.

« Mon professeur est l'aîné de quatre enfants. Son père en voulut faire un prêtre et le plaça au séminaire de Beauvais. Là, dès son entrée, il fut remarqué pour son intelligence, son ardeur religieuse, son talent poétique et bientôt pour sa science théologique qu'on lui fit de bonne heure professer.

« L'archevêque de Beauvais protégea et prit Jean-Louis Lambert comme secrétaire. Point cagot, mais très pieux, mystique même, on avança pour lui l'époque de son entrée dans les ordres majeurs.

« La veille du jour où il devait prendre ses nouveaux engagements sacerdotaux, il assista au dîner que l'archevêque offrait aux membres du haut clergé du diocèse et il entendit, ô scandale ! ces Messieurs parler comme de simples convives à table. A mesure que l'agape se prolongeait, on échangea sur les choses de la terre, et même en riant sur celles du ciel, des mots d'esprit qui parurent à Jean-Louis Lambert soufflés par le diable. Une plaisanterie banale, sur les vieilles dévotes piliers d'église qui se confessent pour des balivernes, mit le comble à la révolte du jeune postulant. Pour quelques goguenardises, le pauvre séminariste était si naïf, si peu du monde, qu'il sentit tout l'échafaudage de ses croyances s'effondrer en lui. Il eut l'envie de parler, de jeter l'anathème sur ceux qui lui parurent des blasphémateurs ; mais tout tremblant il se glissa hors de la salle à manger, monta dans sa chambre, prit une valise où il entassa ses livres, le manuscrit de ses « cantiques à la Vierge ». sa mince garde-robe, et sortit affolé de l'archevêché, toujours courant, faisant à pied vingt-quatre lieues et arrivant chez son père, demi-mort, désespéré, déclarant que jamais il ne serait prêtre.

« Son exaltation, cette course effrénée, l'enfiévrèrent au point de mettre sa vie en danger. Guéri, il subit l'assaut du vieux curé de son village qui l'avait formé, de ses maîtres eux-mêmes qui vinrent pour le reprendre et calmer ses indignations. On parvint à lui prouver qu'il s'était ridiculement exagéré les choses, mais sa vocation était à ce point atteinte que ses désillusions en firent bientôt un athée.

« Je vous confie, ajouta M. Blangy. qu'il m'inquiète comme professeur de philosophie, et je lui ai fait ces derniers jours des observations qui l'ont irrité; mais il est à tel point travailleur et instruit, si plein de loyauté et de conscience que, malgré mes réserves, je ne regrette pas de l'avoir attaché à ma maison. Ses élèves l'adorent; ils font avec lui des progrès rapides, et, sans sa rage des négations, je crois que je songerais à me l'associer. »

Il n'en fallait pas davantage à la mère d'Olympe pour se monter la tête. Le roman était à sa portée. Ce jeune homme déclassé, puisqu'il avait brisé sa situation première, sans fortune, elle allait le protéger, en faire quelqu'un, s'intéresser à la carrière qu'elle lui imposerait, celle de médecin. Elle aurait en lui un fils reconnaissant, qui deviendrait le mari de sa fille, son gendre, et, qui sait, peut-être bientôt le père d'une petite fille, qu'elle aimerait comme sa grand'mère l'avait aimée et qu'elle élèverait comme elle avait été élevée...

« Aussi mal, lui dit en riant son mari, à qui elle confia sur l'heure ses projets. »

Un dimanche, Mme Seron invita Jean-Louis Lambert à déjeuner. Il crut, en recevant cette invitation, devenir fou, car il était éperdument amoureux d'Olympe, de l'étoile inaccessible...

Après le déjeuner, mon grand-père s'étant, selon son habitude, empressé de sortir, et comprenant d'ailleurs, malgré certaine curiosité, qu'il serait de trop, Olympe, de son côté, ayant quitté la maison pour passer l'après-midi chez une amie, la romanesque Pélagie, seule avec son protégé, celui qu'elle appelait déjà intérieurement son « cher enfant », éprouva l'une des plus douces joies de sa vie.

*
* *

Elle l'interrogea d'abord. O merveille! Son ambition eût été d'être médecin! Mais il ne pouvait imposer aux siens la dépense que nécessiterait l'accès d'une carrière nouvelle. Ils étaient tous si bons pour lui, son père, sa mère, ses sœurs, si dévoués ; est-ce que son jeune frère en venait pas de s'engager pour que lui, l'aîné, redevenu laïque, n'eût pas à faire son service militaire ?

Mme Seron nageait en pleine félicité. Elle parla et apparut au jeune professeur semblable aux fées irréelles et bienfaisantes qui, d'un coup de leur baguette magique, transforment un bûcheron en prince, un déshérité en l'homme le plus fortuné du monde.

L'émotion de Jean-Louis Lambert, sa reconnaissance, eurent des accents passionnés d'une grande noblesse et firent verser de douces larmes à celle qui devenait pour lui la mère idéale.

Ils convinrent de toutes choses, se comprirent et s'entendirent. Jean Louis — déjà sa protectrice n'ajoutait plus Lambert, — se préparerait à ses nouvelles études durant trois mois et, sous un prétexte quelconque, très plausible, quitterait la pension, irait à Paris où sa future belle-mère, comme avance sur la dot de sa fille, subviendrait à tous les besoins de son gendre jusqu'à ce qu'il ait passé ses examens.

Ils doublerait les étapes du travail et sitôt ses titres conquis, il reviendrait, épouserait Olympe que sa mère préparerait à ce mariage.

Ainsi fut fait.

*
* *

Isolé à Paris avec un seul camarade chaunois, Bergeron, qui plus tard tira un coup de pistolet sur le roi Louis-Philippe, Jean-Louis Lambert travailla avec une ardeur folle. Amoureux pour la première fois et de celle-là même qu'il savait sûrement devoir être sa femme, ayant la frénésie de l'étude, son adoration mystique de la Vierge transformée en désir de possession de l'objet adoré, il vécut dans la fièvre, impatient de mériter le bonheur promis, trouvant, quoi qu'il fît, la récompense supérieure à l'effort qu'il faisait pour l'acquérir.

Le docteur Seron applaudissait de plus en plus au romanesque projet de sa femme, trouvant qu'il était bien à lui, autrefois si cruellement abandonné sauf par des humbles, à lui dont la situation était faite, de protéger un jeune homme travailleur et vertueux.

Ce dernier mot lui emplissait la bouche et amusait la mère d'Olympe chaque fois qu'il le prononçait.

« Nul plus que moi n'estime, n'admire et n'honore la sagesse, la vertu, disait l'amusant mari de Pélagie, car nul n'a pareille conscience de la rareté, de la beauté de ces deux mots. »

Un renouveau de bonne entente florissait entre les époux. Chaque lettre du futur gendre était lue par eux, commentée, admirée, relue même ; ces lettres, jeunes, vivantes, amoureuses, souvent parsemées d'assez beaux vers, ravissaient, rajeunissaient le cœur des parents adoptifs, tout fiers de celui qu'entre eux ils appelaient « notre fils ».

Olympe, entre son père et sa mère chaleureux, surchauffés, restait glaciale. Un jour que tous deux, agacés, lui demandaient si, oui ou non, elle consentait à ce mariage, la jeune fille répondit à sa mère atterrée, à son père révolté de tant de prosaïsme :

« Puisque vous le voulez, puisque vous vous êtes engagé au point que vous ne pouvez plus rompre, je me résignerai ; où vous aurez attaché la chèvre, elle broutera. »

Ah ! cette phrase, quel rôle elle a joué dans les disputes de la famille Lambert-Seron si fréquentes plus tard.

La mère et le père d'Olympe furent assaillis durant des jours et des nuits par ces mots qu'ils se répétaient effarés :

« Où vous aurez attaché la chèvre, elle broutera ! »

Jean-Louis Lambert revint donc à Chauny, se maria, un peu chagrin de la froideur de sa fiancée, de sa jeune femme, mais confiant dans sa passion pour inspirer l'amour que lui-même éprouvait.

Olympe Lambert était grande, de taille élégante comme celle de sa mère ; elle avait le teint mat, de grands yeux noirs veloutés et lumineux, la bouche charmante avec de toutes petites dents, un nez fin, aux narines rosées, des cheveux châtains aux reflets dorés ; des bras et des mains splendides, le pied petit ; impossible de voir une créature plus séduisante et de moins belle humeur.

Le docteur Seron, après la mort de son père et de sa mère, était entré en relation de parenté avec l'un de ses oncles du côté maternel, médecin dans un bourg du département de l'Oise entre Verberie et Senlis ; cet oncle très vieux, devenu veuf, sans enfants, céda sa clientèle au gendre du seul parent qui lui restait et accueillit avec bonheur le jeune ménage en sa maison.

Installé près du grand oncle, dirigé par lui Jean-Louis Lambert réussit merveilleusement auprès de sa nouvelle clientèle, durant trois années. Un fils leur étant né, les jeunes gens furent heureux, lui ne cessant de chanter l'hosanna de l'amour dans ses lettres à son beaupère et à sa belle-mère, elle « broutant » agréablement sans vouloir en convenir.

M. et Mme Seron se félicitaient tous les jours

du choix peu banal qu'ils avaient faits d'un mari pour leur fille.

***

Mais coup sur coup le malheur vint frapper les jeunes époux. Le grand oncle mourut brusquement d'une attaque. Le fils tant aimé, qui déjà, à dix-huit mois, annonçait une intelligence exceptionnelle, mourut en trois jours à la suite d'une gronderie violente de sa mère qui lui donna des convulsions; enfin le bourg qu'ils habitaient brûla tout entier, sauf la maison du grand oncle dont ses neveux avaient hérité et que Mme Lambert, avec un héroïsme qui fit l'admiration de tous, malgré des blessures qu'elle reçut des tisons enflammés, préserva de l'incendie avec une petite pompe d'arrosage.

Le bourg complètement détruit, déserté, ruiné, la clientèle du jeune médecin se trouva bientôt dispersée et prise par des concurrences d'une ville voisine. La maison de l'oncle fut vendue, très mal vendue, les meubles pour ainsi dire donnés, et, quelques dettes payées, il resta fort peu de chose au jeune ménage qui se réfugia à Verberie, hôtel des Trois-Monarques.

La dot entamée par les études de Jean-Louis

Lambert, gaspillée ensuite dans des expériences coûteuses de chimie, — il s'était fait construire un laboratoire, — s'en alla comme s'en allait toujours l'argent qui glissait entre les mains du peu pratique mari d'Olympe.

Très lié avec les Decamps, Alexandre et le peintre qui habitaient en été près de Verberie, Jean-Louis, espéra se refaire une situation dans un nouveau milieu.

Certain docteur Bernhardt, grand chimiste, qui habitait Compiègne et venait souvent visiter en ami les Decamps, frappé de la science et des vues originales du jeune médecin, lui proposa de l'adjoindre à des recherches qui devaient l'amener à une découverte aussi extraordinaire que celle de la pierre philosophale.

Un beau jour Jean-Louis, poussé par les Decamps, séduit par une sorte de Méphistophélès allemand, laissa sa femme dans un état de grossesse avancée à l'hôtel des Trois-Monarques; mais il devait toucher de gros appointements et venir la voir chaque dimanche jusqu'à ce qu'il pût l'installer à Compiègne.

La jeune Mme Lambert avait trouvé le moyen, après la mort de son fils, de blesser sa mère cruellement, alors que celle-ci qui l'avait vue trois fois à peine à Chauny, elle et son mari en trois ans, lui demandait de venir pleurer

rer son enfant avec elle, ajoutant qu'une mère
seule pouvait trouver dans sa tendresse des
mots pour consoler sa fille de la perte d'un
fils.

Olympe écrivit à sa mère que son chagrin
était trop silencieux pour être compris par
elle. Mme Seron, désespérée d'une telle lettre,
s'adressa à son gendre; mais l'incendie étant
survenu la lettre de la belle-mère resta sans
réponse directe. Jean-Louis se contenta de lui
narrer longuement les péripéties de la catas-
trophe du bourg, l'héroïsme d'Olympe qui avait
sauvé leur maison. Et il ajoutait durement, in-
grat pour la première fois de sa vie : « L'héroïsme de votre fille, chère mère, est sans
phrases. » C'était souligner le sens de la lettre
de sa femme au lieu de l'atténuer.

Il ne désirait pas avoir d'explications avec sa
belle-mère, ni la voir chez lui, ni aller chez
elle, sachant bien que si les événements l'acca-
blaient, une part de responsabilité lui revenait
dans la façon dont il avait gaché ses ressources.

La vente de la maison, le départ pour Verberie, l'entrée chez le docteur Bernhardt, tout
cela fut fait sans un mot de Jean-Louis à ses
beaux parents.

Le docteur Seron apprit ces choses par son ami
l'herboriste de Compiègne, qui vint le voir pour
l'avertir et lui donner sur le docteur Bernhardt

les renseignements les plus désastreux. C'était pis qu'un intrigant qui menait grand train, et jetait de la poudre aux yeux : on disait même qu'il ne dédaignait pas l'escroquerie.

Madame Seron, à cette nouvelle, adressa un appel suprême à son gendre, l'éclaira sur le danger qu'il courait, mais, hélas! trop tard. Complètement hypnotisé par le docteur Bernhardt, passionné pour ses recherches, Jean-Louis, non-seulement ne recevait pas d'appointements, mais il avait jeté le prix de la vente de sa maison et ce qui lui restait de la dot de sa femme dans le creuset du docteur Bernhardt, celui de la pierre philosophale.

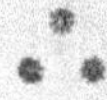

J'étais née à l'hôtel des Trois-Monarques. Mon père fit part de l'heureux événement à ma grand'mère par un simple billet. « Votre petite-fille, née le 4 octobre à cinq heures du soir, écrivait-il, s'appelle Juliette. »

Quoi! cette petite-fille tant rêvée, tant désirée, vivait là-bas, à Verberie, pas bien loin, et elle ne pouvait courir l'embrasser, la prendre, la posséder un instant dans ses deux bras?

Ma grand'mère ne cessait de pleurer, et mon grand-père pleurait avec elle.

« Cette petite, Pierre, dans une auberge, y penses-tu? Olympe, notre fille, dans un tel lieu, avec une cloison qui la sépare de quelque brute ivre faisant du tapage. Oh! j'en mourrai.

— Et son mari loin d'elle, dans un va-et-vient qui ne lui permet pas de surveiller la santé de notre unique fille, celle de notre petite fille, ajoutait le docteur Seron, c'est affreux. »

Et tous deux, la main dans la main, sanglotaient. Que faire?

Ils écrivirent encore, l'un après l'autre, mais ne reçurent qu'une seule fois une réponse aussi sèche que courte.

« La mère et l'enfant se portent bien. »

Un client de mon grand-père, commis-voyageur, avait appris à Verberie que mon père était la proie d'un misérable, qui abusait de lui, le faisait travailler comme un manœuvre, lui promettait sans cesse monts et merveilles, lui avait dévoré ce qu'il possédait, et que ma mère, toujours à Verberie, devait une forte somme à l'hôtel et pouvait être jetée dehors, sans ressources, elle et sa fille.

Ma grand'mère, à ces révélations, voulut partir immédiatement; mon grand-père l'en empêcha. Il expédia le commis-voyageur au propriétaire de l'hôtel des Trois-Monarques, pour l'assurer qu'il serait toujours payé par les parents de Mme Lambert, mais qu'il n'en devait rien apprendre à la jeune femme et encore moins le faire savoir à son mari.

Au retour du commis-voyageur, ma grand'-mère eut tous les détails qu'elle désirait, les uns lamentables, les autres heureux.

Ma mère me nourrissait, j'étais un poupon très bien venant, mais, par misère et par le froid, souvent Mme Lambert se privait de feu, disait le commis-voyageur ; or, visiblement, elle s'épuisait. Seulement le maître de l'hôtel, rassuré sur sa créance, allait intelligemment arranger les choses, pour que la jeune mère n'eût plus à souffrir de rien.

Mon grand-père, qui aimait sa fille Olympe plus encore que ma grand'mère ne l'aimait, parce qu'il retrouvait en elle sa propre mère, soumise à son mari jusqu'à sacrifier son enfant, à ses devoirs d'épouse, mon grand-père souffrait à la fois dans sa fille et pour sa petite-fille, tandis que ma grand'mère souffrait surtout pour moi.

Encore une fois ma grand'mère voulut partir. Mon grand-père la calma avec la même phrase qu'il lui répétait sans cesse :

« Tu troubleras le lait de ta fille et tu tueras ta petite-fille. Attends au moins neuf mois, alors tu pourras sevrer Juliette et selon les événements, nous déciderons. »

Heure par heure, jour par jour, semaine par semaine, lentement comptés, les neuf mois passèrent; à la fin de ce neuvième mois, le commis-voyageur reçut une lettre du maître de l'hôtel des Trois-Monarques, et la nouvelle que mon père avait suivi, pour des expériences définitives à Bruxelles, le docteur Bernhardt, — lequel, en réalité, échappait par la fuite à des poursuites, et que ma mère et moi nous étions abandonnées...

Aussitôt cette lettre communiquée à mes grands parents, cette fois il n'y eut plus d'hésitation, et ma grand'mère partit pour Verberie.

*
* *

Ma mère, vêtue d'une robe usée, grelottait auprès d'un feu de copeaux, maigrie, pâlie, son beau visage plus sombre que jamais; elle accueillit sa mère par une scène violente, mais ma grand'mère était venue avec des résolutions que rien ne pouvait entamer.

« Tu n'as pas le droit, par fidélité à je ne sais quel devoir d'épouse, dont ton mari me paraît fort peu comprendre la réciprocité, de demeurer dans cette misère, et surtout de l'imposer à ton enfant. Tu vas quitter cet hôtel demain et rentrer chez tes parents. Ton mari, quand il en aura l'envie, viendra aussi bien te chercher chez eux que dans cette auberge. »

Ma grand'mère faillit battre sa fille, quand ce jour-là encore elle répondit :

« Où vous avez attaché la chèvre, il faut qu'elle broute ! »

Exaspérée, ma grand'mère s'écria :

« Mais ton mari ne te donne même pas de l'herbe à brouter ! »

Ma mère s'entêta avec son aigreur habituelle, avec sa mauvaise humeur, avec ses récriminations sans motifs, qu'elle s'appliquait comme toujours à enchaîner les unes aux autres pour prouver qu'elle était rendue malheureuse par tous.

« Mais si tu es jetée à la porte avec ta fille, où iras-tu ?

— A la rue ! et Jean-Louis aura la responsabilité de m'y avoir fait jeter. Je ne veux pas qu'il soit absous de ses actes par personne. »

Ainsi c'était pour établir les culpabilités de son mari qu'elle subissait l'abandon et les privations.

Ma grand'mère n'insista plus ; mais elle mûrit en se taisant le projet de m'enlever.

« Quoi que tu décides, dit-elle après que son

siège fut fait, tu dois payer tes dettes si tu en as ici. Veux-tu que je te donne de l'argent?

— Je veux bien !

— C'est heureux. Combien crois-tu devoir à peu près? »

Ma mère dit un chiffre.

« Je vais ouvrir mon sac, ajouta ma grand'-mère, me faire servir à dîner, t'envoyer du bois, et je reviens avec l'argent qu'il te faut pour acquitter sa dette. »

Ma grand'mère m'a souvent dit, depuis, qu'elle ne m'avait ni regardée, ni embrassée pour ne pas trahir son émotion.

Elle courut trouver le maître de l'hôtel, organisa mon enlèvement avec lui. Une berline serait prête un instant plus tard, qui nous conduirait, ma grand'mère et moi, à la porte du bourg. Le conducteur de la diligence — celle-ci partait une heure après l'entretien qui avait lieu — garderait le coupé, nous prendrait à un point convenu entre le conducteur de la berline et lui, et nous filerions avec un ou deux changements de voiture sur Chauny. Le propriétaire de l'hôtel devait longuement retenir ma mère dans le débat de la note à payer et l'occuper au moins une heure. Il s'engageait à ne pas fournir de voiture à ma mère pour nous poursuivre. D'ailleurs, ma grand'-mère comptait ne remettre qu'à ce même directeur de l'hôtel seul l'argent nécessaire à ma mère pour nous rejoindre les jours suivants.

Ma grand'mère savait par le propriétaire des Trois-Monarques à quel chiffre se montait la note, et il fut entendu avec le créancier qu'elle donnerait à ma mère un peu moins, afin que celle-ci ne crût pas pouvoir disposer d'un crédit pour nous suivre.

Ma grand'mère rentra dans la chambre de sa fille, cette fois bien chauffée. Tout était prêt dans sa chambre à elle pour le départ. Un bibe-ron, du lait chaud, un grand châle pour m'en-velopper.

Le cœur de ma grand'mère, me raconta-t-elle vingt fois, battait bien plus fort que s'il se fût agi de son propre enlèvement par mon grand'père alors qu'elle était jeune.

Enfin, le maître de l'hôtel fit porter la note et dire qu'il se tenait à la disposition de Mme Lam-bert, pour la discuter s'il y avait des observa-tions à présenter. Ma grand'mère examina la note, dit à ma mère qu'elle n'avait pas tout à fait la somme, étant forcée de songer à son retour, mais que, à première vue, il lui sem-blait que le propriétaire des Trois-Monarques ajoutait avec quelque exagération aux dépenses faites l'intérêt du long retard de son paiement.

Ma mère fut de cet avis et dit à ma grand'-mère que la somme suffisait, qu'elle discuterait et obtiendrait, à n'en pas douter, une réduction.

« Va, je soignerai ta fille, » dit ma grand'-mère d'un ton détaché.

Tout réussit à merveille, et c'est ainsi que je fus enlevée à l'âge un peu jeunet de neuf mois et sevrée en diligence.

*
* *

Je pris goût, paraît-il, au voyage et au biberon. Chaudement enveloppée, je dormis sur le cœur de ma grand'mère. Le matin, ce qui courait derrière les vitres de la diligence m'amusa beaucoup. Le mouvement me plut et me fit danser. Chaque fois que je demandai « maman », ma grand'mère me répondait : « Oui, tiens, regarde, la voilà là-bas. » Aux relais, je marchai un peu, car je marchais ! occupée des chiens, des poules, des gens, fort curieuse et déjà instinctivement conquise par une grand'-mère que j'allais vite adorer.

Ma mère, prévenue, par un billet que lui avait laissé ma grand'mère, de mon enlèvement, tarda à venir nous retrouver, mais ma grand'mère savait par des lettres fréquentes du maître de l'hôtel de Verberie que sa fille s'était soignée et ne souffrait pas, qu'en outre, elle avait écrit plusieurs lettres à son mari sans en recevoir de réponse.

Enfin, un jour, ma mère se décida à prendre la diligence, après avoir emprunté une somme strictement nécessaire à son voyage.

Le grand salon de Chauny, avec sa haute cheminée, où brûlait sans cesse un feu de bois flambant, me parut plus agréable que la triste chambre de l'hôtel des Trois-Monarques, et je témoignai mon admiration pour tout ce qui s'y trouvait en envoyant des baisers au feu, à la pendule et surtout à ma grand'mère et à mon grand-père. J'avais de l'espace pour trotter et pour m'amuser, je m'intéressais à tout, dans cette large pièce où l'on recevait, où l'on mangeait, où l'on vivait. J'entendais bien des choses, que je répétais et comprenais. Ma mère ne cessait de gémir sur l'éducation que me donnaient mes grands parents et sur les airs de « chien savant » que je prenais, mais elle ne parvenait pas à troubler notre entente à quatre, celle de ma grand'mère, de mon grand-père de ma bonne Arthémise et de moi.

Mon père, très malheureux repentant d'un acte de folie, honteux de la croyance aveugle qu'il avait eue dans un exploiteur cynique, était revenu sans un rouge liard chez ses parents, à Pontoise. Il redemanda ma mère par lettre, humilié et soumis, mais ma grand'mère lui répondit qu'elle ne lui rendrait sa femme que le jour où il se serait recréé une position et pourrait justifier de moyens d'existence pour elle. Quant à sa fille Juliette elle ne lui serait jamais rendue.

« J'adopte cette enfant que vous avez abandonnée, livrée à la misère noire, écrivait en terminant ma grand'mère, et elle est à moi tant que je vivrai. »

C'est alors que mon père alla habiter le joli bourg de Blérancourt, à trois lieues de Chauny et à deux lieues de Pontoise-sur-Oise, où demeuraient tous les siens. Un an après il vint prouver à ma grand'mère qu'il était en situation de nourrir sa femme et de remplir les conditions qu'elle lui avait imposées pour la reprendre.

« Retourne brouter! » dit en riant mon grand-père à sa fille, en lui glissant une bourse très pleine dans la main.

Je restai, bien entendu, chez mes grands parents. Ni ma mère ni mon père n'eussent osé à cette époque mettre mon séjour en question.

Ce fut bien plus tard que commença la longue série des scènes dramatiques dont je fus la cause, et celle de mes enlèvements et contre-enlèvements.

*
* *

C'est une chose curieuse que l'effort fait par un esprit vieilli pour retrouver ses premiers souvenirs. On les évoque, ils se dressent sous la forme d'une toute petite personne qu'on parvient à détacher de soi et qui, cependant, continue à faire corps avec ce qu'on est devenue. L'image, la vision du moi est nette, bien gravée dès qu'on se dit : « Quand j'étais enfant. » On se voit telle qu'on fut à certain âge déterminé, mais sitôt qu'on précise un événement, qu'on interroge un fait, on ne peut échapper à sa personne actuelle, et ce fait, cet événement, il est impossible de les débarrasser de leurs enchaînements, de leurs conséquences advenues plus tard.

On voudrait écrire son enfance avec les mots enfants qu'on disait alors, on ne peut pas, et le souvenir ne vous apporte que quelques traits saillants, que quelques phrases naïves qui éclairent le fait enregistré dans la mémoire.

Combien de choses, plus intéressantes peut-être que celles qu'on se rappelle, sont oubliées.

Un jour, ce n'était pas un dimanche, ma grand'mère me mit une belle robe blanche, doublée de rose, brodée par elle-même, avec de petites roues, que j'avais souvent regardé faire, et je les aimais beaucoup, mes petites roues. Plus tard, je mis cette robe à ma fille, et ce fut avec émotion.

« C'est ta fête, tu as trois ans, nous sommes aujourd'hui le 4 octobre, me dit ma grand'-mère. »

Trois ans ! ces mots se répétèrent tout seuls dans ma tête ; ils avaient quelque chose de grave et de gai à la fois.

Grandir est le rêve des petits, qui se font de surprenantes illusions à ce sujet... On disait sans cesse autour de moi, ce qui me rendait très fière :

« Elle est grande, très grande pour son âge. Elle a l'air d'avoir cinq ans. »

J'ai retenu tout d'abord comme chiffres ces deux-là et j'abusai de leur emploi à tout pro-pos.

Je me regardais de bas en haut, je songeais aux enfants plus petits que moi et je me trou-vais grande, très grande.

Le jour de ce 4 octobre, ma bonne Arthé-mise m'appela pour la première fois « Made-moiselle ».

Je l'entends encore, ce titre : « Mademoi-selle ! »

Ce jour-là, le premier que je retrouve clair

en mon souvenir, toutes les personnes qui me virent m'embrassèrent. Je rendis leurs baisers à mon grand-père, à ma grand'mère, en me suspendant à leur cou, mais je me rappelle fort bien que beaucoup de gens me mirent en colère en m'embrassant trop fort. Et pourtant je m'étais laissée embrasser très fort par ma bonne Arthémise qui m'avait « mangée » comme elle disait et par mon grand ami Charles qui m'appelait « sa petite femme * ».

Je lui dis, non sans dignité, qu'avec mes trois ans il allait m'appeler sa « grande femme » ce qu'il fit en m'offrant une trompette dont je jouai bruyamment sur l'heure.

Mon grand-père et ma grand'mère attendaient pour dîner mon père et ma mère. Chaque fois qu'ils venaient ils étaient toujours en retard parce que la route, dans la prairie de Manicamp, était si mauvaise, si mauvaise, qu'on racontait aux enfants cette histoire :

Un jour qu'une vache était tombée dans une ornière, le vacher qui la cherchait avec le manche de son fouet n'avait jamais pu la retrouver.

Mais c'est en patois picard qu'il faut entendre ce récit auquel les mots donnent une vigueur particulière surtout au moment où le vacher

* Cet ami Charles était professeur à la pension d'en face.

tourne le manche de son fouet dans l'ornière et n'y sent pas la vache tant elle est enfoncée.

Je courais à chaque instant à la porte de la rue. Je me penchais dehors. J'avais bien un peu peur, le perron me paraissant très haut avec ses quatre marches, mais enfin je pensais que je serais très utile à la cuisine si je pouvais crier la première : « Les voilà ! les voilà ! »

Je m'agitai extrêmement, je tombai même une fois, à la grande frayeur d'Arthémise qui craignait pour ma belle robe.

Enfin mes parents de Blérancourt arrivèrent.

Ils racontèrent une grande histoire dont je ne me souviens plus. Le cabriolet et le cheval avaient beaucoup de boue. Papa, maman, répétaient que la route était exécrable, mot qui me frappa et que j'employai longtemps à tout propos.

Ma mère portait une robe de soie d'un bleu sombre relevée sous des châles. Je la vois encore déplier sa jupe, la secouer ; je l'aide en tapant sur la soie et je dis avec admiration : « Maman est belle ! »

Mon père me prend dans ses bras, il me couvre de baisers. Il répète, lui aussi, que je suis grande, très grande, qu'il y a bien longtemps qu'il ne m'a vue : trois mois. C'est le même chiffre que mon âge, cela doit être beaucoup et papa a l'air si triste qu'il me donne envie de pleurer ; lui-même a des larmes dans les yeux.

On se met à table. Mon grand-père raconte des choses qui font rire, mais je pense qu'on ne rira pas longtemps. Quand mes parents de Blérancourt viennent on finit toujours par se fâcher.

Mon père dit tout à coup :

« Cette fois nous emmenons Juliette. »

Je n'ose pas répondre que je ne veux pas. J'ai bien plus peur de papa et de maman que de mon grand-père et de ma grand'mère.

« Non, je la garde, répond ma grand'mère.

— Il y a plus de deux ans que vous nous l'avez prise, ajoute mon père. Si nous avions encore son frère ou si elle avait une sœur je vous jure que je vous la donnerais, mais, songez, ma mère, je n'ai que cette petite.

— Ce n'est pas à nous, mais bien à vous de lui donner un frère ou une sœur, » répond mon grand-père en riant.

Certainement grand-père a raison. Pourquoi est-ce que papa, maman, ne s'achètent pas une petite sœur ou un petit frère? Comme ça on ne dirait pas qu'on va me prendre à ma grand'-mère.

« Il faut nous rendre Juliette, redit mon père, je la veux !

— Jamais ! crient à la fois mon grand-père

et ma grand'mère. Elle nous appartient, vous l'avez abandonnée. »

Alors commence une scène qu'il m'est d'autant plus facile de reconstituer qu'elle s'est renouvelée trois ou quatre fois par année durant toute mon enfance. On me tire d'un côté, de l'autre, on m'embrasse avec une figure toute mouillée de larmes, on se fâche, on est très en colère et l'on me rend idiote à force de me demander : « Veux-tu venir avec ton papa, ta maman ? » — « Veux-tu rester avec ton grand-père et ta grand'mère ? »

Moi, je réponds en pleurant, ne me doutant pas de ma cruauté envers mon père qui m'adore.

« Je veux Arthémise, ma grand'mère et mon grand-père. »

Mon père est très malheureux. Ma mère, jalouse de tout et de tous, souffre moins cependant de la passion de ma grand'mère pour moi que de celle de mon père ; mais elle prend naturellement le parti de son mari contre ses parents.

Ce jour-là, comme souvent depuis, mes parents de Blérancourt cèdent, ils s'apaisent. Ma grand'mère, à force de tendresse, de promesses de toutes sortes, obtient qu'on me laissera à Chauny.

Mon père me répète cent fois :

« Tu l'aimes, ton papa?

— Oui, oui, oui! »

Et c'est vrai, je l'aime, mon papa, mais pas comme j'aime ma grand'mère.

Il faut commencer l'éducation de Juliette, ajoute ma grand'mère, et elle ne peut se faire qu'à Chauny. Dès la rentrée elle ira à la pension.

Le lendemain, on m'éveille de très bonne heure. J'ai sommeil encore et je résiste. Ce que mon grand-père appelle le « drame de famille » m'a fatiguée. Arthémise me prend dans ses bras à moitié endormie pour que je dise adieu à mes parents de Blérancourt. Ma mère met son chapeau quand j'entre dans le grand salon. Mon père l'enveloppe de ses châles. Ils montent en voiture et je leur envoie des baisers.

« Surtout sois sage à la pension, » me dit ma mère en partant.

*
* *

Un matin, Arthémise m'apporte à moitié endormie dans le grand salon. Je veux qu'on me recouche. Ma grand'mère me dit sévèrement qu'on ne me recouchera pas, qu'Arthémise va m'habiller et que j'irai à la pension.

Comme toujours dans le grand salon à quatre
fenêtres que mes souvenirs d'enfant me pei-
gnent immense et qui s'est bien rapetissé depuis, je suis auprès du feu, entre ma grand'-
mère et Arthémise, passant des genoux de l'une
aux genoux de l'autre. On m'habille après m'a-
voir lavée, ce que je n'aime guère quoique ce
soit peu de chose, un peu la figure et les mains,
et encore mon grand-père eût-il voulu qu'on ne
me débarbouillât pas tous les jours, — on ne disait pas alors laver, — l'eau, prétendait-il, donnant des boutons au visage.

Ah! ce chirurgien cultivait le microbe! et il
n'avait pas dû souffrir en campagne du manque
de cabinet de toilette. On ne peut s'imaginer
combien peu on se lavait dans notre Picardie
en l'an de grâce 1839. On se savonnait seulement le dimanche le visage à la cuisine et les
mains tous les matins.

Mon grand-père, à qui le barbier Lafosse faisait la barbe dès l'aurore dans le grand salon,
s'essuyait avec la serviette qu'il avait sous le
menton au moment où on la lui dénouait, et
c'était tout.

Et cependant il paraissait soigné, sa cravate
blanche et sa chemise plissée étaient toujours
d'une blancheur parfaite, saupoudrées seulement de tabac à priser qu'il enlevait par des pi-
chenettes avec grâce. Ma grand'mère de son

côté s'habillait élégamment et se faisait coiffer chaque jour par ce même Lafosse.

Dans les chambres d'hôtel de Picardie, qu'avaient occupé les voyageurs, on trouvait encore, bien longtemps après l'époque dont je parle, des toiles d'araignée au fond des pots à eau.

Au lieu de l'une de mes nombreuses belles robes, ma grand'mère me mit une robe verte que je n'aimais pas.

Mon grand père, après le départ du barbier, chose extraordinaire, ne nous quitta pas immédiatement pour aller à son hôpital. Il me regardait et répétait :

« Pauvre bonne femme ! »

J'éclatai en sanglots sans savoir pourquoi.

Mon tablier blanc est recouvert d'un tablier noir affreux. C'est pour la pension. Je sais bien ce que c'est que la pension. J'ai beaucoup de grandes amies qui y vont. Je pourrais être fière d'être considérée comme une grande, mais je suis désespérée.

Je répète à travers mes larmes :

« Grand'mère, je serai bien sage. Je ne veux pas aller à la pension, garde-moi. »

Mon grand-père trouve qu'on pourrait très bien laisser passer l'hiver avant de m'enfermer dans une prison.

Je crie de plus belle à ce mot de prison.

Arthémise déclare, en pleurant elle-même.

que je suis encore trop petite, que c'est un
meurtre !

« Un meurtre ! un meurtre ! répète ma
grand'mère avec colère. Il faut que cette fille
soit folle, dit-elle à mon grand-père qui appelle
Arthémise insolente. »

Voilà encore un drame de famille ; mais après
s'être fâchés on ne se raccommode pas comme
avec mes parents de Blérancourt.

« Je vous chasse ! dit ma grand'mère à Arthémise ; aujourd'hui vous ferez vos paquets et
demain vous retournerez à Caumanchon, sor-
tez !

— Tu pouvais la gronder, mais pas la chas-
ser, dit mon grand-père. Cette fille aime Juliette
sincèrement. Et veux-tu que je te le répète, elle
a raison. C'est un meurtre ! Laisse-donc cette
petite jouer encore un an ou deux, elle ne fera
que plus de progrès après.

— Je veux qu'elle surpasse les autres tout de
suite, répond ma grand'mère ; d'abord je me
demande de quoi tu te mêles, je sais ce que je
fais ; tais-toi.

— Ta, ta, ta ! » réplique mon grand-père
dont la résistance prend toujours fin avec ces
trois syllabes.

Ma grand'mère me conduit à la pension. Je
comprends qu'il s'agit là d'un événement extraordinaire et que je n'ai qu'à me soumettre.

Mon ami, l'épicier, est sur sa porte. Il salue ma grand'mère, stupéfait de la voir dans la rue un jour « ouvrable ». Il le lui dit et elle répond qu'elle me mène à la pension une première fois.

« Vous voulez en faire une savante, » réplique-t-il.

La bouchère est à son comptoir dans sa boutique ouverte. Elle accourt étonnée, elle aussi, et demande à ma grand'mère où je vais avec mon tablier noir, si c'est en pénitence?

« Pour que vous l'accompagniez dehors, madame Seron, votre Juliette, il faut qu'elle ait été bien méchante, » ajoute-t-elle avec un gros rire.

Mais moi j'ai de plus en plus envie de recommencer à pleurer.

La grande porte de la pension, de la prison! s'ouvre. Elle se referme sur nous avec le bruit du tonnerre.

Nous entrons dans une cour où sont les petites et les grandes. Mme Dufey, la maîtresse de la pension, apparaît. Elle a des moustaches, je la trouve laide et elle me terrifie.

« J'ai eu la mère, j'ai la fille, je suis enchantée, » dit-elle.

Mais sa voix gronde.

Ma grand'mère veut me quitter. Je m'attache à ses jupes, je la supplie, je me roule à terre, j'étrangle, je répète en sanglotant :

« Tu n'aimes plus ta petite fille ! »

Ma grand'mère, pour la première fois, reste insensible à mon chagrin. Elle me repousse. Elle qui m'a tant gâtée jusque-là croit le moment venu d'être sévère avec excès.

« Sois obéissante, me dit-elle, ou tu resteras ici, tu ne reviendras plus à la maison. »

Je me révolte et je réponds :

« J'irai avec mes parents de Blérancourt. »

Mme Dufey intervient.

« Je la garderai à déjeuner avec moi et une autre petite nouvelle, dit la maîtresse de pension ; ne la faites chercher que ce soir. »

Elle m'emporte dans ses bras et ma grand'-mère s'éloigne.

Rien, jamais ne m'a paru plus épouvantable que cet abandon. Je me sentais une pauvre misérable petite chose anéantie. Appuyée au mur d'un corridor sous la cloche qu'on sonnait, ce bruit infernal que je n'avais pas la force de fuir me brisait la tête. Poussée par mes nouvelles compagnes j'entre dans une classe noire, triste, on m'oblige à m'asseoir seule au bout d'un banc.

J'ai un accès de désespoir ; je crie de toutes mes forces, j'appelle Arthémise, mon grand-père.

Une sous-maîtresse s'approche de moi, m'ordonne de me taire, me secoue. Je ne me tais pas. Je me défends, je frappe qui me frappe. On me porte dans un grenier et on m'y laisse je ne sais combien d'heures. Encore aujourd'hui, à mon âge, je retrouve l'impression de cette horrible journée et il me semble qu'elle a duré un temps infini. Elle tient autant de place dans mon souvenir qu'une année entière de celles qui l'ont suivie.

La sous-maîtresse revient au moment du déjeuner. Je n'ai pas cessé de crier. Si j'avais su ce que c'était que de mourir je me serais tuée.

« Veux-tu te taire, me dit la sous-maîtresse, qui me frappe durement, veux-tu être sage. »

Je la trouve exécrable, cette méchante, comme la méchante route dont parlait mon père. Je le lui dis et le mot me venge. C'est la première ennemie que je rencontre. C'est la première fois que je suis battue. Je répète exécrable, exécrable ! Elle place un morceau de pain sec à côté de moi et me quitte en me disant :

« Tu céderas ! »

Mme Dufey m'avait oubliée, ma grand'mère le sut plus tard. Je n'ai certainement jamais eu de ma vie une colère plus violente que ma colère contre la porte qui se ferma. Je n'ai jamais trouvé ceux qu'on appelle « les autres » plus implacables que ce jour-là.

A force de pleurer, de hurler, de frapper,

je tombai à terre épuisée et je m'endormis.

Je me réveillai dans les bras d'Arthémise en larmes, effrayée de me voir la figure à la fois boursouflée et crispée, elle qui me berçait encore à trois ans, tous les soirs, et m'endormait en me racontant les plus jolies histoires de Caumenchon. Elle répétait :

« On ne t'aime plus, on ne t'aime plus ! »

Maintenant que je m'accrochais au cou d'Arthémise, je redevenais forte, je me sentais une grande volonté de rendre le mal qu'on m'avait fait. Je dis à ma bonne :

« Arthémise, tu m'aimes, toi ?

— Ma petiote, si je t'aime ! répondit-elle.

— Alors Juliette veut aller à Caumenchon, tu lui obéiras. »

Elle résista.

« On dira que je t'ai volée et on me mettra en prison. Je ne veux pas, je ne veux pas, mais je ne lui mâcherai pas la vérité à ta grand'mère, sois tranquille ! si elle ne t'a pas tuée ce n'est pas de sa faute.

— Juliette va à Caumenchon toute seule, tout de suite, » répétai-je.

Et comme nous sortions de la pension, je glissai de ses bras, lui échappai pour grimper l'escalier des remparts. Une fois en haut, je me mis à courir de toutes mes forces.

Arthémise me rattrapa, me prit dans ses

bras, me supplia une dernière fois de rentrer chez ma grand'mère, et comme je me fâchai de nouveau elle marcha très vite dans la direction de son village.

Lorsqu'elle était trop fatiguée elle me mettait à terre et je courais pour marcher aussi vite qu'elle en lui tenant la main. Il me semblait que je faisais une grande chose, que j'avais raison et que ma grand'mère avait tort. En courant ou dans les bras d'Arthémise je ne cessai de répéter les deux mots qui me paraissaient les plus expressifs : « C'est exécrable, ma bonne Mise, c'est un meurtre !

— Oui, un meurtre, disait Arthémise, et on va voir ce qu'on va voir ! »

Nous marchions dans la boue ; il faisait une nuit noire, et si je n'avais pas été avec Arthémise je pensais que j'aurais eu bien peur à cause des grandes ornières dans lesquelles on perdait les vaches.

J'avais faim, très faim, et je me croyais une petite fille bien malheureuse, bien abandonnée, mais bien courageuse.

Nous étions arrivées à Caumenchon, près de la maison de ma bonne. La porte était ouverte. Un beau feu brillait dans la cheminée. Le père et la mère d'Arthémise me parurent plus vieux que mon grand-père et que ma grand'mère, mais je n'osai pas le dire.

Ils mangeaient la soupe et se levèrent effrayés en me voyant.

« Pourquoi amènes-tu la demoiselle ici? s'écrièrent-ils.

— On lui voulait du mal.

— Qui ça? dit le père.

— Les maîtres.

— T'es folle, c'est pas des affaires, c'est pas des affaires, répéta la mère.

— J'ai faim, voulez-vous me donner un peu de soupe? » demandai-je en prenant le ton d'une pauvre petite mendiante.

Les braves gens me servirent tous deux.

« Mangez, mam'zelle, tout ce que vous voudrez, » me dit la mère.

Cette soupe de Caumenchon me parut délicieuse.

Quand je fus réchauffée, nourrie de pommes et de noix, après ma soupe, Arthémise me conduisit dans une chambre au plafond très bas et me coucha en me déshabillant à moitié seulement. Elle laissa une chandelle allumée sur une planche en me disant qu'elle allait bientôt revenir se coucher avec moi.

Les draps du lit étaient bien gros et bien gris. Il y avait des toiles d'araignées et des araignées qui couraient aux poutres; mais je n'en avais pas peur comme une petite amie avec qui je jouais et qui poussait des cris quand elle en voyait une, même au jardin, aux arbres.

Dans la chambre se trouvaient des barreaux de bois entre lesquels passaient des petites figures de lapin.

Ma tête me brûlait beaucoup ; j'entendais un grand bruit dans mes oreilles. Il me sembla que les petits lapins me regardaient pour me demander mon histoire. Je me mis à genoux sur mon lit et je leur dis :

« Mes bons lapins, j'ai une grand'mère qui ne m'aime pas. »

Je ne sais ce que les lapins allaient me répondre. J'y songeai souvent après, mais à ce moment je fus enlevée dans les bras de mon grand-père qui me dévora de baisers et me porta devant le feu dans lequel on venait de jeter un énorme fagot.

Aidé par Arthémise, il essaya de me réhabiller, mais il tremblait.

« Mauvaise petite fille, ta grand'mère est folle de chagrin

— Je ne l'aime plus ! m'écriai-je. Je veux rester à Caumenchon, dans la chambre de mes amis les lapins et ne pas quitter mon Arthémise. »

Comme les vieux paysans me répétaient tous deux d'un air un peu sévère :

« Allons, mamselle, soyez plus raisonnable. »

Mon grand-père leur répondit :

« Parlez-lui plus doucement. Quand je pense que son frère à qui elle ressemble, la pauvre petite, est mort de convulsions après une gronderie de sa mère. Je ne veux pas qu'on lui parle durement.

— C'est ce que je vous ai dit tout à l'heure, monsieur, ajouta ma bonne Arthémise qui était toute rouge et paraissait fort en colère, et encore je ne vous ai pas raconté la moitié de la peur que j'ai eue quand je l'ai trouvée dans ce grenier. Je ne croyais pas si bien deviner le matin en appelant cette traînerie de la pauvre petite à la pension un meurtre !

— Ma Juliette, je t'en prie, retournons à Chauny, recommença mon grand-père, tu le vois, le papa et la maman d'Arthémise veulent qu'elle revienne chez nous, et elle ne leur désobéira pas, demande-le-lui plutôt.

— Moi, je veux bien retourner, dit Arthémise, mais si madame a le regret de m'avoir chassée ce matin comme une voleuse.

— Elle en a le regret, Arthémise.

— A Chauny, plus la pension, jamais, dis-je à mon grand-père.

— Non, non, calme-toi. »

Nous partîmes dans le cabriolet de mon grand-père. J'étais assise, très enveloppée, sur les genoux de ma bonne. Je voyais la pleine lune pour la première fois. Je me rappelle encore mon étonnement et les idées confuses que je gardai sur ce grand soleil de la nuit, si pâle et si froid.

Quand je rentrai à la maison, ma grand'mère était sur la porte, très défaite, elle avait tant pleuré que je vis bien son chagrin. Elle me demanda pardon pour les méchantes choses endurées par sa pauvre petite fille et qu'elle savait toutes, ayant fait son instruction tandis que mon grand'père était à Caumenchon où il se croyait certain de me trouver.

« Ma chérie, on t'a mise au grenier, c'est affreux, me dit ma grand'mère. Tu as bien fait de me punir, je ne tourmenterai plus jamais de ma vie ma petite-fille. »

Je sentais je ne sais quelle vague supériorité qui me donna de l'indulgence. Je m'approuvai de ma conduite. Peut-être ce moment décida-t-il du sens dans lequel se forma mon caractère.

« Juliette fera toujours comme ça, quand grand'mère sera méchante, ajoutai-je, puis elle veut qu'Arthémise ne soit jamais chassée comme une voleuse.

— Oui, oui, oui, répétait ma grand'mère en me couvrant de baisers. Arthémise, reprit-elle, vous me conterez tout ce qu'elle a dit, tout ce qu'elle a fait. C'est elle, n'est-ce pas, qui a voulu aller à Caumenchon, qui s'est fait enlever par vous?

— Oui, Madame.

— Elle me ressemble, cet amour. Arthémise, promettez-moi que vous lui ferez un jour aimer sa pension. Il faut meubler cette petite tête, elle en vaut la peine.

— Non pas meubler ma tête, pas la pension ! criai-je.

— En vérité, Pélagie, tu es folle, tu ne penses qu'à exciter cette petite qui a la fièvre. N'as-tu pas songé une seule fois à la mort de son frère ? dit mon grand-père en m'arrachant des genoux de ma grand'mère. Attends qu'elle soit aussi forte que moi pour supporter les extravagances de ta cervelle. »

Ma grand'mère était devenue toute pâle et très douce.

« Arthémise, allez la coucher, ordonna-t-elle d'une voix calme. Vous me préviendrez quand elle sera endormie. »

Les jours qui suivirent, il fut impossible de m'empêcher de raconter par le menu mon horrible journée. J'en parlais, j'en pleurais, et l'on ne pouvait me faire taire. Arthémise, ma grand'mère, mon grand-père, mon ami Charles, durent subir ce récit, et je ne me calmai que quand j'eus la conviction que j'avais bien fait souffrir à ceux qui m'aimaient la souffrance que moi-même j'avais soufferte. Je promis seulement à ma grand'mère de ne pas raconter « mon histoire » à mes parents de Blérancourt.

Pour ma pension, Arthémise et ma grand'mère s'entendirent.

J'y retournai plus tard, entraînée par une petite amie de mon âge qu'on me donna et qui m'apprit à m'amuser avec les images des lettres de l'alphabet.

*
* *

Quelques mois après, dans la belle saison, je partis pour Blérancourt avec mon grand-père. Nous allions à une noce. J'en avais vu beaucoup déjà, Arthémise ayant la rage de « voir la mariée », mais jamais je ne m'étais trouvée en personne participante à la fête.

Une amie de ma mère, Camille — je n'ai pu retrouver son nom de jeune fille — épousait M. Ambroise Godin, sous-directeur de la manufacture des glaces de Saint Gobain, dont le siège est à Chauny. Mon grand-père devait être le témoin, et ma grand'mère prit la peine de m'expliquer qu'un témoin dans un mariage c'était comme un papa de la mariée, Camille ayant perdu le sien.

Ma joie d'être de la noce se traduisit par toutes sortes de folies et un égoïsme féroce. Je ne montrai, ni n'éprouvai aucun chagrin de quitter ma grand'mère et Arthémise. Au reste, mon absence devait être courte : quatre jours.

Mon grand'père, depuis ma « campagne de Caumenchon », comme il l'appelait, avait pris pour moi une passion telle qu'on le voyait des heures entières à la maison, en dehors des repas. Le soir, quand je le voulais, je le retenais. Ses amis du cercle n'en revenaient pas.

« Il est l'esclave de sa petite-fille, » disaient les gens.

Et mon grand-père répétait :

« Je suis l'esclave de ma petite-fille. »

Il était si grand, si gros, si bruyant, il parlait tant que je le regardais de bas en haut, la tête levée, toujours en riant, et que je ne jouais avec lui qu'à « faire des bêtises », tandis que je jouais souvent avec ma grand'mère « à être sage ».

Il ne se tenait pas de joie de partir avec moi toute seule.

« C'est à mon tour de l'enlever, » disait-il le jour de notre départ.

On m'attacha avec deux foulards dans le cabriolet de mon grand-père et on me bourra derrière, sur les côtés, sous mes pieds, de paquets biens cousus par Arthémise, dans lesquels mon linge, mes robes et tout ce dont je pouvais avoir besoin était tassé et plié. On ne se servait pas alors de valises, ni de malles, chez ma grand'-mère.

Je me rappelle encore mes trois robes blanches avec des ceintures de rubans de couleur qu'il fallut repasser à l'arrivée et que ma mère montra à ses bonnes amies de Blérancourt venues pour me voir et me connaître. J'avais tenu mon beau chapeau de paille d'Italie orné de rubans blancs dans un carton à la main et ne le lâchai pas une seule fois malgré les secousses de la fameuse route « exécrable ».

Partis à huit heures du matin pour faire trois lieues, nous arrivions à deux heures de l'après-midi. On ne peut imaginer ce que pouvait être une route tracée au milieu des prairies et longeant sur son parcours une rivière qui débordait continuellement.

Combien de fois l'ai-je faite et refaite cette route sur laquelle on courait de véritables dangers, les ornières étant si profondes qu'on versait à tous moments.

Mon grand-père me rassurait, car je ne dissimulais pas ma peur, en me répétant que Cocotte était un très bon cheval, que la voiture était solide et qu'il savait fort bien conduire.

Mon père m'embrassa vingt fois à l'arrivée. Sitôt après le déjeuner, il me prit par la main

et me conduisit chez tous ses amis. Au château,
chez les Varnier, où je trouvai une gentille petite fille de mon âge avec laquelle j'ai souvent
joué, depuis, chez ses voisins, le pharmacien De-
caisnes, « neveu de quelqu'un que je t'apprendrai à connaître et à aimer plus tard, me dit
mon père, retiens d'abord son nom : Saint-Just.

— Saint-Just, » répétai-je.

J'ai parfaitement le souvenir de l'effort que
je fis pour plaire aux amis de Blérancourt, et
mon père qui était allé quêter des compliments
les rapporta à mon grand-père et à ma mère.

« Ce qu'elle est gentille, ce qu'elle a été sage,
comme elle cause! » répétait-il.

Ma mère avait décousu les paquets d'Arthémise et elle repassa mes robes elle-même; je
pris part au repassage, à l'accrochage, et sur la
noce je questionnai, je questionnai.

Le lendemain, grand jour, tous les invités se
réunirent à la maison de la mariée proche l'é-
glise. Il faisait un temps superbe. On s'en alla à
pied, deux par deux, en longue file, la mariée
en tête avec mon grand-père, dont on disait :

« Quel bel homme celui qui lui sert de père. »

Je débordai du rang, et tirai la main de ma
mère pour mieux voir, peut-être aussi pour être
mieux vue, car il y avait une haie de gens sur
le parcours du cortège.

Il était très beau, le monsieur qui donnait le

bras à maman et il riait de la voir sans cesse entraînée par moi.

Tout Blérancourt regardait passer la belle
noce et j'entendis plus d'une fois, non sans
plaisir, des petits garçons, des petites filles et
même de grandes personnes dire :

« Regarde, regardez, c'est la petite Juliette à
M. Lambert. Comme elle est bien habillée. »

Quelqu'un ajouta :

« Lui, M. Lambert, il n'y est pas, il ne va
jamais dans les églises. »

Je demandai à maman pourquoi les gens disaient cela. Elle me tira brusquement à elle et
ne me répondit pas.

Nous arrivons à l'église. J'entendais la musique de l'orgue, j'allais entrer quand ma mère,
après avoir parlé tout bas à une vieille dame en
bonnet et habillée de noir, qui n'était pas de la
noce, lui dit :

« Cela la fatiguerait trop, deux cérémonies,
gardez-la moi, amusez-la, je vous en prie, dans
le jardin de M. le curé. Donnez-lui des fleurs.
Ne la laissez pas se salir. Je viendrai la chercher
moi-même. »

Je protestai, je me défendis, je voulais être
tout le temps de la noce, mais la vieille dame
me prit dans ses bras, passa au milieu des gens,
ouvrit une porte, la referma et me posa à terre
en riant :

« Tu t'amuseras ici plus qu'à l'église, ma mignonne, me dit-elle, vois le beau jardin et les belles fleurs, tout est à toi. »

Elle posa un coussin sur le perron, me donna des fleurs de capucines à sucer ; il y avait près de la tige un petit bout sucré qui me plut et je me vois encore sur ce perron du jardin de M. le curé désignant à sa bonne les fleurs que je voulais et qu'elle allait me cueillir.

Je crois que j'oubliai un peu la noce, racontant mon grand jardin chez ma grand'mère, parlant de mes prunes, de mon abricotier, de mes fraises, de mes framboises, lorsque tout à coup ma mère parut très pâle, très agitée :

« Vite, vite, accours, me dit-elle.

— A la noce, maman?

— Oui, à la noce. »

J'entrai dans l'église. La mariée était proche de la sortie avec le marié, toute la noce rassemblée autour d'eux. On m'entraîna dans un coin où il y avait une grande vasque de pierre pleine d'eau comme dans notre jardin de Chauny. Je voyais bien que tout le monde me regardait.

Le curé était près de la vasque, les mariés se rapprochèrent, ma mère me prit dans ses bras.

« Maman, qu'est-ce qu'on va me faire? demandai-je un peu inquiète?

— Sois sage, ma Juliette, sois bien sage, je

t'en conjure, me répondit-elle d'une voix très émue, on va te baptiser ! »

Je ne sais pourquoi ce mot baptiser, prononcé par ma mère qui tremblait, me terrifia.

« Non, non, pas me baptiser; m'écriai-je en pleurant. »

La mariée me dit rieuse :

« Tu vas cesser d'être une vilaine hérétique et entrer dans l'Église catholique. »

J'aperçus mon grand-père, et je lui criai, croyant que la vasque pleine d'eau était l'Église catholique.

« Grand'père viens empêcher qu'on ne me jette dans l'Église catholique. »

Mon grand'père non seulement se montra insensible à mon appel, mais il me fit ses plus gros yeux.

« Tais-toi, me dit M. le curé, ou je t'ouvre la tête et je te mets de l'huile et du sel dedans. »

Ces paroles menaçantes mirent le comble à mon désespoir et je sanglotai, je me démenai durant toute la cérémonie de mon baptême. Enfin, mon grand-père vint me prendre dans les bras de ma mère.

« Juliette, tu es une grande fille, me dit-il, écoute-moi, je suis très content que tu sois baptisée, ta grand'mère en sera tellement heureuse. Tu étais une pauvre petite fille, pas baptisée, nous ne le savions pas. Ton père avait défendu qu'on te baptise, il n'aime pas les églises.

— Oui, grand'père, je l'ai entendu dire par les gens tout à l'heure.

— Alors, tu comprends, il n'est pas comme tout le monde, et c'est mal, c'est un païen. Ta mère a eu un grand courage en te faisant chrétienne sans qu'il le sache. Il va être furieux et je ne serais pas fâché d'être à Chauny. Surtout ne dis pas à ton père que tu es baptisée. Ah! ma chérie, ma chérie, que l'Être suprême te protège! »

Ma grand'mère me faisait faire ma prière le soir et le matin. Elle me parlait sans cesse du bon Dieu, mais mon grand'père ne parlait jamais que de l'Être suprême; je savais depuis longtemps que l'Être suprême était aussi le bon Dieu.

Il y avait une table pour les enfants à la noce. C'était bien amusant. A la fin du repas, des gens se sont levés de leur chaise, ils ont parlé, parlé sans qu'on les arrête ou qu'on leur réponde, puis il y en a qui ont chanté; puis mon grand-père a dit des choses qui ont fait rire tout le monde, et nous, les petits, nous avons ri aussi.

Et puis encore, papa a lu très haut; un petit a dit que c'était comme une fable et on a répété plusieurs fois à la grande table :

« C'est très beau, c'est très beau ! »

Papa avait l'air content. On a dansé avec une grosse musique et j'ai dansé, tourné tant que j'ai pu. Alors un plus grand que moi m'a appelée Camille-Ambroisine. Mon père était près de moi à ce moment s'amusant de me voir tant m'amuser.

« Pourquoi lui dis-tu Camille-Ambroisine, lui demanda mon père. C'est Juliette qu'elle s'appelle.

— Je sais bien, Monsieur Lambert. Elle s'appelle Juliette-Camille-Ambroisine. Juliette, c'est son nom de tous les jours; Camille, c'est le nom de sa marraine, Ambroisine, celui de son parrain Ambroise. Je dis ça parce qu'on l'a baptisée après la noce. J'y étais! C'est drôle, car elle est très vieille pour être baptisée. »

Mon père me secoua si violemment que je poussai des cris épouvantables. Mon grand-père et ma grand'mère accoururent et il y eut encore un « drame de famille ».

Mon père criait de vilaines choses au marié, à la mariée. Mais les gens de la noce ne se fâchaient pas, ils riaient. Mon père finit par prendre ma mère d'une main, moi de l'autre, et il nous ramena à la maison. Mon grand-père venait derrière nous.

Ma mère pleurait, mon grand-père ne disait pas un mot, mon père répétait:

« Vous voulez que ma fille ne soit pas ma fille ! »

Une pauvre femme entra.

« Vite, vite, Monsieur Lambert, dit-elle, mon homme Mathieu, le couvreur, vous le connaissez, il a tombé du toit de M. Dutailly, et il est quasi mort. »

Mon père et mon grand-père sortirent brusquement ensemble.

Ma mère me déshabilla, refit les paquets, les recousut. De très bonne heure elle me coucha.

Le lendemain matin, tandis que mon père dormait encore, parce qu'il avait veillé Mathieu le couvreur toute la nuit, maman m'arrangea dans le cabriolet avec mes foulards, mes paquets, le carton de mon beau chapeau blanc, et sans que j'aille à la noce le second jour ni le troisième, sans que je puisse mettre mes deux autres belles robes, mon grand-père me ramena à Chauny.

En partant, ma mère m'avait bien recommandé de dire à ma grand'mère que malgré la fureur de mon père, elle ne regretterait jamais ce qu'elle avait fait pour moi, qu'il y a longtemps qu'elle aurait dû avouer que je n'étais pas baptisée.

Qui fut étonné de nous voir revenir si tôt? Ma grand'mère.

« Qu'est-ce qu'il y a? qu'est-ce qu'il y a? » répétait-elle.

Mon grand-père lui raconta toute l'histoire et j'entends encore les exclamations poussées par ma grand'mère :

« Elle n'était pas baptisée, elle n'était pas baptisée! Mon gendre est un fou dangereux avec ses idées démocratiques sociales, sans Dieu, mon Dieu! C'est la fin de la religion, de la famille, de la propriété, c'est la fin du monde que ces idées-là. »

Cette longue phrase, avec tous ses termes, depuis « mon gendre est un fou dangereux », je l'ai encore dans l'oreille parce qu'elle n'a cessé de résumer les griefs politiques de ma grand'mère contre mon père durant des années.

Les mots de jacobin, de républicain, de socialiste, les noms de Robespierre, de Saint-Just, de Louis Blanc, de Pierre Leroux, de Proudhon, de Ledru-Rollin, dits et redits avec épouvante par mes grands-parents et avec une sorte de culte par mon père, entraient dans ma mémoire et plus encore dans ma pensée. Le « mon gendre est fou » commençait l'antienne, et le « sans Dieu, mon Dieu » la terminait; le milieu en était varié selon les circonstances, mais les mêmes mots, les mêmes noms s'y entrecroisaient.

*
* *

Mon père très lettré d'une grande éloquence, d'un vrai savoir, charmait ma grand'mère lorsqu'il ne parlait ni de politique ni de religion. Ayant l'amour du grec, nul ne racontait les légendes de l'Hellénie comme lui. Dès ma petite enfance sitôt que je le voyais je l'obligeais à me redire les histoires du vieil Homère, et je les savais comme je savais Peau-d'Ane et le Petit Chaperon rouge.

Mon père était poète, et ses vers toujours classiques, au moins ceux qu'il lisait à ma grand'mère, mais nous savions, et moi-même, perroquet, je le répétais avec indignation, qu'il en faisait des *rouges!*

Comment mes parents pouvaient-ils être assez enragés pour parler de politique chaque fois qu'ils se retrouvaient? Ma grand'mère était orléaniste gouvernementale, mon grand-père passionnément impérialiste, et il fallait l'entendre dire : l'Empereur! avec son grasseyement; mon père se déclarait jacobin.

On ne peut se faire une idée des scènes qui avaient lieu. Je me rappelle mon épouvante des premières; je poussai les hauts cris, je sanglotai, mais on ne m'entendait pas. Je pris un jour le parti — je devais avoir de quatre à cinq ans, — de grimper sur la table, de mettre l'un de mes pieds dans le plat, et de bousculer les verres et les assiettes, avec l'autre. La discussion ou plutôt la querelle cessa comme par miracle, mon grand-père, ma grand'mère, mon père ayant été pris d'un fou rire.

Seule, ma mère, que je craignais beaucoup, me gronda, m'enleva de table brutalement et voulut me frapper, mais je fus en un clin d'œil arrachée de ses mains par trois personnes et je jugeai dès ce jour que j'étais bien sotte d'avoir peur d'elle puisque les autres me protégeraient toujours contre ses corrections.

*

Les années passaient sans notables changements dans nos habitudes. Je m'étais faite aux « drames de famille », et avec d'autant plus de facilité, que, d'un commun accord, j'étais exceptée des bouderies, mise à part des querelles.

J'avais à peine six ans que mon grand-père, ma grand'mère, mon père, s'efforçaient chacun

de me convertir à ses idées. Je ne plaisante pas.
Il est vrai qu'à six ans et demi j'étais dans la
seconde division de la seconde classe de ma
pension, que je savais beaucoup de choses, de
celles qu'on peut accumuler dans la mémoire,
qui était chez moi un don exceptionnel. Avec
cela ma grand'mère et mon père me bourraient
de tout ce dont on peut bourrer l'esprit d'une
malheureuse enfant.

Je me rappelle que, souvent le soir après
dîner, durant la partie « d'impériale » que ma
grand'mère et mon grand-père faisaient avant
que ce dernier nous quittât pour aller à son
cercle, je préparais mes cahiers et mes livres,
sur la prière de ma grand-mère, car elle ne
m'avait jamais donné un ordre depuis ma fuite
à Caumenchon. Mon grand-père parti, je travaillais avec elle jusqu'à ce que je m'endorme
sur mes cahiers.

Mon grand-père ne manquait jamais de me
dire, en voyant ces préparations :

« Allons, phénomène, marche au supplice,
accumule les instruments de torture, n'en oublie pas un ! » Et il ajoutait en s'en allant :
« On la tuera, cette petite, on la tuera. »

Lorsque, par hasard, mon grand-père blâmait
un acte de ma grand'mère, il ne s'adressait
jamais directement à elle. Le *on* lui permettait,
si elle le cinglait de l'un de ses mots en coups

de fouet, de ne point paraître atteint et de répondre sans répondre.

Lorsque mes grands parents étaient fâchés l'un contre l'autre cet *on* rendait alors les plus grands services. *On* se parlait sans s'adresser l'un à l'autre et la brouille était sauve. *On* disait par exemple, durant la bouderie qui durait quelquefois plusieurs jours :

Ma grand'mère :

« Est-ce qu'*on* rentrera à telle heure? »

Mon grand'père :

« *On* fera les plus grands efforts et l'*on* espère y parvenir. »

Et à table : « Veut-*on* un peu de ce bœuf, etc. »

Et au jeu : « *On* a ceci, *on* a cela. »

Moi, naturellement et sérieusement, car j'étais fort affligée, je disais *on*, à tous les deux.

Mais, tout à coup, sans que ni l'un ni l'autre ne sût pourquoi et parce que la brouille avait assez duré, *on* redisait : « Pélagie, Pierre, Juliette, » *on* s'embrassait, et tout finissait sans explication jusqu'au prochain recommencement.

Dieu! qu'ils étaient tour à tour dramatiques et gais, mes chers grands-parents.

J'ai dit que chaque membre de ma famille essayait de me convertir à ses idées.

Ma grand'mère m'expliquait longuement, par l'histoire de France, que c'étaient nos rois qui avaient fait la grandeur de notre pays, en supprimant les « grands feudataires ».

Elle détestait la féodalité, l'autocratie sous toutes ses formes. Elle aimait les premières communes, le Tiers-État, la Bourgeoisie, les moyennes en toutes choses, les justes milieux comme elle disait. Il me fallut de très bonne heure avoir plus de goût pour Louis XI que pour Louis XII, le Père du peuple; pour Louis XIII plus que pour Henri IV, à cause de Richelieu qui avait abattu les « grands ». Ce qu'avaient fait les rois pour le peuple l'intéressait aussi peu que le peuple lui-même, pour lequel elle professait le plus grand mépris. Le peuple, les petites gens, c'était pour ma grand'-mère ceux qui « travaillent aux gros travaux et ne peuvent rien concevoir d'affiné ».

Ces opinions, exprimées à la pension, me valurent plus d'une fois les remontrances sévères des maîtresses et sous-maîtresses, et les indignations de mes compagnes.

Je faisais miennes les idées de ma grand'-mère, et je les soutenais sans dire d'où elles me venaient, par un double sentiment d'orgueil, car j'étais fière de penser autrement que toutes mes petites compagnes de classe, et aussi, je me le rappelle, pour ne pas compromettre ma grand'mère, ou plutôt pour ne pas laisser discuter ou blâmer ses opinions. Je parlais d'elle avec une passion admirative que, bon gré, mal gré, sous peine de taloches il fallait subir. Je n'admettais pas qu'une autre petite fille eût une mère ou une grand'mère comparable à ma grand'mère. On faisait de moi ce qu'on voulait, en me disant qu'il n'y avait pas de Chauny à Paris une grand'mère, une mère aimant sa fille ou sa petite-fille plus que ma grand'mère ne m'aimait. Alors mes générosités se répandaient abondantes sur les flatteuses. Elles consistaient en ceci que j'offrais à pleines mains certaines boules au sucre de pomme et de cerise, jaunes et rouges, qui étaient délicieuses, que l'épicier dont la boutique était sur mon passage me vendait journellement, et que je l'obligeais à renouveler au moins deux fois la semaine dans ses bocaux.

Je me suis plus tard reproché les boules de sucre grâce auxquelles j'établissais peu à peu ma domination sur mes préférées, peut-être sur les plus gourmandes, qu'en somme je corrompais. Il est vrai que cette domination s'appuyait ensuite sur des bases plus honorables, car, si je dirigeais les jeux, si on m'obéissait aux récréations, ce n'était pas seulement à cause de mes boules de sucre, vite croquées, mais parce que j'inventais toujours des jeux nouveaux...

Je dominais aussi un peu par ma taille et par ma force. Il ne faisait pas bon se mesurer avec moi.

J'avais donc, dans mon bagage d'opinions, le culte de Louis XI, que ma grand'mère appelait le Père des Communes, le culte de Louis XIII, qui avait fait fendre en deux les tours féodales, le culte de Louis-Philippe, le roi libéral.

Mon grand-père voulait me prouver, et il s'y employait en toute occasion, que l'Empereur avait porté « sur les ailes de la Renommée, la gloire de la France aux confins du monde », que le moulinet de sa grande épée (il faisait le geste avec ses deux grands bras, en sens inverse l'un après l'autre, ce qui me réjouissait) avait terrifié, non seulement les guillotineurs de « la Révolution jacobine de Lambert » (ici toujours la pointe pour mon père), mais « soumis les souverains de l'Europe jusqu'en Afrique et en Asie ».

Ah! si je l'ai entendu, ce discours! Malheureusement pour mon grand-père, il nous faisait rire aux larmes, ma grand'mère et moi.

« J'ai eu l'honneur, en personne, et vous n'en pouvez dire autant ni l'une ni l'autre, de servir l'Empereur, » ajoutait mon grand-père avec une dignité superbe (il se levait quand il était assis). « et je ne permettrais pas qu'on prononce un mot, un seul mot qui entame d'un fétu de paille son immortelle, son éternelle mémoire. »

Mon grand-père savait toutes les chansons

de Béranger, surtout et exclusivement celles qui exaltaient son Empereur ; mais il faisait une exception pour le *Vieux vagabond* qui l'attendrissait, lui rappelant, disait-il, sa propre misère, celle de sa jeunesse et sa philosophie d'alors.

J'ai déjà dit que mon grand-père était un homme colossal et buvait copieusement. A la fin de la journée, quand il parlait de l'Empereur et des campagnes qu'il avait faites, à Lutzen et à Bautzen, il se trompait presque toujours sur la phrase finale et triomphante. Je l'attendais là.

« Prends garde, grand-père, de renverser ta belle phrase. »

Il l'entonnait, et invariablement, lorsque je l'avais troublé par mon interruption, il ajoutait avec une emphase qu'on ne peut rendre et avec une bouffée d'orgueil intraduisible :

« Et quand Larrey n'avait pas besoin de moi, je faisais le coup de feu, je me mêlais aux grenadiers de la garde, et j'étais toujours le *dernier* à la bataille et le *premier* à la retraite. »

Et alors je battais des mains, je criais : « Bravo grand-père ! » Et il comprenait par là qu'il s'était trompé.

Si ma grand'mère voulait faire de moi une savante, elle qui l'était peu et s'instruisait en m'instruisant, mon grand-père, qui en général manquait de courage, voulait faire de moi une femme courageuse.

Le dimanche matin, de bonne heure, avant
que j'aille à la grand'messe rejoindre ma pension, mon grand-père m'emmenait avec lui à
l'Hôtel-Dieu. J'étais l'amie de la sœur Victoire,
qui servait d'aide à mon grand-père dans ses
pansements et dans ses opérations. Tous deux
me « formaient à la vue des misères humaines »
disaient-ils.

J'assistai souvent à de petites opérations, et
mon grand-père me promettait que quand je
l'aurais mérité par ma sagesse, j'assisterais aux
« grandes ».

On me montrait de belles plaies. Souvent la
sœur Victoire m'apprenait, surtout si elle pan-
sait des enfants, à rouler et à poser une bande.
Dès l'âge de sept ans, je savais pas mal de choses
et je pouvais être de quelque utilité entre ma
sœur Victoire et mon grand-père. Je préparais
le bras pour la saignée ; j'appris à saigner, à
bander le bras après la saignée, et c'était une
grande affaire, car la plupart des médications
reposaient alors sur la saignée.

L'été, dans la cour fleurie de notre maison,
qui précédait le grand jardin, sous un lilas de
Perse que j'adorais, dont je m'enivrais quand il
était en fleurs, et qui était non un arbuste,
mais un arbre véritable donnant de l'ombrage.
souvent mon grand-père faisait des saignées.

Les gens arrivaient à cette époque, disant

tout simplement sans explication, sans demander une consultation :

« Je viens pour me faire saigner. » Et on les
saignait.

J'allais chercher la lancette, la cuvette, la
bande, je tenais la cuvette, et quand la saignée
était finie, je faisais un trou au pied de mon
lilas et j'y versais le sang. Est-ce pour cela qu'il
était si beau, ses grappes de fleurs si abondantes
et si parfumées?

Ma grand'mère ne pouvait voir une goutte de
sang. Si on l'eût obligée à regarder une simple
saignée, elle se fût trouvée mal.

Mon grand-père répétait sans cesse à ma
grand-mère :

« Je fais de ta petite-fille une femme forte.
Elle n'a pas peur, elle, des « rouges éclabous-
sures ». Il ne lui manque que d'aimer la guerre,
la gloire et l'Empereur.

— Et d'être aussi brave que toi ! ajoutait ma
grand mère. Ainsi, moi j'ai peur du sang,
ajoutait-elle, mais si la France était de nouveau
envahie, je sens que je n'aurais pas peur ni
des Prussiens, ni des Anglais. »

Ma grand'mère était très heureuse, malgré ses
moqueries sur la bravoure de mon grand-père,
que je n'aie pas peur du sang, et elle le remerciait
souvent de m'avoir guéri de cette faiblesse. Mes
amies de la pension m'estimaient fort pour mon

courage, et cette estime n'avait nullement besoin
d'être alimentée par les boules de sucre.

On racontait, dans le petit monde de la pension
et même dans la ville, des traits de ma bravoure,
entre autres celui-ci, quelque peu macabre.

Un notaire de Chauny s'étant suicidé, on
avait abandonné à mon grand-père, sur sa demande, le corps de ce malheureux, et il en avait
fait un fort beau squelette, finalement relégué
au grenier et qu'on appelait « le notaire ».
Arthémise en avait une peur affreuse. Je connaissais beaucoup le « notaire », rôdant sans
cesse au grenier pour trouver les endroits où
mon grand-père cachait son argent et que je
finissais toujours par découvrir. Cette chasse
d'un genre particulier me passionnait. Je prenais la somme dénichée, je la changeais de place,
et, durant de longs jours, je faisais endiabler mon
grand-père en ne lui livrant pas le secret de ma
cachette à moi, et en le défiant de la trouver.

Lorsque je lui dévoilais le lieu où était le
butin, je prélevais, selon la somme, un droit
modeste pour mes boules de sucre.

Alors, je racontais (quand mon grand-père
ne le faisait pas lui-même, car il n'y avait pas
entre les deux époux de discussions à propos
d'affaires d'argent), je racontais, dis-je, à ma
grand'mère l'aventure de chaque cachette, et
elle s'en amusait beaucoup.

« Seulement, ajoutait-elle, ne prélève pas de dîmes sur tes trouvailles. Cela ne me semble pas joli. Quand tu as besoin d'argent pour tes fameuses boules de sucre, demande-le-moi plutôt.

— Non, répondais-je, avec mon grand-père, je le gagne. »

Et je me figurais qu'il était gagné, cet argent, par la peine que j'avais prise.

Au fond, j'imaginai que le « notaire », dont je n'ai su que longtemps après la vilaine histoire, m'aidait à trouver l'argent de mon grand-père. Et je considérais le squelette comme mon ami.

Aussi ne trouvai-je rien d'extravagant à ce que mon grand-père, un soir d'été que nous prenions, plusieurs de nos voisins, leurs enfants et nous, le frais dans notre cour éclairée par la lune, me demandât d'aller chercher le « notaire » au grenier, ce que, d'ailleurs, il n'eût pas fait lui-même.

Ma grand'mère approuva de la tête, ravie de penser que j'allais faire une chose extraordinaire qui impressionnerait le lendemain toute la ville. Elle me regardait de ses yeux brillants ; ses cheveux roux luisaient sous la lumière de la lune. Elle était habillée tout de blanc, sa couleur préférée pour elle et pour moi, et j'avais mis à son corsage un gros bouquet de lilas.

« Tu veux que j'y aille ? lui demandai-je tout
bas. ils vont avoir peur, ils ne savent pas qui est
le « notaire ».

— Va, » me répondit-elle en riant.

Je m'en fus chercher le « notaire » au grenier.

Il était très grand, pour moi surtout. Je mis
sa tête sous mon bras gauche, je pris la rampe
de l'escalier de ma main droite. La lune regardait par les fenêtres. J'entends encore le bruit
que faisait le « notaire » avec ses os qui descen-
daient derrière moi.

J'arrivai dans la cour. Je jetai le « notaire »
sur les genoux de mon grand-père. Tous les
cris réunis me parurent un seul cri. Les enfants
hurlaient, la tête cachée dans la jupe de leur
mère. Celles-ci répétaient : « Ah! l'horreur!
C'est affreux! Monsieur Seron, emportez-le! »

Mon grand-père trouvait la farce très bonne.
Il riait de tout son cœur. Mais l'une des voi-
sines s'étant évanouie, tandis que ma grand'-
mère lui jetait de l'eau sur la figu e, mon grand-
père alla porter le « notaire » au pied de l'escalier. Il n'osa pas le remonter.

Nous le sûmes plus tard parce qu'Arthémise,
entrant dans la chambre de ma grand'mère qui
était aussi la mienne, et lorsque nous étions
déjà couchées, nous cria :

« Madame, mam'zelle, le « notaire » est

descendu tout seul. Il est au bas de l'escalier ! »

Force fut à mon grand-père de se lever pour
réintégrer le « notaire » au grenier, mais il se
fit éclairer par Arthémise.

Mon grand-père, qui le croira ? avait un goût
fort poétique. Il adorait les pigeons. Nous en
avions des centaines, et tous les jours, à l'heure
du déjeuner, à midi, lui, qui m'avait fait
partager sa passion, et moi nous donnions à
manger à nos pigeons. Ils voletaient autour de
nous, comme je vis plus tard les pigeons de
Saint-Marc, à Venise, le faire. Nous passions
tous deux une grande blouse de toile grise
avec un capuchon, et nos pigeons nous cou-
vraient la tête, les épaules, les bras, les mains.
Ils s'accrochaient à nous et nous becque-
taient. Le bruit de leurs ailes, leur roucoule-
ment, me ravissaient, me paraissaient musical.
Ils nous suivaient quand nous marchions,
avec cette jolie allure qui se dandine coquette-
ment.

Nous les avons bien aimés, nos pigeons, mon
grand-père et moi.

Notre chagrin vint de ce que ma grand'mère,
trouvant qu'ils pullulaient exagérément, faisait
dénicher les jeunes en notre absence par un
marchand qui les vendait. Ce fut une petite
fille de la pension qui me l'apprit parce que sa

mère en ayant acheté, elle me dit un jour qu'elle avait « mangé » de mes pigeons.

Ma grand'mère, que je grondai, me demanda si j'aimais mieux les manger moi-même.

« Ah! mais non. »

Mon grand-père me calma en me disant que nous ne pouvions garder tous ceux qui naissaient et qu'il fallait laisser faire ma grand'mère, à la condition qu'elle ne prenne que les jeunes et nous laisse les « père et mère ». Elle le promit et nous tint parole. Ce qui fait que nos vieux furent de plus en plus apprivoisés.

*
* *

Lorsque au 4 octobre j'eus huit ans, mon père obtint de ma grand'mère, qui se croyait sûre de moi et de mes idées alors, qu'il m'emmènerait à Blérancourt jusqu'à la Toussaint, trois semaines durant. Nous n'avions pas subi encore une séparation de cette durée. Nous étions très émues, moi, moins que je ne l'aurais cru, elle plus encore que je ne le craignais.

Mon père m'aimait si tendrement, si passionnément; il prenait une si grande peine, en quelques mots jetés çà et là, pour m'intéresser à ses idées, il me traitait en si grande personne, avait, je le sentais, un si grand besoin de combattre le blâme que ma chère grand'mère alimentait sans cesse en moi sur ses opinions démocratiques, jacobines, franc-maçonnes, irréligieuses, sans Dieu, mon Dieu! mots que je lui avais répétés souvent comme une enfant terrible, que ce départ avec mon père me parut une chose très grave. Il me sembla que ces trois semaines allaient me rapprocher de lui et m'éloigner de ma grand'mère plus encore que par l'absence.

« Jean-Louis, dit ma grand'mère à mon père au moment où, après l'avoir embrassée avec effusion, il montait en voiture, où j'étais déjà, rendez-la moi telle que je vous la donne, vous me le devez! »

Nous partions, mon père répondit en riant :

« Je ne vous le promets pas. »

J'entendis ma grand'mère crier :

« Juliette, reste! »

Mais un vigoureux coup de fouet enleva le cheval.

Je ne me retournai pas, et je fondis en larmes. Mon père ne chercha pas à me consoler par de douces paroles, comme eût fait ma grand'mère, qui ne pouvait me voir pleurer.

Il m'embrassa avec violence, répétant :

« Ma fille, mon enfant, à moi, enfin, enfin!

*
* *

Ma mère m'accueillit avec sa froideur habituelle. La passion croissante de mon père pour moi, passion à laquelle il s'abandonnait joyeusement, n'ayant plus à se contraindre devant ma grand'mère, lui paraissait excessive.

« Il semble que ta fille soit une divinité sur la terre, lui dit-elle un jour devant moi.

— C'est mieux que cela, c'est ma fille ! répondit mon père, et en tout cas, ajouta-t-il en riant, je ne me tromperais pas beaucoup si je la croyais fille de l'Olympe. »

Ma mère détestait les mots d'esprit, qu'elle rangeait dans la catégorie des taquineries, et celui-là ne lui plut guère. Depuis le séjour de mon père à Bruxelles, elle appelait son mari, tout en le tutoyant : Monsieur Lambert.

« Oh ! Monsieur Lambert, c'est de bien mauvais goût, ce que tu dis là. »

Le mot, à moi, me parut joli, et je le répétai, en riant, plus d'une fois à mon père, lorsqu'il m'instruisait sur la Grèce. Comme il trouvait mon esprit ouvert aux choses antiques, je lui répondais :

« Ne suis-je pas fille de l'Olympe? »

Mon père m'emmenait partout avec lui, à pied, dans ses visites à ses malades aux alentours. Il m'apprenait à conduire son cheval, très vif, et, dans sa voiture à deux places, nous allions, par les bonnes et mauvaises routes, voir les pauvres et les riches, les pauvres surtout.

Je lui parlais de mes études d'histoire, des opinions de ma grand'mère, que je partageais.

« Vois-tu, me disait-il, ta grand'mère et toi, vous admirez avec raison Louis XI et Louis XIII parce que vous croyez toutes deux que, sous leur règne, les grands ont été abattus ; or, ils n'ont changé que de condition vis-à-vis de la royauté. Ils sont devenus courtisans, ils ont été domestiqués par les rois, mais ils restaient à peu près les mêmes vis-à-vis des bourgeois et du peuple ; ils continuaient à maintenir avec leurs inférieurs les distances que les souverains avaient établies avec eux. L'égalité n'était nulle part avant la Révolution. Elle seule a commencé le grand œuvre. Laisse-moi te parler de Saint-Just, avec lequel, parmi les révolutionnaires, je me sens le plus en compréhension. Il est pour moi l'ami connu et perdu. Je te conduirai chez sa sœur, tu verras comme elle est distinguée et douce, tu l'amuseras. Elle parle de son frère avec tant d'affection qu'il ne sera plus pour toi, mon Saint-Just, le coupeur de têtes de ta grand'mère, le monstre de ton grand-père.

— Ah! par exemple, papa, moi être comme toi l'ami d'un affreux Saint-Just ou d'un horrible Robespierre, jamais.

— Qu'en sais-tu? on ne t'a jusqu'ici fait entendre qu'une cloche et qu'un son. Tu détestes l'injustice, tu aimes les humbles et les petits; tu absoudras ceux qui les ont émancipés dans le sens de la justice, même violemment. Vois-tu, dans la politique, on n'a jamais de mesure. C'est une balançoire! ajoutait-il en riant. On est lancé par elle deux fois aux extrêmes et l'on ne passe qu'une fois sur trois au milieu.

— Moi, papa, je suis pour les milieux, les plus justes milieux; comme ma grand'mère, je déteste les extrêmes de ta balançoire politique.

— Juliette, tu n'es pas sérieuse.

— Mais, papa, c'est toi qui as commencé avec ta balançoire.

— Eh bien, je me repens, et je veux te dire une fois pour toutes que même la grande Révolution n'en a pas fait assez.

— Ah! l'horreur! papa.

— Non. Écoute-moi bien. Les seigneurs avaient opprimé les serfs, tu sais comment et tu le sais bien, tu en parles même savamment: ta grand'mère et toi, vous jugez les « grands » comme ils doivent l'être, mais ce n'est pas tout, il ne faut pas s'arrêter en chemin ; depuis que les seigneurs sont abattus, d'autres oppresseurs, tout aussi durs, tout aussi tyranniques pour les humbles et les petits, les ont remplacés, et ceux-là n'ont pas la vaillance et l'allure qu'ont eues les féodaux, les gens de la chevalerie. Les « grands » d'aujourd'hui sont les grands bourgeois. Il faut de nouveaux Louis XI, de nouveaux Richelieu, une autre Révolution, pour détruire cette autre féodalité. Les nouvelles formules sont trouvées, ma Juliette, pour que le règne de la justice absolue s'ouvre enfin, et ce sera par la République, par les principes de liberté, d'égalité, de fraternité. Il n'y aura plus ni richesses exagérées, ni complètes misères. La souffrance, comme la justice, sera distribuée équitablement.

— Ce sera bien beau, ce temps-là, papa, mais arrivera-t-il jamais ? »

Je doutais de la perspicacité des jugements de mon père ; on m'avait trop dit qu'il était un rêveur absurde et dangereux, et cependant ses paroles se gravaient dans mon cœur, parce que je les trouvais généreuses et tendres pour les malheureux.

Il est facile d'expliquer la séduction de théories aussi naïves sur l'esprit d'un enfant. De tels mots résonnaient bien à l'oreille. Mon père

était le type de ceux qu'on a appelés plus tard
les vieilles barbes de 1848. Idéaliste, sans aucune notion des possibilités du réel, mon
père croyait que ses conceptions politiques
étaient des vérités absolues. Aussi sentimental
et aussi romanesque que ma grand'mère, il
nourrissait pour la vie publique des illusions
semblables à celles qu'elle nourrissait pour la
vie individuelle.

Cependant quelques-unes de ces conceptions
m'apparurent peu à peu, à moi, enfant, comme
sublimes.

Mon père mêlait la nature à tout ce qu'il me
prêchait, car il me prêchait! La doctrine du
Christ, qui avait donné au monde les formules
de liberté, d'égalité et de fraternité, se mêlait
en son esprit à un paganisme exubérant, poétique, et cet amalgame fournissait à ses discours
de pompeux arguments sur la charité, sur les
lois du sacrifice social, sur la divinisation de
l'héroïsme humain. Mon imagination de fillette,
initiée déjà aux recherches de ce que ma grand'-
mère appelait « les choses supérieures », éblouie,
se laissait peu à peu séduire.

L'habileté de professeur qu'avait mon père
le servait merveilleusement pour mettre à ma
portée tout ce dont il me parlait. Il simplifiait
les choses à tel point qu'il en arrivait à me faire
causer avec lui et à me faire croire qu'il

trouvait un plaisir extrême à nos entretiens.

Quelle fierté j'en éprouvai. Il mêlait à tout ce qu'il me disait des paroles prudentes : « Je ne te dis pas cela pour te convaincre ; tu es trop jeune encore pour que j'insiste, je t'apprendrai plus tard » etc., etc. Je n'entendais que d'admirables phrases sonores et ne pouvais juger des lacunes des démonstrations pratiques ou de la possibilité des applications. J'étais attendrie par les principes de dévouement aux classes déshéritées dont il ne cessait de m'entretenir.

J'avais cependant le secret instinct que la violence de mon père, dont il donnait des preuves trop fréquentes, pourrait en faire un méchant comme son Saint-Just pour les fortunés, aussi bien que sa bonté en faisait un bon pour les malheureux. Et je voulais savoir si je devinais juste. C'était une cachette intérieure à découvrir.

« Après tout ton Saint-Just, je le veux bien, aimait les petits autant que toi, dis-je un jour à mon père, mais tu ne peux pas me prouver qu'il n'ait pas été un cruel, qu'il n'ait pas tué.

Mon père me répondit :

« L'action change la nature des hommes, il faut juger Saint-Just sur ses intentions.

— L'enfer en est pavé, papa. »

Je savais ce que je voulais savoir.

« Quoi qu'en dise ta grand'mère, ajouta mon père, je n'aime pas Robespierre parce qu'il fut jacobin-né. On ne doit pas naître jacobin. On peut le devenir, mais il faut tout d'abord s'être senti humanitaire. La férocité n'est permise que pour la défense des principes et de la patrie en danger. Il faut, pour la légitimer, qu'il y ait eu provocation. »

Comme il m'avait parlé des feuilles qui sont sensibles, je répliquais, quand ce que me disait mon père me déplaisait :

« Assez, papa, je me replie! »

Alors il m'appelait sensitive et nous nous taisions.

Parfois il me semblait qu'il me tenaillait la tête comme le faisait trop souvent ma grand'-mère. Je sentais une grande douleur aux tempes et je disais :

« Je ne peux plus t'écouter, j'ai mal. »

Mon père recevait un grand journal : La *Démocratie Pacifique* de Victor Considérant. Il avait été l'un des premiers abonnés. Ma grand'-mère ne lisait pas de journaux. Elle apprenait les nouvelles par mon grand-père, qui lisait les Gazettes à son cercle. Je trouvais admirable mon père, qui, tous les jours, parcourait quatre grandes feuilles et savait à Blérancourt ce qui se passait dans le monde entier.

Plus tard, en me reportant à ce que j'éprou-

vai dans mon enfance et dans mes premières
années de jeunesse, je me rappelai qu'alors les
« murs » de ma cervelle m'apparaissaient
comme trop minces pour supporter la pression
et la masse des idées que mon père et ma
grand'mère voulaient alternativement y faire
entrer. Je sentais quelquefois ces « murs » flé-
chir et menacer de crouler.

Je jouais souvent avec la fille du pharmacien,
Émilienne Decaisne, petite nièce de Saint-Just.
Je la trouvais bonne et charmante, mais mon
père disait qu'elle n'était pas assez fière de son
grand-oncle. Il faisait sans cesse enrager son
ami Decaisne, le « trop tiède neveu de Saint-
Just », comme il l'appelait.

J'allai un jour chez la sœur de Saint-Just,
Mme Decaisne, mère du pharmacien, grand'-
mère d'Émilienne. Elle habitait à l'autre bout
de cette adorable place de Blérancourt qu'on
appelle le Marais, où les allées de tilleuls em-
baument au printemps, où les restes du vieux
château Louis XIV ont tant de style. Mme Decaisne habitait, une maison du XVIIIe siècle,
intacte, donnant sur un grand jardin entouré
de hauts murs.

C'était une très vieille dame, d'une extrême
distinction, grande et mince, habillée à l'ancienne mode, faisant de jolies révérences, rele-
vant sa robe des deux mains avec beaucoup de

grâce quand elle marchait dans le jardin, et qui, disait mon père, paraissait toujours prête à danser le menuet.

Dans son grand salon meublé de meubles Louis XV et Louis XVI, que ma grand'mère m'avait appris à connaître et à aimer, et que mon père trouvait rococos et horribles, n'aimant lui, que les meubles modernes, les meubles « du progrès » en acajou et en palissandre, Mme Decaisne m'eut l'air d'une apparition.

Elle avait à demeure dans sa maison, quoique son fils ne l'aimât pas, m'avait dit mon père avant d'entrer, un vieil ami, chevalier de Saint-Louis, habillé, lui aussi, comme au temps passé et qu'on appelait simplement : « Monsieur le chevalier. »

Mme Decaisne et le chevalier étaient restés tous deux très royalistes, légitimistes, détestant la « branche Égalité », mais fidèles à la mémoire de Saint-Just dont le chevalier avait été l'ami. Malgré « les crimes qu'on lui a fait commettre » disait Mme Decaisne, elle et le chevalier ne cessaient pas de le chérir.

Le chevalier m'amusait beaucoup parce qu'il glissait et sautillait sur les parquets cirés et qu'il baisait la main de Mme Decaisne dès qu'il la quittait un instant.

Il parlait avec attendrissement de Saint-Just.

« N'est-ce pas, Monsieur le chevalier, lui dit mon père, que vous ne voyez encore aujourd'hui dans Saint-Just que ce qu'il a été le plus sincèrement et le plus longtemps, l'humanitaire et le poète ?

— C'est vrai. D'ailleurs, ajoutait le chevalier, lui si intelligent, si supérieur, si plein de grand avenir a expié ses erreurs par la mort. Il faut l'avoir vu comme moi dans la tourmente pour comprendre comment un homme bon et noble, mais exalté, peut, à certaines heures, trouver que « le sang est nécessaire ».

Le « sang nécessaire » me resta dans l'esprit après que j'eus entendu cette phrase dite par le chevalier.

J'en parlai à mon retour à Chauny à ma grand'mère, qui ne s'indigna pas autant que je le pensais.

« Lorsque les rois protégèrent le peuple contre les grands, on les vit verser « le sang nécessaire » me dit-elle, et les rois ont grandi malgré leurs crimes. Les hommes de la Révolution, s'ils n'avaient versé que le sang ennemi aux frontières et le sang des traîtres, et il y en a eu, pareils à Messieurs de Sainte-Aldegonde, qui, durant l'invasion, appelaient les envahisseurs de la France « nos amis les ennemis », si, dis-je, les hommes de la Révolution n'avaient pas tué pour tuer, on les eût absous, mais ils ont sacrifié à leur férocité des innocents, et il ne leur sera jamais pardonné. Ton père est de ceux qui, comme Saint-Just, voudraient épurer et épurer encore, après avoir versé « le sang nécessaire ». C'est bien un de ces jacobins humanitaires, gens plus cruels que les plus méchants, qui se croient le droit d'être implacables sous prétexte qu'ils ont été sensibles dans leurs jeunes années. »

Mais je reviens à la sœur de Saint-Just. Elle me prit en affection. Vivant avec mes grands parents que je trouvais jeunes encore, j'adorais les vieux. Mme Decaisne me lut un jour des vers de Saint-Just. Il s'agissait d'un petit pâtre conduisant gaiement son troupeau de roses désolées d'avoir des épines. Elle mit tant d'émotion dans cette lecture que je versai des larmes et que je conquis son cœur et celui du chevalier.

Ces trois semaines passèrent avec une rapidité si grande que j'écrivis très peu à ma grand'mère, n'osant pas lui parler de mes conversations avec mon père et de l'impression qu'elles me faisaient. Je me disais qu'il vaudrait mieux doucement me confesser et, de même que mon père m'avait éclairé sur ses idées, j'éclairerais ma grand'mère sur les miennes. Je n'étais pas convertie d'ailleurs. La férocité de Saint-Just absoute pour des raisons que je me rappelais mal ; mon père, si bon, si bienfaisant, pouvant devenir cruel après « provocation » — je me souvenais de ce mot-là — tout cela soulevait de grandes révoltes en moi et bouleversait mes premiers enthousiasmes.

Il y eut plusieurs « drames de famille » à cause de moi. Je prenais une trop grande place dans la vie de mon père, et ma mère ne pouvait dominer ce malheureux sentiment qui nous a causés à tous tant de chagrins : sa jalousie.

Mon père l'aimait passionnément pour sa beauté qui eût dû lui donner tous les droits de se croire aimée ; moi-même je la regardais avec admiration et lui avais voué une sorte de culte extérieur ; mes grands parents étaient fiers d'elle. Mais elle avait détruit notre tendresse à tous par sa froideur, notre confiance en son affection parce qu'elle doutait sans cesse de la nôtre ; aucune de nos assurances ne pouvait la convaincre, tandis qu'un mot dit au hasard, sans intention, devenait une preuve de ce qu'elle imaginait, et alors elle était d'une dureté qui eût pu faire croire à sa méchanceté. Or, ses reproches immérités, sanglants, ses insinuations, ses accusations, n'étaient qu'une sorte de désespoir de n'être pas arrivée à nous imposer la façon dont elle voulait être aimée et de ne pouvoir conquérir une plus grande somme de notre affection justement par les procédés qui nous faisaient l'aimer moins.

Mon père désirait me ramener lui-même à ma grand'mère. Ma mère s'y opposa et ce fut elle qui me reconduisit. Le mal qu'elle me fit dans ce petit voyage me rappela mon premier jour de pension.

Nous étions montées sur un âne toutes deux et nous avions déjà fait un assez grand bout de la route, quand, notre monture se fatiguant, ma mère descendit. Elle causait en marchant, tandis que très fière je tenais les rênes et n'eusse voulu songer qu'à cela.

Ma mère m'interrogeait de façon troublante et inquiétante sur l'amour de ma grand'mère. Elle m'impatientait, et, peu habituée à me dominer, je répondis deux ou trois fois :

« Maman, je t'en prie, laisse-moi tranquille, tu me tourmentes plus que M. le doyen à la confession.

— Est-ce que ta grand'mère te dit qu'elle te mariera et te donnera beaucoup d'argent, une dot ? » me demanda brusquement ma mère après un silence.

Levée de bonne heure, l'esprit alourdi, et, tracassée depuis une demi-heure, je répondis malheureusement :

« Oui, grand'mère me donnera une dot, aussi grosse qu'elle le pourra. Es-tu contente ? »

Ma mère frappa l'âne qui, lui aussi, s'endormait. J'eus une secousse si rude que je tombai dans le sens opposé à ma mère sur un tas de pierres.

Le coup m'avait étourdie. Je saignais, le sang m'aveuglait. J'appelai maman et je ne la sentais plus là. Je me relevai, je pris mon mouchoir et j'étanchai le sang de mon front; mes larmes me permirent d'ouvrir les yeux. Je regardai. Un tournant de la route m'empêchait de voir à quelle distance pouvait être ma mère. Elle avait disparu exprès pour me punir. Je crus qu'elle m'abandonnait seule, ensanglantée...

Je me mis à courir de toutes mes forces. Ma mère m'attendait. Le sang dont mon visage était couvert et qui venait d'une blessure sous mes cheveux près de la tempe, blessure qui eût pu me tuer, dit le soir mon grand-père, ne l'attendrit pas. Elle m'enleva de terre par ma ceinture, sans descendre de l'âne sur lequel elle était remontée, me plaça sur ses genoux sans dire un mot, me tenant avec son bras gauche très serré, tandis qu'elle conduisait l'âne de la main droite, lui tapant sur la tête avec les guides.

J'étais horriblement mal assise et je souffrais de ma posture, mais je ne me plaignis pas. Je ne pensais qu'à arriver, à revoir ma grand'mère, à ne plus la quitter jamais.

Je ne cessai de sangloter, et les gens qui nous rencontraient ne comprenaient rien à mon désespoir et à l'impassibilité de ma mère.

Ma grand'mère, prévenue de mon arrivée, était à la fenêtre avec Arthémise. En nous apercevant, elles accoururent à la porte. Lorsque ma grand'mère me vit en cet état, elle m'entraîna au salon, désolée, ne pouvant m'embrasser tant j'avais de sang caillé sur la figure.

Elle commençait à m'interroger, anxieuse, quand ma mère, qui avait conduit l'âne à l'écurie suivie d'Arthémise, entra comme une bombe dans le salon et entama l'éternel « drame de famille » avec tant de colère que la dispute se passionna de plus en plus et que pleurante, désespérée, prise d'un saignement de nez que mon mouchoir trempé ne pouvait plus contenir, je fus bientôt couverte de sang.

Je ne comprenais rien aux explications de ma mère et de ma grand'mère, tant elles étaient entrecroisées et tant je souffrais de la tête.

J'avais certainement eu tort de dire ce que j'avais dit, je me sentais misérablement coupable, mais est-ce que des paroles irréfléchies d'une enfant méritaient qu'on la laissât en un tel état?

« Alors, disait ma mère, tu as promis une dot aussi grosse que tu pourras la faire, et sans doute ton héritage à Juliette? Je ne suis donc décidément rien pour toi? Alors tu me renies, moi, ta fille? Je me moque de ton argent, mais l'humiliation d'être ainsi traitée par toi, cela je ne le supporterai pas. »

Lorsque je pense à ma détresse durant ces minutes inoubliables, j'en ressens encore le choc tant je fus secouée dans tout mon être, et tant j'eus conscience de la cruauté jalouse de ma mère.

Mon grand-père apparut d'un côté, Arthémise de l'autre. Il me regarda, écouta un instant et comprit ce qui se passait. Je me jetai dans ses bras, tuméfiée, gonflée, pleurante, saignante, dans une telle misère de délaissement, d'abandon, que le cœur de mon grand-père en fut bouleversé.

« Vous êtes plus folles, plus mauvaises, plus féroces l'une que l'autre, s'écria-t-il d'une voix furieuse. Vos scènes, vos soupçons, vos explications idiotes, imbéciles, ne vous laissent pas même un atome de sentiment maternel. Vous me tuez cette enfant. Vous la tuez, entendez-vous? Olympe, ne te rappelles-tu pas que ton fils est mort de convulsion, après l'une de tes scènes? Regardez-la donc, votre unique enfant à toutes deux. Est-ce qu'elle ne vous fait pas pitié, mégères? Et vous me chanterez à présent que vous aimez Juliette! Tenez, j'ai envie de vous la prendre et de m'enfuir avec elle au bout du monde. Mais regardez-la donc! »

Et mon grand-père, qui aimait le drame lui aussi, me plaça debout sur une chaise. Mes sanglots redoublaient, et je devais être bien pitoyable à voir, car ma mère et ma grand'mère se jetèrent sur moi effrayées. Mon grand-père les éloigna et me mit dans les bras d'Arthémise, qui recommença son antienne :

« C'est un meurtre ! »

Ce mot me remit en mémoire, avec une netteté singulière l'aventure de la pension, et je criais à ma grand'mère :

« Cette fois je ne te pardonnerai plus. »

Mes lèvres tremblaient, ma gorge était pleine de sang, j'étais glacée.

Tandis que mon grand-père me lavait, ma grand'mère faisait du feu en pleurant. Lorsque je fus réchauffée et calmée, mon grand-père, avec une fureur, une dureté que je ne lui avais jamais vues, se jeta sur ma mère, lui prit les deux poignets et la secouant lui dit :

« Il ne suffit pas que son père et sa grand'-mère surexcitent le cerveau de cette petite à le faire claquer. Voilà que toi tu lui donnes une commotion cérébrale à nous la rendre folle. »

Et comme ma mère en s'excusant recommen-çait à m'accuser :

« Tais-toi et prends garde, s'écria mon grand-père menaçant. Je croyais jusqu'aujourd'hui que tu ressemblais à ma pauvre et trop passive, trop « brouteuse » mère, ne va pas me rappe-ler mon père par ta féroce insensibilité ! Si tu continues je te ferai demander pardon à genoux à ta fille.

— Tu me brises les poignets, lui dit-elle, lâche-moi. J'ai bien le droit… »

Je crus que mon grand-père allait la battre. Sa voix devint si terrible que je vis ma grand'-mère près de moi frissonner.

« Te repens-tu? du mal que tu as fait à ta fille?

— Oui, dit-elle, tombant assise sur une chaise, dominée par son père qu'elle craignait seul et qui n'était violent, qui n'avait de fermeté que pour elle. »

Pauvre mère! elle souffrait à tel point elle-même de sa passion jalouse, maladive, que plus tard, lorsque la paralysie l'eut atteinte et qu'elle nous confia ses tortures, nous lui avons pardonné de grand cœur ses emportements.

*\
* *

Je fus languissante tout l'hiver. J'eus des accès de fièvre intermittente, puis la rougeole avec du délire.

Mon père et ma mère vinrent tour à tour aider mes grands parents à me soigner. Tous quatre eurent, durant une semaine des craintes non seulement sur ma vie, mais sur l'équilibre de ma jeune cervelle, craintes qui rétablirent pour quelque temps l'union parfaite entre eux.

Mon père, causant au pied de mon lit, dit un jour à ma grand'mère qui accusait sa fille d'être responsable de ma maladie :

« Il me semble, ma mère, que vous méritez en la circonstance vous-même quelque reproche, d'après ce que je sais de mon beau-père, répondit mon père. Quant à Olympe, je vous affirme qu'elle est plus malheureuse de ses soupçons que ceux qu'elle soupçonne. Sa jalousie n'est pas un défaut, c'est une crise. Si vous la regardez durant ses colères, vous verrez qu'elle a déjà certains tremblements de tête trop caractéristiques, hélas! N'oubliez pas que son grand-père paternel est mort paralytique, ce qui est peut être l'explication de ses inconscientes cruautés. Il faut se préoccuper d'Olympe, ma mère plutôt que de lui en vouloir. Moi aussi j'ai un grand défaut de violence et cela me vient d'une maladie de cœur, héritage paternel. »

Mon père disait cela si doucement, si tristement que je pardonnais à ma mère, à laquelle jusqu'à ce moment j'en voulais encore, et que je me désolai en pensant qu'il avait, lui, une maladie de cœur.

Durant mon délire, mon grand-père n'eut pas de peine à démêler les motifs qui avaient provoqué la tension de mon pauvre petit esprit, surchauffé par la lutte des contradictions, entre les idées de mon père et celles de ma grand'-mère. Ces idées, je m'acharnais à vouloir les mettre d'accord sans y réussir, ce qui me torturait. Je ne parlais que de politique, de socialisme dans ma fièvre.

« Il faut qu'elle vous échappe à tous deux durant quelque temps, répétait-il à mon père et à ma grand'mère, et je suis d'avis d'accepter pour elle l'invitation de ses grandes tantes. »

Les sœurs de ma grand'mère : Sophie, Constance et Anastasie, habitaient avec leur mère une campagne aux environs de Soissons, à Chivres. Elles y menaient une existence monacale, ayant toutes trois refusé de se marier.

Depuis la mort de leur père, elles avaient, on ne sait pourquoi, demandé à me connaître, et cela semblait d'autant plus extraordinaire à mes grands parents qu'elles ne s'étaient jamais intéressées à ma mère.

L'une des amies de ma grand'mère leur avait parlé de moi, et elles dirent à cette amie que si ma grand'mère désirait que je fusse leur héritière, plutôt qu'une cousine de leur mère, à laquelle elles étaient cependant attachées, il fallait me laisser aller seule chez elles tous les ans, à l'époque des vacances, aux mois de juillet et d'août.

Mon grand-père se dit qu'un si complet

éloignement de mon père et de ma grand-mère
remettrait mon cerveau en « jachère », ce fut
son mot, et me ferait un bien énorme. Il décida
ma grand'mère à écrire à son amie qu'elle m'enverrait pour cette époque à mes grandes tantes.

La perspective ne me plut pas au premier
abord. J'étais si lasse, si faible, que je ne
demandais qu'à rêver, étendue dans le grand
salon, auprès de ma grand'mère qui lisait ou
brodait sans me rien dire.

Mon cerveau travailla beaucoup durant ma
convalescence. Il me sembla que je faisais un
grand voyage dans la vie et que je découvrais
chaque jour beaucoup de choses nouvelles et
graves.

L'argent ne m'intéressait jusque-là que pour
l'achat de mes boules de sucre. Mais n'était-ce
pas l'argent qui avait été cause de la grande
scène de mon retour de Blérancourt? c'était
donc une bien grosse chose, bien importante
que l'argent? Et voilà que j'en entendais parler
encore à propos de ces tantes, que mon grand-
père et ma grand'mère aimaient si peu et dont
ils pensaient beaucoup de mal.

Cet argent, qui avait rendu ma mère si
cruelle avec moi, allait maintenant rendre mon
grand-père et ma grand'mère meilleurs pour
mes grandes tantes.

Je raisonnai fort naïvement de ces choses,

moi qui avais l'esprit très ouvert sur tant d'autres, mais jamais entre mon grand-père et ma grand'mère il n'était question d'une affaire d'argent. Mon grand-père tenait lui-même ses comptes de clientèle, ma grand'mère administrait sa fortune.

Je questionnai ma grand'mère sur la nécessité pour moi d'être l'héritière de mes tantes, lui demandant pourquoi elle tenait tant pour moi à l'argent.

« Ce n'est pas pour l'argent », me dit ma grand'mère, que ton grand-père et moi désirons que tu sois l'héritière de tes tantes, c'est une satisfaction que nous aurons et qui leur sera bonne à elles comme à nous. Tu sais bien, et je te l'ai raconté plusieurs fois, que mon père avait gardé la dot de ma mère, qu'il s'était entêté à faire de cela une condition de mon mariage. Si mes sœurs désirent réparer le tort qu'elles m'ont fait, je les approuve ; si ma belle-mère très vieille, désire mourir sans remords, je la comprends. C'est pourquoi je tiens à ce que tu te prêtes à cet essai de rapprochement plus digne de notre famille que les vilaines machinations d'autrefois. Il ne s'agit pas d'argent mais d'un triomphe pour ton grand-père et pour moi, si mes sœurs te font leur héritière. Reconnaître ses torts par un acte, vois-tu, Juliette, il n'y a rien de mieux. Tâche que cela soit. »

J'avais une mission, j'allais aider au triomphe
de la justice et à celui de mon grand-père et de
ma grand'mère. J'étais bien faible encore, bien
incapable de grands efforts, car une fièvre de
croissance entravait les progrès de ma convalescence, mais le grand rôle d'ambassadrice
extraordinaire, quelque chose comme une
œuvre diplomatique de M. de Talleyrand, disait
mon grand-père sans moquerie, solennellement, cela valait la peine d'y réfléchir.

J'avais d'ailleurs à mon apport quelques expériences. Combien de fois ne m'était-il pas arrivé
de réconcilier mon grand-père et ma grand'mère,
et avec eux mes parents de Blérancourt ou mes
parents entre eux? Très petite je me posais souvent en arbitre. Je donnais mon opinion personnelle à tous propos et en tout conflit.

J'eusse probablement été insupportable si le
caractère de mon grand-père et de ma grand'-
mère, très gais tous les deux, si leur esprit, n'a-
vaient fait régner entre nous trois, au lieu d'un
ton d'importance guindée, sérieuse et vieillie,
un ton de drôlerie qui ne permettait aucune
gravité, même aux griefs. Quand j'avais du
succès pour terminer une brouille entre mes
grands parents, c'est que j'étais parvenue à les
forcer d'en rire.

Mon procédé était subi aussi par mon père,
mais exaspérait ma mère, qui répétait sans cesse:

« Je n'admettrai jamais qu'une chose plaisante ait raison d'un chagrin. »

Mes vieilles grandes tantes n'allaient-elles pas plutôt avoir le caractère de ma mère? Oh! alors, je renoncerais bien vite à la mission, et tant pis pour l'héritage! je demanderais par écrit bien vite à me faire rapatrier.

« Mes sœurs ne doivent pas être tristes, me répétait ma grand'mère. Étant restées filles, elles ont certainement gardé leur caractère. »

Le grand jour de mon départ pour Chivres arriva. Quelle émotion d'aller passer deux mois à la fois loin de ma grand'mère et de mon père auprès de vieilles personnes que je n'avais jamais vues et auxquelles je devais plaire sous peine d'être renvoyée avec humiliation, disait mon grand-père. J'allais être enfermée dans une sorte de cloître, mes trois grandes tantes, leur mère, une servante qu'elles avaient depuis vingt-cinq ans, vivant seules dans une vieille maison, dans un énorme clos entouré de haies très hautes et de murs. C'est la description qui nous avait été faite du « couvent » de mes grandes tantes par leur amie.

Mon grand-père devait me conduire, toujours avec mes paquets cousus par Arthémise, à deux lieues au delà de Coucy-le-Château. Ma grand'-mère me recommanda bien de regarder les « monstrueuses tours féodales de Coucy ». Marguerite, la servante de mes tantes, nous attendrait dans le village où elle était née, chez sa mère, sur la place, dans une maison en face d'une croix. Elle viendrait me chercher avec l'âne de mes tantes, je dînerais chez la mère de Marguerite et je partirais ensuite pour Chivres par les routes de traverse pour arriver tard dans la nuit chez mes tantes.

J'avais été beaucoup prêchée par ma grand'mère et de plus en plus goguenardée en route par mon grand-père sur ma « mission à la Talleyrand. »

« Elles doivent périr d'ennui, tes vieilles tantes, me disait mon grand-père; tu vas les amuser et elles ne te le rendront pas, si je me les rappelle. Sophie t'apprendra le latin, elle le sait; tu le traduiras à Marguerite, à la cuisine, peut-être à l'âne, et tu me rapporteras ensuite ce qu'il t'en restera, n'y manque pas, j'en ai grand besoin. »

A l'entrée du village, mon grand-père laissa sa voiture dans l'unique auberge. En marchant il continuait ses plaisanteries.

Je riais tellement de toutes les balivernes qu'il me débitait que quand j'aperçus Marguerite et l'âne auxquels je devais traduire mon latin, je ne songeais pas à pleurer.

Mon grand-père m'embrassa brusquement, plus ému que moi. Après avoir fait à Marguerite des recommandations sur ma santé, sur les soins à me donner, il lui remit une note complémentaire pour mes tantes et fila avec une telle rapidité vers l'entrée du village où il avait remisé sa voiture, qu'ayant caressé l'âne, je ne le vis plus quand je me retournai.

Nous devions aller au moment du départ prendre mes paquets, avec l'âne, qui avait un panier accroché à la selle, quand un garçon d'auberge les apporta.

Mon cœur fut bien un peu serré d'une si brusque séparation, mais mon estomac était grand ouvert et je mangeai de bon appétit pour la première fois depuis bien des semaines

La mère de Marguerite ayant annoncé mon passage à tout le pays, la marmaille était groupée autour de la croix. Je lui souris et elle entra dans la maison voir « la demoiselle » qui ressemblait à une petite « Parisienne ».

Ma façon de parler, qui n'avait aucune trace picarde, frappait les gens. Ni mon grand-père, qui était de Compiègne, ni ma grand'mère, chose beaucoup plus extraordinaire, n'avaient l'accent du patois.

Les moutards me faisaient parler, m'interrogeaient, groupés autour de la longue table de chêne sur laquelle je mangeais. J'avais emporté des boules de sucre, cargaison nécessaire pour un grand voyage en pays inconnu. Je distri-

buai mes boules, avec quel succès! Je bus à la
santé de la troupe qui avait crié : « Vive
la demoiselle! » et, un peu ivre de grand air, je
crois me rappeler que je fis un discours à ce
jeune peuple, mais très moral, et concluant
qu'on n'aimait jamais trop son grand-père et sa
grand'mère, son père et sa mère.

« Pourquoi que ça ne s'rait-t'y-pas sa mère
et pis son père d'abord? demanda l'un des petits paysans.

— C'est comme on veut, répondis-je, pensant qu'il faudrait trop d'explications pour être
comprise. »

Marguerite, à qui je plus du premier coup, prenait sa part du succès. La « demoiselle » était à elle.

Je montais sur Roussot, qui entonna au départ un chant si particulier pour un âne, avec
une recherche d'harmonie si cocasse, que je me
mis à l'imiter et à chanter comme lui, ce qui
l'encouragea à continuer.

Les enfants, mes nouveaux amis, éclataient
de rire. Ils me suivirent longtemps. et, sur le
seuil des maisons et des chaumières de plus en
plus espacées, les mamans me saluaient de la
main en nommant Marguerite et sa « demoiselle » et en nous souhaitant bon voyage.

Je goûtai là les vanités d'une popularité
due à mes boules de sucre, à mon accent parisien,
à mon imitation parfaite du chant d'un âne.

Marguerite me rappelait Arthémise. Elle était pleine d'admiration pour chacun de mes gestes, pour chacun de mes mots. Elle répondait à toutes mes questions avec le désir de me « contenter », disait-elle.

Roussot me trouvait légère. Il trottinait allègrement, tandis que Marguerite, le tenant par la bride, marchait d'un grand pas allongé. Le coucher du soleil me parut admirable sur un immense plateau qu'il inondait de ses rayons et que ses reflets illuminèrent longtemps après sa disparition. Marguerite fut heureuse de voir mon enthousiasme pour le coucher du soleil.

« Alors, dit-elle, vous n'êtes pas tant de la ville si vous aimez ce qu'on voit de beau dans les champs. »

Nous allions sous les étoiles très brillantes, non pas droit devant nous, car nous faisions des circuits nombreux, qui, peu à peu, nous rapprochaient de Chivres.

Le pays accidenté était si joli, qu'il me plut beaucoup et que j'aurais voulu cueillir toutes les fleurs qu'une lune très claire me montrait sur les bords des chemins.

« Des fleurs, il n'en manque pas dans le clos, mam'zelle Juliette, me dit Marguerite ; il y a des bluets et des coquelicots dans les blés et des marguerites dans la prairie autour du lavoir ; vous en cueillerez tant que vous voudrez. »

**

Mes trois tantes, la belle-mère de ma grand'-
mère, que j'appelai bientôt grand'-grand'-
mère, m'apparurent, dès que la porte co-
chère de la cour fut ouverte, groupées sur le
perron. Je fus un moment effarée. Les sœurs
de ma grand'mère si élégante étaient habillées
comme des paysannes, comme leur servante
Marguerite, vêtues de caracos d'indienne, de
jupes d'indienne, froncées autour de la ceinture, de fichus de cotonnade, de grands tabliers
de toile grise avec des poches et coiffées de
marmottes !

La plus jeune, ma tante Anastasie, me cria
un : Bonjour ma nièce ! bonne arrivée ! tandis
que Marguerite me descendait de l'âne, d'une
voix si claire, si gaie, avec le si joli accent du
Soissonnais, pays de sa mère qui y avait ramené
son mari ; mes deux autres tantes, ma grand-
grand'mère, avaient des manières de dames si
distinguées, que je me dis qu'elles s'étaient
toutes les quatre déguisées pour m'amuser.

Roussot, tandis que j'entrai dans la maison
s'en alla à l'écurie et recommença sa chanson

que j'accompagnai en provoquant le fou rire de toutes mes tantes.

La glace était rompue ; je soupai, je bavardai, puis, à un moment, plus rien : je dormais. Il pouvait être onze heures du soir.

Le lendemain, à midi, je dormais encore. Ma tante Anastasie s'inquiéta et me réveilla. On m'attendait depuis une heure pour déjeuner.

Marguerite se montra, les bras chargés de vêtements, et me dit :

« Maintenant, mamzelle Juliette, il faut vous habiller à la paysanne. Nous allons serrer dans les armoires vos belles affaires, et vous pourrez vous amuser sans crainte de vous abîmer. »

On m'essaya des caracos, des jupes de ma tante Anastasie, la plus coquette, et il fallait voir cette coquetterie ! des indiennes grossières, fanées, archi-fanées. Non ! les dessins vieillis de tout cela, les formes, ce que c'était ! On me harnacha de façon horrible. Ma jupe fut tirée sous ma ceinture et ressortit avec d'énormes bourrelets autour de ma taille : le tablier enroulé de même me remonta presque jusqu'au menton. Je relevai mes poignets jusqu'au-dessous de mes coudes. La marmotte que je renversai en arrière à la bordelaise ne fut que posée sur mes cheveux longs et nattés.

C'était incroyable ! Je faillis tomber en me hissant au niveau d'une glace, montée sur une

chaise. Je mourais de rire. Il est impossible de
s'imaginer l'air que me donnait ma transformation. Ma grand'mère aurait crié à l'abomination, elle qui se scandalisait quand j'avais une
robe un peu froissée et mes cheveux à la quatre-
six-deux, comme elle disait.

Je fis mon entrée dans la salle à manger.
Succès complet. Je ne savais où poser mes
coudes, les rouleaux de ma jupe ne me permet-
tant pas de trouver mes hanches. J'étais forcée
de hausser mes épaules, et ma grand-grand'-
mère, après avoir beaucoup ri, déclara qu'il
fallait, aussitôt le déjeuner, couper l'ourlet de
ma jupe, la raccourcir, m'enlever les bourrelets qui déformeraient mes épaules et pourraient me rendre bossue.

« Cocasse, tant que vous voudrez, mes
chères tantes, adorablement rustiques, leur
dis-je, mais pas bossue ! »

Ces cinq femmes, Marguerite mangeant à
table, étaient plus enfants que moi. Je les inter-
ressai avec des riens ; ma façon de conter, mes
drôleries, mes taquineries les amusèrent follement. Mon aplomb, mon air d'importance, me
faisaient prendre au sérieux lorsqu'on discu-
tait « les grandes questions ». Mes tantes
étaient ravies de sentir leur esprit sans cesse en
mouvement sous l'impulsion du mien.

Décidément, M. de Talleyrand avait un égal

et je songeai qu'à mon tour je pourrais goguenarder mon grand-père.

Après le déjeuner, je sortis dans la cour avec ma tante Constance et, sitôt sur le perron, j'aperçus Roussot qui venait chercher son morceau de pain quotidien, sa « gourmandise », comme on disait. Dès qu'il me vit, il entonna sa chanson à laquelle je répondis, et derrière la grand'porte toujours prudemment fermée, j'entendis des éclats de rire des enfants qui s'amassaient au dehors pour entendre cette musique extraordinaire de Roussot à laquelle cette fois une autre musique répondait.

Je visitai l'écurie de l'âne, qui nous suivait et nous fit les honneurs de son chez soi dans lequel il se promenait librement. Je vis le poulailler, la vache et son petit veau, les lapins, les canards, le fruitier, la cave et le grand jardin, si grand que je mis beaucoup de temps pour voir un à un les arbres fruitiers chargés de fruits et pour arriver tout au bout à un charmant petit lavoir couvert dans lequel je me promis de barboter à mon aise.

Je revins, et ma petite tante Anastasie — c'est elle seule que je gratifiais de cette aimable épithète — me montra les belles fleurs qu'elle faisait l'hiver pour orner le jour de la Fête-Dieu un reposoir qu'on élevait dans la cour et qui provoquait l'admiration de tout le pays. On n'ouvrait la porte d'entrée toute grande que ce jour-là.

Ma tante Sophie me conduisit dans sa chambre qu'elle nettoyait elle-même et dans laquelle personne de la maison et encore moins du dehors ne pénétrait jamais, pas même Marguerite.

Me voir entrer chez ma tante Sophie parut un événement extraordinaire, stupéfiant, et toute la ruche s'agita. Je ne sus qu'après, de Marguerite, l'émotion causée par mon séjour d'une heure chez ma tante Sophie.

Sa chambre était d'une élégance bien plus grande que nos chambres de Chauny, quoique les murs en fussent seulement blanchis à la chaux. Il y avait deux vieilles commodes en face l'une de l'autre avec des cuivres et très astiquées, un très beau lit de bois sculpté, sans rideaux, mais avec un dessus vert clair brodé de fines broderies de laines de couleurs formant de beaux bouquets de roses nuancées entourées de feuillages sombres qui me plut tant qu'elle me le donna au départ.

Aux deux grandes fenêtres, de petits rideaux verts et roses, en mousseline, glissant sur des tringles et garnis de guipure. Des étagères avec des livres au-dessus des commodes et sur les commodes, sur une très belle console, plusieurs vases remplis de fleurs des champs disposées par une main si ha-

bile que je dis tout de suite à ma tante Sophie :

« Vous m'apprendrez, n'est-ce pas, à faire
d'aussi jolis bouquets de fleurs des champs? »

Un grand arbre, du côté du jardin, donnait
à la chambre une ombre fraîche. Il y avait près
de l'une des fenêtres une table où il s'étalait
dans un gracieux désordre des livres, des papiers, un vase fleuri et enfin tout ce qui permet
d'étudier, de lire et d'écrire dans le silence et
dans un joli cadre.

Je me rappelai la phrase de mon grand-père :

« Ta tante Sophie t'apprendra le latin que
tu traduiras à Marguerite, à l'âne, etc. »

« Est-ce vrai, ma tante, lui demandai-je, que
vous lisez des livres latins?

— Mais oui.

— Ça vous amuse?

— Beaucoup.

— Je voudrais voir. »

Elle me montra un joli vieux petit livre tout
doré qui me ravit, et me dit que c'étaient les
Bucoliques de Virgile. Elle m'en lut un passage
en me le traduisant et je lui dis :

« Mais cela ressemble aux histoires de mon
Homère que papa me conte si bien. Ainsi,
au chant VII de l'*Odyssée*, le vieil Homère,
quand il parle du jardin de quatre arpents d'Al-
cinous, énumère les beaux arbres qui donnent

de si beaux fruits et qu'Ulysse admire tant; votre Virgile ressemble à mon Homère, mais il n'est pas si ancien. »

Ma tante Sophie m'embrassa.

« Comment! tu connais Homère, tu l'aimes, tu en parles!

— Mais certainement, ma tante, c'est, avec l'histoire de notre France, la mythologie que j'apprends le plus volontiers. Chaque fois que papa vient à Chauny il me raconte un chant de l'*Iliade* ou de l'*Odyssée*. Ceux qui m'amusent le plus je les lui fais recommencer. Vous pouvez m'interroger, ma tante, je connais tous les dieux et tous les héros de l'Hellénie. La vieille Grèce et la vieille Gaule, voyez-vous, ce sont mes deux passions. Mais je n'aimerai pas votre latin. J'exècre les Romains dont le plus grand homme est César, qui a fait crever les yeux de mon Vercingétorix; ces Romains ont pillé la Grèce et puis...

— Nous nous entendrons, ma Juliette, me dit ma tante Sophie. Je te ferai aimer Virgile qui est le plus grec des poètes latins. Je t'apprendrai, comme il me l'a appris, à aimer la nature, à trouver la joie dans la vie champêtre. Je te conterai des chants de l'*Énéide* comme ton père te conte les chants de ton vieil Homère.

—Mais, ma tante, je ne suis pas si ignorante que vous le croyez; mon père m'a appris à connaître et à aimer la nature, je l'aimerai avec vous mais pas avec vos latins. Je ne peux pas les supporter. »

Savoir ce que m'avait dit ma tante Sophie, me questionner sur sa chambre, devint la préoccupation principale de ma grand-grand'mère et de mes tantes Constance et Anastasie pendant plusieurs jours. Marguerite elle-même m'interrogea.

Mais en sortant de sa chambre ma tante Sophie était rentrée avec moi dans la salle à manger ; après avoir conduit sa mère au salon où l'on montait par plusieurs marches, l'avoir installée près de la haute fenêtre, de laquelle elle apercevait tout le clos et ses filles travaillant ; après avoir placé près de ma grand-grand'-mère une trompette sur une petite table, au cas où elle voudrait appeler, ma tante nous dit à toutes :

« Au travail ! »

On me mit une jupe raccourcie par ma tante Constance. Chacune, une faucille à la main, nous nous en allâmes couper de l'herbe tendre, du trèfle pour la vache et pour Roussot.

Mes tantes m'apprirent à me servir de ma faucille et je ne fus pas trop maladroite. Marguerite faisait des tas de ce que nous avions coupé et les portait aux écuries dans un petit chariot très bas qu'elle traînait.

On me força de mettre ma marmotte plus en

avant et j'écoutai mes tantes, qui m'étaient déjà chères, causer d'un livre qu'elles lisaient chaque soir tout haut et tour à tour et qui avait de nombreux volumes car cette lecture, durait déjà depuis huit mois et n'était pas achevée. Je demandai le titre de ce livre et ma tante Constance me répondit que c'était : *L'Histoire des Républiques italiennes* de Sismondi.

Mes tantes parlaient si clairement des choses, dans une langue si simple, leurs réflexions nettes, précises, étaient si accessibles pour moi que je m'intéressai à leur conversation.

Je les vois encore à genoux coupant le trèfle et jugeant les faits, les actes, les idées, les hommes de façon à tenir ma curiosité en éveil. Il s'agissait de Savonarole, un nom sonore que je retins de suite, et de ses essais insensés de transformer la société. Il y avait beaucoup des idées de mon père dans les idées de Savonarole, mais je n'osais pas le dire et surtout soutenir des principes contraires à ceux que mes tantes paraissaient défendre entre elles. Nous verrions plus tard, mais déjà, dans cette conversation, j'aurais pu dire mon mot et j'étais intérieurement reconnaissante à mon père de m'avoir ouvert l'esprit à la compréhension de la politique.

Tandis que je coupais mon trèfle avec passion, je songeais que sous leur costume de paysannes mes tantes étaient des dames et fort

instruites. Elles avaient l'air costumées gros-
sièrement, mais l'expression de leurs visages,
leur façon de parler, tous leurs gestes demeuraient distingués et élégants.

« Nous ennuyons cette petite qui coupe son
trèfle avec rage pour ne pas s'endormir », dit
ma tante Anastasie.

A ces mots je me délivrai de mon serment de
me taire.

« Vous vous trompez, ma petite tante », répliquai-je, j'écoute. Papa veut me faire républicaine, ma grand'mère tient à ce que je sois
royaliste, mon grand-père me tourmente pour
que j'adore son empereur. Alors je suis enchantée d'entendre parler des Républiques italiennes, cela m'apprend des choses que je ne
sais pas, et j'aime beaucoup à m'instruire.

Ma tante Constance seule ne me tutoyait pas.
Très spirituelle, très moqueuse, avec un sourire des yeux et des lèvres qui était plein de
malice, elle feignait moqueusement et gen-
timent d'avoir un grand respect pour ma très
jeune personne. En revanche, moi je la tu-
toyais seule, et cela nous amusait beaucoup
toutes deux.

« Vous êtes, je le confesse, une grande
demoiselle comme il y en a peu », me dit ma
tante Constance en posant brusquement sa faucille à côté d'elle.

Marguerite arrivait, nous faisant signe qu'il y avait assez de trèfle coupé. Mes tantes se glissèrent sans se lever au pied d'un arbre ; je fis comme elles et lorsque nous fûmes assises, à l'ombre, l'une près de l'autre, je répondis à ma tante Constance sur le ton qu'elle venait de prendre :

« En effet, je suis une grande demoiselle comme il y en a peu et ce n'est pas fini. Je te jure, ma grande tante, que je ne m'arrêterai pas en si beau chemin.

— Qu'entends-tu par là ? me demanda ma tante Sophie.

— Vous comprenez bien, répondis-je d'un air mystérieux et sérieusement grave, trouvant que je devais initier mes très chères grandes tantes à mes plus secrètes pensées, qu'elles en étaient dignes, que je pouvais leur redire les paroles que ma grand'mère ne cessait de me répéter, vous comprenez bien que je ne vivrai pas toute ma vie à Chauny, que j'irai à Paris et que je deviendrai quelqu'un qui ne sera pas comme tout le monde.

— Tu deviendras une femme célèbre, quoi ? répartit ma tante Sophie.

— Dans combien de temps, demanda ma tante Constance, comptez-vous parvenir à illustrer votre famille ?

— Dans quarante ans. »

Ma tante Constance et ma tante Anastasie rirent de bon cœur de cette réponse.

Marguerite, plantée près de sa petite charrette, m'écoutait bouche bée.

« Ça pourrait tout de même bien être possible, dit-elle.

— Eh bien! moi, Juliette, je te promets de vivre pour voir cela, ajouta solennellement et sérieusement ma tante Sophie*. »

*
* *

Je passai deux grands mois à Chivres. J'appris tout ce qu'on peut apprendre sur les soins à donner aux animaux avec Marguerite et avec ma tante Constance, tous ceux à donner aux fruits avec ma tante Anastasie, et j'appris encore avec elle à faire de très belles fleurs artificielles.

Mais l'une des meilleures joies de ma journée était l'heure de leçon parlée que me donnait ma tante Sophie dans sa chambre.

Je m'asseyais dans un joli fauteuil peint en

---

* Mes trois tantes vécurent chacune jusqu'à plus de quatre-vingts ans. La plus jeune, Anastasie, me disait dans sa dernière maladie : « Ma nièce, ne me défendez pas contre la mort, je vous en prie, votre temps me déplaît. »

blanc et recouvert de fraîche étoffe verte et rose. Ma tante Sophie était brodeuse, tapissière, peintre, menuisier, serrurier, etc. et c'est elle qui avait peint et recouvert ses fauteuils après en avoir brodé l'étoffe. Elle s'asseyait elle-même dans un fauteuil semblable au mien après avoir ôté sa marmotte et m'avoir ôté la mienne; nous causions devant la jolie table couverte de livres et de papiers, et ce fut moi bien vite qui composai les jolis bouquets de fleurs des champs.

Ma tante Sophie me mettait un crayon à la main en face d'une grande feuille de papier. Tous les quarts d'heure environ, c'est-à-dire quatre ou cinq fois durant la leçon elle me disait :

« Résume en quelques mots ce que tu viens d'entendre. »

C'est à ma tante Sophie que je dois ma tendance à résumer, à simplifier, à caser dans ma mémoire un bagage aminci.

Ma tante Sophie me parlait, elle aussi, de la nature païenne que pénètre partout le divin. Elle me lisait une courte phrase en latin, m'en répétait plusieurs fois les mots, me les faisait dire mécaniquement, puis me les expliquait un à un en les faisant vivre par des interprétations diverses, avec une poésie qui m'enchantait. Je voyais tout ce dont elle me parlait.

« Juliette, me disait ma tante Sophie, regardons ce qu'on voit dans les choses et cherchons ce qu'on n'y voit pas.

— Oh ! ma tante, cherchons surtout ce qu'on n'y voit pas. Ce qu'on voit, je le verrai maintenant toute seule, même loin de vous. »

Ma tante Sophie me prouvait qu'il y a partout de la vie, même dans ce qu'on appelle les objets inanimés. Pour elle chaque chose avait sa voix ou sa résonance, dans un bruit qui lui est particulier. Elle m'apprit à reconnaître, les yeux fermés, le bruit des bois et des métaux. Elle posait des billes de toutes matières, moitié rondes et moitié plates, sur une plaque de cristal et jouait avec un petit marteau des airs étranges.

— Si les choses parlent, les fleurs nous regardent, ajoutait-elle ; toutes ont des figures qui expriment quelque chose et la plupart ont des parfums qui pénètrent notre enveloppe corporelle jusqu'à l'âme. Nos compréhensions de ce qui est en nous l'essence peuvent être facilitées beaucoup par ce qui est le parfum dans la fleur. Dans quelques années je t'expliquerai cela. »

Ah ! l'heure féerique, l'heure inoubliable que je passai chaque matin chez ma tante.

Un jour que je lui parlais du vent, elle me dit : « Je ne l'aime pas.

— Pourquoi?

— Parce que sa voix est faite des bruits qu'il emprunte et qu'il recueille. Le vent m'ennuie, m'attriste ou m'endort comme ces écrivains qui empruntent aux autres, qui recueillent les idées chez les autres. »

Je sens que je redis mal ce que me disait ma tante et de façon moins originale et moins claire qu'elle. J'avais à peine huit ans et cependant je la comprenais. Il fallait qu'elle fût bien moins confuse que je ne le suis. Avec ma tante Sophie, je vivais dans le rêve et dans l'action à la fois. Tous les actes que j'accomplissais à côté d'elle avaient une signification plus complète. En arrosant une plante je la soignais et je la guérissais des maux desséchants de la soif ; en coupant de l'herbe avec ma faucille je recevais un présent de la terre et devais lui exprimer ma gratitude ; en cueillant un fruit mûr j'obligeais l'arbre alourdi ; lui se penchait pour me l'offrir exquis, le retenait pour ne pas le laisser tomber. En détruisant les bêtes mauvaises, je croyais remplir la mission d'Hercule en personne et entendre le bruissement bienveillant et approbateur de tout ce qui m'entourait.

Quand je chantais à deux voix avec Roussot, c'était bien un entretien musical que nous avions.

Je ne voulais plus rester à la maison. Même

les petites et les grosses gouttes de pluie m'appelaient au dehors.

Depuis ma maladie, il se passait en ma jeune cervelle un phénomène étonnant. Il me semblait que je venais de naître ou de renaître. Les derniers vestiges des enseignements de ma grand'mère, qui détestait la nature, la trouvait brutale et trompeuse, déjà très entamés par mon père, avaient si bien disparu de mon entendement que je ne pouvais croire qu'ils eussent pu y entrer.

Ma grand'mère ne croyait sur terre qu'aux biens de l'amour. La passion d'aimer disait-elle, nous rapproche seule des vérités surhumaines. Tout ce qui s'observe, se prouve, se pèse, vient de ce qui est lourd et matériel et par conséquent ne peut s'amasser dans notre âme, ce sont des connaissances qui, comme des fardeaux qu'on ne peut porter en voyage, doivent être laissés au détour des chemins qui nous mènent à l'au-delà.

Ma grand'mère m'apparaissait maintenant bien incarnée dans le mot que tous répétaient sur elle : elle est romanesque. Je l'aimais tout autant, je lui apportais dans mon cœur le tribut d'affection que je lui devais et qu'elle méritait, mais l'esprit de mon père, celui de ma tante Sophie, m'inspiraient plus de curiosité, avaient pour moi bien plus d'attrait. J'adorais la nature avec ma tante Sophie et le passé de cette nature fixé dans les grecs et dans un poète latin. Avec mon père je souffrais du malheur des hommes, de celui des pauvres gens, des déshérités de la vie.

« Tante Sophie, lui demandais-je, pourquoi est-ce que tout le divin que vous me montrez dans la nature me cache le bon Dieu si grand et si loin que me fait adorer ma grand'mère? pourquoi est-ce que les « tourments des âmes incomprises » — c'était un mot de ma grand'-mère — ne m'occupe plus, et que le sort des misérables m'occupe davantage.

— C'est justement parce que Dieu est si grand et si loin que tu es trop petite pour le comprendre, me répondait ma tante Sophie. Quand tu auras mon âge — elle avait quarante-six ans et ma grand'mère un peu plus de quarante-huit, — toutes choses se caseront en ta compréhension, surtout si les bases de ce que tu sais sont bâties sur le sol. Il faut toucher du pied ce sur quoi on marche, M. de la Palice l'a certainement pensé avant moi. On doit commencer par avoir la passion de tout ce qui vit pendant qu'on vit. Ton père aime les hommes et les veut plus heureux parce qu'il est avant tout humain. Moi je suis un être de nature, je vis en elle et pour elle. »

J'avais commencé un petit cahier à Bléran-court où j'écrivais le résumé de mes « conversations » avec mon père. Ma tante Constance, l'ayant découvert au fond de l'une de mes poches, ne cessait de me plaisanter sur la profondeur de mes réflexions. Je la laissai se moquer, mais en possession de mes « notes de Blérancourt » j'y ajoutai mes « notes de Chivres » et les hautes pensées échangées entre moi et ma tante Sophie.

J'ai gardé ce petit cahier, d'une écriture serrée, lisible pour moi seule, jusqu'à mon arrivée à Paris. A ce moment, il s'est égaré à mon grand regret, mais aucun sens de ce qui y avait été écrit n'est sorti de ma mémoire.

*
* *

Marguerite fut chargée de me faire connaître les environs de Chivres. On m'habilla avec mes belles robes, et durant huit jours, la moisson terminée, assise sur mon ami Roussot, je parcourus la ravissante vallée qu'arrose la rivière de l'Aisne. Je vis tout le pays entre Soissons et Chivres et autour de Chivres.

Marguerite me conduisit aux Dolmens dont ma tante Sophie me conta l'histoire et la légende. Le soir de ma visite aux Dolmens, je refusai de remettre mes habits de paysanne et parus à table dans une robe blanche avec une couronne de guis, mêlés à des feuilles de chêne, « en druidesse de mes Gaulois ».

Ma grand'mère et mon père ne m'écrivaient pas pour ne pas me fatiguer. S'ils avaient su que ma tante Sophie me donnait des leçons de latin et de « choses » au-dessus de mon âge, ils eussent été désolés de s'être séparés de moi pour un temps si long et sans profit, eussent-ils cru, pour ma santé.

Or, je me portais à merveille parce que je travaillais aux champs durant de longues heures, que je me couchais et me levais tôt, que j'avais une grande chambre à moi dans laquelle on laissait loin de mon lit, derrière un grand paravent, une fenêtre ouverte toute la nuit, tandis qu'à Chauny je couchais dans la chambre de ma grand'mère, qui lisait dans son lit, à la lumière d'une grosse lampe, que souvent elle oubliait d'éteindre et qui, finalement, nous enfumait.

J'avais repris toutes mes forces ; ma fièvre de croissance ne laissait en moi nulle trace, si ce n'est plusieurs centimètres ajoutés à ma taille. On me donnait dix ans au moins, ce qui me causait un grand plaisir.

J'étais absolument heureuse. Le succès de ma mission ajoutait à ma joie ceci : que, chargée de plaire à mes tantes c'étaient elles qui m'avaient plu.

Mon esprit travaillait auprès de mes bien-aimées parentes, plus qu'à aucun moment de ma vie en ce sens que j'interrogeais sur toutes choses, que je réfléchissais sur toutes les raisons qu'on me donnait, sur chacune des réponses qu'on me faisait. Quelles vacances bénies et même quel repos !

Ah ! si ma grand'mère et mon père avaient pu vivre à Chivres avec mes tantes, avec ma grand-grand'mère, avec Marguerite, sans oublier Roussot, la vache et le veau, etc., etc., mon bonheur eût été complet.

Certes, j'aimais mon grand-père, la beauté de ma mère effaçait en moi, quand je l'admirais, la trace de ses gronderies injustes et des tristesses que j'avais de la voir sans cesse chagriner mon père et ma grand'mère, mais il me semblait que ma mère et mon grand-père pourraient fort bien vivre ensemble à Chauny, qu'ils ne seraient pas malheureux, tandis que mes quatre tantes, ma grand'-grand'mère, Marguerite, mon père, ma grand'mère et moi, vivant à Chivres, nous serions parfaitement heureux.

Mais l'époque du départ s'approchait. Il ne me restait plus que quelques jours. Mon grand-père avait écrit (ma grand'mère n'étant pas encore réconciliée avec ses sœurs), qu'il viendrait me prendre le lundi suivant à l'endroit où il m'avait laissée à Marguerite. Nous étions le vendredi.

Ni mes tantes ni moi nous ne songeâmes à faire prolonger le séjour. Nous sentions que c'eût été compromettre mes retours.

A cette époque, une année me paraissait un siècle. Mes tantes, avec leur douce philosophie et leur humeur toujours égale me disaient que juillet et août reviendraient bien vite et que maintenant qu'elles me connaissaient elles allaient **au** moins pouvoir penser à moi, parler de moi.

« Vous nous quitterez peut-être avec plus de chagrin que nous ne vous quitterons, Juliette, me répétait ma tante Constance la moqueuse, quand je gémissais sur notre séparation, mais certainement vous oublierez plus vite les charmes de notre présence que nous n'oublierons ceux de la vôtre.

— Tu es une méchante, répondais-je. Tu sais bien que c'est le contraire. Est-ce que j'ai cessé de penser à papa et à ma grand'mère et de les désirer auprès de moi? Peut-être même vous en ai-je trop parlé; eh bien, c'est ainsi que je parlerai de vous. »

Il y eut des larmes au départ et ma tante Constance ne fut pas celle qui se désola le moins; mais je ne songeais guère à le lui faire remarquer.

Ma tante Sophie m'avait préparé de courts devoirs auxquels elle me fit promettre de consacrer un quart d'heure bien employé tous les jours. Il fallait que j'eusse appris chaque dimanche sept mots nouveaux de latin sans avoir oublié un seul des autres. Je devais revenir à Chivres sachant 250 mots de latin que je me serais exercée à agencer en m'amusant, tous les premiers mots que ma tante Sophie me donnait à retenir étant des mots usuels.

Mon père me dit, un jour que je lui montrais les devoirs préparés pour moi par ma tante Sophie :

« Mais c'est une trouvaille! tes sept mots réunis ont une signification générale, ils forment une minuscule histoire et chacun est nécessaire à la vie journalière. »

Adieu, adieu, mes tantes chéries! Et je leur envoyais des baisers jusqu'au bout de la rue, car, chose dont tout Chivres parla, mes trois tantes et ma grand'mère vinrent en dehors de la grand'porte pour me suivre des yeux jusqu'au bout du village.

Marguerite pleurait, se mouchait; Roussot certainement comprenait, car il poussait une sorte de gémissement et marchait la tête basse.

Je fis de longs discours à Marguerite pour la consoler, mais je n'y parvins pas.

« Qu'est-ce que vous voulez, mamzelle Juliette, vous partez, je ne vois que ça. Il n'y a qu'une chose qui me fera attendre avec un moins gros chagrin les mois d'été qui vous ramèneront, c'est que je travaillerai et j'économiserai encore plus maintenant que les demoiselles ont dit que l'argent était pour vous. »

Je retrouvai toute ma popularité à l'entrée du village de Marguerite. La marmaille au complet m'attendait.

Hélas! Je n'avais plus de boules de sucre. Mais si! J'en avais encore, mon adorable grand-père ayant songé à m'en apporter un énorme paquet. Sa joie de me revoir en si belle santé émut Marguerite. Je remerciai la chère fille de ses soins, la priai d'assurer mes tantes de toute ma reconnaissance avec tant de chaleur, qu'elle finit par dire :

« Peut-être bien tout de même que vous nous aimez aussi bien que nous vous aimons. »

Et elle ajouta, parlant à mon grand-père : « Vous allez nous la bien soigner. »

Du ton dont Marguerite prononça ces paroles on eût dit en vérité que c'était elle et mes tantes qui me donnaient à mon grand-père et non lui qui me reprenait.

Après avoir goûté chez la mère de Marguerite, j'embrassai vingt fois la brave servante, j'embrassai Roussot qui, je le crus, poussa un gémissement plus douloureux sous mon étreinte, et je montai dans la voiture de mon grand-père.

Tant que cela fut possible, je me retournai. Marguerite agitait les bras, les enfants criaient : « Bon retour ! » et Roussot, à pleine voix, ne cessait de braire.

***

« Eh bien, me demanda mon grand-père, vraiment tout a bien été, tu as conquis tes tantes, ta bisaïeule? Elles t'adorent, voyons, dis-le : elles t'adorent !

— Grand-père, elles m'adorent, ni plus ni moins. Mais moi, je les chéris ; tu n'as pas idée comme elles sont gentilles, amusantes, pas solennelles du tout, et bonnes et tendres.

— Mais est-ce qu'elles ont eu vraiment conscience de la merveille de nièce qu'on leur a offerte? »

Je ne bronchai pas, habituée dès mon plus jeune âge aux compliments, si énormes qu'ils fussent. Aussi répliquai-je simplement :

« Oui grand-père, elles ont trouvé ta petite fille une merveille.

— Tu nous raconteras tout cela par le menu. Nous voulons tout savoir, ta grand'mère et moi, heure par heure, jour par jour, mot par mot, tout, tout, entends-tu, même ce que tu as pensé.

— Et rêvé, ajoutai-je. Quel travail de mémoire il va me falloir faire.

— Nous nous sommes tellement ennuyés que tu nous dois bien cela. Ton père est venu chaque semaine pour parler de toi avec ta grand' mère.

— Et chaque fois, est-ce qu'il y a eu un « drame de famille » ?

— Certainement, mais qui finissait toujours bien, parce qu'au départ de ton père, soit moi, soit ta grand'mère, nous avions pris l'habitude de dire invariablement : « Non, ce que nous l'aimons, cette bonne femme pour nous disputer ainsi à cause d'elle. » Et nous riions en nous séparant.

— Il faudra, dis-je avec une gravité qui fit prendre à mon grand-père un air d'insolente moquerie, que je m'occupe sérieusement de mettre d'accord les idées de mon père et de ma grand'mère sur moi.

— Et allons donc ! répartit mon grand-père avec un geste qui lui fit lâcher la bride. »

Lorsqu'il l'eut rattrapée, je me fâchai.

« Qui est-ce qui a réconcilié mes tantes et ma grand'mère s'il vous plaît, est-ce moi?

— Pardon, excuse mon empereur, répliqua mon grand'père, en faisant claquer son fouet. J'oubliais que nous sommes tous de simples conscrits. »

Et la pluie des mots drôles commença. Je
fus prise de la belle gaieté que mon grand-père
provoquait toujours par la sienne, car il riait de
si bon cœur, si sincèrement, de ce qu'il disait
qu'on ne pouvait résister à l'entraînement d'en
rire avec lui.

Mon père et ma mère étaient venus de Blérancourt pour m'embrasser le soir même de
mon retour; mon père et ma grand'mère se
récriaient avec joie sur mon visage et mes
mains noircis par le soleil, heureux de me voir
grossie, très grandie, fortifiée.

Sans doute ma mère était contente mais un
peu grognon. Je compris par là qu'il fallait atténuer devant elle le succès de ma mission. Je me
gardai bien de répéter la phrase de Marguerite :
« Maintenant je travaillerai et j'économiserai
encore avec plus de courage puisque les demoiselles ont dit que l'argent était pour vous. »
J'étais payée pour savoir qu'il fallait exclure
des conversations avec ma mère les questions
d'argent ou d'héritage. La phrase ne m'avait
d'ailleurs touchée que parce qu'elle affirmait
l'amour et le dévouement de Marguerite pour
moi.

Comme il faisait un très beau clair de lune et
que le temps était sec depuis longtemps, mon
père et ma mère, ne craignant pas le brouillard
dans la prairie de Manicamp et arrivés avant

moi, dînèrent seulement, et repartirent le soir même.

J'avais à table beaucoup amusé mes parents par mes récits sur ma transformation en paysanne le lendemain de mon arrivée, sur les travaux des champs faits par mes tantes, qu'on croyait restées très citadines, car à Chauny on les nommait : les précieuses.

« Elles étaient même chipies, dit ma grand'-mère, refusant de s'intéresser au ménage, lisant, brodant, trônant au salon et se chamaillant sans cesse entre elles.

— J'eus alors une phrase malheureuse qui faillit provoquer l'éternel « drame. »

— Eh bien, dis-je, à la bonne heure, elles ont su joliment se corriger de toutes façons. Elles mettent la main à tout, et, durant deux mois je n'ai pas entendu une seule dispute, vu une seule brouille ; cela me changeait.

— Tu es aimable pour nous, répliqua ma mère d'un ton pointu.

— Si c'est toi qui as fait ce miracle tu pourras le recommencer ici, dit ma grand'mère qui n'avait pas envie de se fâcher.

— Comment, Juliette, peux-tu avoir l'audace exorbitante, scandaleuse, épouvantable, criminelle, d'oser insinuer que dans ta famille de Chauny, dans celle de Blérancourt, tu as jamais entendu une seule dispute, vu une seule brouille? En vérité, morveuse, ta santé n'est qu'apparente, tu es restée malade, va te coucher, mon enfant, va te coucher. »

Il fallait entendre mon grand-père débiter ces choses avec sa voix de fausset et son grasseyement. Il était sérieux, solennel, et d'un comique irrésistible.

« J'ai tort, j'ai tort, cent fois tort, monsieur mon grand-père, répliquai-je, j'en demande humblement pardon, je me repends, je m'aplatis. »

Et j'imitai le ton, le grasseyement de mon grand-père avec une perfection qui déridait ma mère elle-même.

Après le départ de mes parents, ma grand'-mère, au lieu de m'interroger, de me fatiguer comme je m'y attendais, me dit.

« Va te reposer ma chérie, Arthémise te couchera pendant que nous ferons notre partie d'impériale. Demain, après-demain, tu nous conteras tout ce que tu as dit, tout ce que tu as fait, tout ce que tu as vu. »

Et en effet, durant des jours et des jours je parlai de Chivres. Ma grand'mère s'étonna que j'aie pu m'amuser où elle se serait « ennuyée à périr ».

Je fus, durant le mois de vacances qui me restait, bien plus souvent dans notre grand jardin qu'au salon à lire des histoires avec ma grand'mère.

Il venait un jardinier trois fois par semaine, qui faisait ce qu'il voulait, guidé par Arthémise. Je pris part à toutes les récoltes. Ce fut à moi, désormais, qu'il obéit. J'ordonnai des semailles d'automne, je me mis à lire des livres me renseignant sur la culture des légumes, la conservation des fruits. Il y en avait d'admirables dans le jardin. J'organisai un fruitier dans une chambre inoccupée, où je fis poser des planches par un menuisier; ma grand'mère ne s'intéressant guère à ces choses, elle me laissa faire avec le jardinier et avec Arthémise; on mangea à la maison tout l'hiver des fruits à point, et mes grands parents m'en félicitèrent au moins deux fois le jour.

Ce fut un grand supplice pour moi de n'avoir plus ma chambre, de partager celle de ma grand'mère. Je rangeai bien un peu cette dernière, la nettoyai, mais ma grand'mère dérangeait à mesure. Elle ignorait totalement l'élégance du cadre, elle qui était si coquette pour le portrait, c'est-à-dire pour la personne.

Lorsqu'il pleuvait et que j'étais retenue à la maison par le mauvais temps, je m'efforçais d'y introduire un peu d'ordre. Certains tiroirs et certaines armoires mis à sac par moi se trouvèrent finalement rangés comme ils ne l'avaient jamais été. Aux ordures les fouillis! aux pauvres ce qui ne pouvait plus servir! Mon grand-

père, ma grand'mère, ne s'opposaient à rien,
convaincus que les travaux de Chivres m'avaient
fait grand bien et qu'à la condition de me laisser
me créer à moi-même un champ d'activité phy-
sique, on pourrait d'autant mieux et avec
un danger presque nul me faire travailler de
la tête.

La maison de mes grands parents changea
d'aspect en quinze jours. Les courants d'air qui
n'avaient jamais balayé les appartements calfeu-
trés entrèrent en maîtres, cassant même quelques vitres. Arthémise et moi nous frottions,
nous lavions, nous battions tout de bas en
haut et de haut en bas. Je découvris dans le
grenier, quelque peu souillés par nos chers
pigeons, de vieux vases, des porcelaines, que
je mis en belle place avec des fleurs joliment
groupées dedans.

Ma grand'mère finit par prendre goût à
l'embellissement de cet intérieur qu'elle ne
quittait pas. Elle nous aidait, non à nettoyer,
car elle tenait trop à garder intactes ses belles
mains, mais à arranger.

Elle m'ouvrit une armoire du premier étage
où étaient entassées de belles robes des grand'-
mères. J'en fis des tapis de tables, des dessus
de commodes, auxquels ma grand'mère ajouta
de la broderie.

Mon grand-père jouissait fort de ce luxe. La

maison lui plut davantage. Il m'aida de sa petite influence à obtenir de ma grand'mère pour moi une chambre au premier étage à côté de celle d'Arthémise. On fit percer une porte entre nos deux chambres.

Je choisis les meubles que je voulais et dont le grenier était plein. Je volais à mon grand-père une jolie chiffonnière Louis XV, dans laquelle il avait permis jusque là que je range mes poupées et leurs toilettes. Je copiai le mieux que je pus la chambre de ma tante Sophie.

J'avais trouvé une grande table sur laquelle je rangeai et j'étalai mes livres de classe, mes papiers, et ma grand'mère quitta plus d'une fois son cher salon pour venir broder dans ma chambre en me faisant travailler.

Quelquefois je la renvoyai :

« Grand'mère, j'ai besoin de me recueillir. »

Elle riait de cela et souvent, elle prenait plaisir à me tyranniser en restant ; parfois aussi elle s'en allait, pensant que, pour une enfant, songer creux c'était encore songer, et que la grande affaire devait être, pour mon père et pour elle, ainsi qu'ils en étaient convenus durant mon absence, de me créer, même en contradiction avec leurs propres idées, une personnalité.

A part ces rares besoins de « recueillement » j'étais si active et si joueuse que ma grand'mère ne s'inquiétait pas de me voir un peu d'amour de la solitude.

On eut d'ailleurs plus tard l'explication de mes rêvasseries quand je devins poète.

C'est ainsi que mon double caractère s'ébaucha. Je suis restée très vivante au milieu des autres et très avide d'isolement.

Ce que j'avais dit à mon grand-père et qui l'avait fait tant rire, que j'essaierais de mettre d'accord les idées de mon grand-père et de ma grand'mère sur moi, je l'essayai sérieusement. Je me croyais née pour la conciliation. Je parlai de ma grand'mère à mon père de mon père plus souvent encore à ma grand'mère, en ayant des occasions plus nombreuses. Je cherchai tout ce qui pouvait les rendre plus indulgents l'un pour l'autre, les faire s'aimer davantage et je vis combien un mot dit à propos, bien semé dans un terrain bien préparé, peut faire germer de belles moissons.

Je me mis résolument en travers des brouilles de mon grand-père et de ma grand'mère. Je n'admis plus les *on*. Je poursuivis les dits *on* de mes moqueries ou de mes blâmes. Je forçai aux explications sur l'heure mes bien-aimés grands-parents et je chassai les humeurs noires. J'expliquai séance tenante ce qui causait la mésentente ou la rancune. Je plaidais la double cause et la gagnais :

« N'est-ce pas, grand'mère, tu n'as pas voulu dire cela? grand-père, tu as mal compris? Ce n'est pas bien d'avoir supposé une si méchante intention! Avoue que tu as tort. Tu sais très bien que... » Avec un léger bagage de phrases interrogatives ou affirmatives, s'entrecroisant, se répétant, se superposant, très vite, en un clin d'œil, avec ma tendresse, mes prières, la brouille se dissipant, nous escamotions tous trois quelques jours de tristesse.

Quand j'avais fait fuir les gros nuages, il me semblait que le ciel était à tout jamais purifié.

On devine l'importance que je me croyais, comment je m'encourageais dans mes pacifications. Je réfléchissais avec une profondeur très plaisante assurément, mais qui m'apprenait à étudier le caractère des miens avec bienveillance, pour trouver d'heureux arguments à faire valoir. Je recueillais certaines paroles prononcées en l'absence les uns des autres et j'avais remarqué que quand je pouvais ajouter à mon désir de convaincre: « Ainsi un jour il ou elle m'a dit... » c'était triomphant. Au besoin j'embellissais un peu, selon la circonstance, mais comment aurait-on pu m'en vouloir, quand le sentiment qui dictait ma légère exagération, était si louable?

J'appris qu'on peut être utile et bon à ceux

qu'on aime, si jeune qu'on soit. J'étais née
avec tant de belle humeur, j'étais si heureuse
d'un rien, que j'aurais pu aisément devenir
égoïste, mais le bonheur des miens, leur calme,
m'avaient dès l'enfance préoccupée, en raison
de leur tendance à se rendre malheureux, à
agiter leur vie par des scènes violentes. Je me
formai au désir de me passionner pour la joie
et la paix des autres.

A neuf ans mon caractère était fixé, et je
n'ai guère constaté de modification essentielle
depuis dans le rapport du moi des autres, avec
mon moi. Intéressée par mes proches d'abord,
plus tard par les personnalités de valeur avec
lesquelles j'ai vécu, je n'ai développé ma propre
personnalité que pour qu'elle *serve* mon besoin
de dévouement, d'affection et d'admiration,
pour qu'elle soit utile aux causes dont je prends
la défense, dont je me fais le soutien tant que
je les crois dignes d'être défendues et soutenues.

Au fond ma vraie nature eût été celle d'un
apôtre prêchant la bonne parole et réconciliant
les hommes entre eux. A ma pension, j'étais bien
plus ardente aux récréations qu'aux classes,
parce qu'alors je m'occupais des autres pour
les amuser, ou pour m'interposer dans les
disputes. Je détestais les clans fermés, je
recherchais sans cesse des alliées parmi celles

qui s'écartaient de mon groupe. Je conduisais tout, mais je n'étais jamais le chef. Lorsqu'il fallait qu'il y eût deux camps, je me nommais chef d'état-major unique des deux commandants et je caracolais de l'un à l'autre, les conseillant tour à tour.

J'aimais bien mieux guider que commander et, grâce à mes conseils, il n'y avait jamais de vaincus, ni de troupe inférieure à l'autre. Aussi après certaines récréations durant lesquelles j'avais pris beaucoup de peine, quelle joie sans mélange éprouvais-je lorsque j'étais entourée de petites amies me disant :

« Tu nous as bien amusées. »

Quand il pleuvait et que nous étions ramassées dans le coin d'un hangard où nous ne pouvions nous ébattre, j'intéressais mes jeunes compagnes en leur parlant de la politique. Je leur demandais le secret le plus « juré » pour leur apprendre des choses dont on ne leur « avait jamais parlé dans leurs familles ». Elles étaient tout oreilles, lorsque je leur racontais les histoires du roi Louis-Philippe, que mon père ne manquait jamais l'occasion de narrer à ma grand'mère, pour la faire enrager.

A cette époque, on lisait si peu de journaux en province que les choses du gouvernement faisaient bien rarement à table le sujet de conversation des parents. Alors, moi j'étais la gazette, j'apprenais à mes petites amies « ce qui se passait ».

Chaque fois que je voyais mon père, il me glissait quelques coupures de la *Démocratie Pacifique*, et vraiment je me tenais au courant, si bien que les événements justifiaient souvent mes dires. Avec quelle gravité on m'interrogeait sur « les nouvelles ».

Nous nous disions que, quand nous serions grandes, nous nous occuperions du gouvernement, que nous confesserions très haut nos opinions, que nous exigerions de nos maris qu'ils s'intéressent à la politique.

Comme je dévorais indistinctement tous les livres qui me tombaient sous la main, j'avais lu un volume sur la Fronde, qui m'avait passionnée, parce que les femmes y jouaient un rôle principal. Je racontai ce livre à mes « disciples » et bientôt j'eus la joie de les voir partager toutes mes idées. Je leur persuadai sans grande peine que nous étions des « Frondeuses! »

Quelle fierté d'avoir des idées à nous, de faire partie d'une société « secrète », puisque nous ne devions rien révéler, à quiconque, des opinions qui nous unissaient. Puis, qui sait? « les choses allaient si mal », que peut-être la France, un jour, aurait besoin de nos dévouements, de nos lumières. Et cette France, nous l'adorions. Il nous semblait être les bâtons du dais qui couvrait la châsse sacrée de la Patrie. C'était l'une de nous qui avait trouvé cette image très applaudie.

Ces enfantillages dont on ne peut que sourire faisaient cependant de nous de petites personnes très patriotes, prêtes, elles le croyaient du moins, à donner leur vie pour la France. Nous n'apprenions plus notre histoire de la même façon. Tout nous y intéressait. Nous parlions de *notre* France à telle ou telle époque. Nous discutions à l'infini sur les conséquences d'un règne, d'un fait, d'une victoire ou d'une défaite.

Si un professeur nous eût observées, il eût trouvé certainement dans nos causeries, souvent fort sottes, des éléments d'émulation pour faire aimer à de jeunes élèves des études qui d'ordinaire les ennuient mortellement.

Pourtant la Fronde finit par nous lasser; il fallait trouver autre chose. Je promis de m'en occuper. Les vacances de Pâques approchaient. Je devais les passer à Blérancourt.

*
* *

Quand j'y fus, il se trouva qu'un des amis de mon père, fourriériste, vint le visiter. J'entendis parler de Fourrier que je connaissais à

10

peine, de Victor Considérant et de la *Démocratie Pacifique*, avec lesquels j'étais de longue
date familiarisée.

L'ami de mon père lui exposa, voulant l'y
intéresser, tout un plan de phalanstère, et j'en
retins juste ce qu'il me fallait pour moi, qui
devais diriger mes compagnes dans cette nouvelle occupation, pour nos récréations et pour
nos esprits avides de nouveautés.

Après le départ de son ami, mon père me
renseigna autant que j'en eus besoin, et je sus
ce qu'était un phalanstère; mon père me dit,
ce dont je convins volontiers, qu'à neuf ans et
demi j'étais encore incapable de comprendre
la profondeur des observations, des critiques
sociales et des éléments de réforme qu'il y avait
dans Fourrier.

Mais il me parla de Toussenel, me charma
par des récits tirés de l'*Esprit des Bêtes*, un
livre qui venait de paraître et qui passionnait
mon père. Nous eûmes de longues conversations sur mes pigeons, que j'avais bien un peu
étudiés mais dont je ne connaissais pas l'esprit,
les sentiments! Ah! les jolies révélations de
mon père à l'aide de Toussenel sur les abeilles,
sur les fourmis. Dans nos promenades, quand
nous rencontrions une fourmilière, nous nous
mettions à plat ventre, et que de choses je vis et
je compris alors des minuscules ouvrières, des

guerrières, des pondeuses. Ce que mon père ne pouvait pas souffrir, c'était la reine chez les abeilles et chez les fourmis.

« Ç'en est ainsi, papa, disais-je et tu auras beau prêcher durant les siècles des siècles, tu ne pourras pas changer le gouvernement des abeilles ni celui des fourmis. »

C'étaient là des contes de fées que toutes ces histoires de bêtes ; et combien je les aimais, répétant sans cesse : « Encore ! encore ! »

Cependant mon père trouvait dans l'étude des abeilles et des fourmis, malgré leur royalisme, des preuves de la beauté de ses propres doctrines. Ramenant tout à sa préoccupation de me faire adorer la nature et détester la société bourgeoise, il voulait me persuader que les associations, que la communauté du travail et des biens comme les pratiquaient les abeilles et les fourmis, étaient des sources de perfectionnement plus généreuses que l'individualisme.

« D'ailleurs, me disait mon père, à notre époque le cercle qui enfermait l'homme dans une situation moyenne depuis un siècle se tend et va se briser. »

Cette formule quelque peu cabalistique était chère à mon père. Je la répétais à tout propos. Moi aussi, je croyais entendre les crics-cracs du cercle des « situations moyennes » et m'en réjouissais beaucoup.

Quand je rentrai à Chauny et que je parlai à ma grand'mère de Fourrier, du phalanstère, de l'*Esprit des Bêtes*, de la royauté des abeilles et des fourmis qui était à son appoint, mais de l'association du travail et des biens qui étaient au nôtre, elle s'en gaussa de la belle façon.

« Il ne manquait plus que cela à ton père ; le pauvre garçon ! S'inspirer des bêtes, recevoir des animaux des leçons d'organisation sociale, c'est vraiment tenir à mettre les gens sensés en gaîté », disait ma grand'mère.

Et elle contait à mon grand'père, à mon ami Charles, avec son esprit endiablé, les nouvelles théories sociales de Jean-Louis Lambert, les développant, les mettant en actions, si drôlement que, malgré les efforts que je faisais pour défendre les dites théories, j'étais prise comme les autres d'un fou rire.

« Ma chérie, vois-tu, me dit un jour ma grand'-mère, j'aime, moi, les « situations moyennes » et je les trouve très bonnes à occuper. Je ne tiens pas du tout à ce qu'elles fassent cric-crac puisque j'en ai une. Le meilleur tour que j'ai à faire à ton père c'est de lui donner une « situation moyenne » comme propriétaire. La maison qu'il habite et qu'il aime beaucoup est à moi. Je parie qu'il l'aimera encore davantage si je la lui donne. Nous verrons s'il songera alors à s'associer à son jardinier pour l'occuper. Je ferai mon gendre propriétaire avant huit jours et nous saurons bien après si, oui ou non, j'ai resserré d'un cran en lui l'homme « des situations moyennes », le bourgeois.

Ma grand'mère fit comme elle le disait. Mon père se déclara enchanté du gracieux don de sa belle-mère, mais il ne modifia pas pour cela un iota dans ses idées.

Mon père, propriétaire, se déclara de plus belle et avec plus d'autorité proudhonnien. Je savais qui était Proudhon parce que tous les Français, même les plus jeunes, avaient entendu parler de la « Propriété c'est le vol ». Mon père disait qu'il comprenait le principe du droit et du gouvernement comme Proudhon. La brochure de Proudhon adressée à Blanqui, *Qu'est-ce que la propriété?* ne quittait pas la table de travail de mon père. Je l'avais parcourue en cachette sans comprendre, mais ma prétention était d'avoir compris et j'en parlai, non pour l'approuver, mais pour dire qu'après tout il y avait du vrai.

Comment mon père s'arrangeait-il entre Proudhon et Considérant, ce dernier ayant défendu la propriété? je ne sais plus.

Il y eut de grandes discussions dans ma famille sur toutes les questions soulevées à propos de l'association des bêtes et de la vie en commun ; mais mon père, plein de reconnaissance pour le généreux don de ma grand'mère, eût parlé avec quelque difficulté de l'égoïsme bourgeois ; aussi nous laissait-il plaisanter ses théories de socialisme animal et son esprit des bêtes, comme disait ma grand-mère.

Mais mon grand-père abhorrait tellement les idées « subversives » qu'il tolérait difficilement qu'on parlât de Proudhon, même sur un ton de plaisanterie.

« Les paroles révolutionnaires sont pure gangrène, répétait-il ; elles se propagent dans le corps social et obligent un beau jour à couper un membre de ce corps. Qui me rendra mon Empereur pour faire taire une bonne fois tous ces réformateurs-agitateurs ; oh ! oui, les faire taire ! car ils disent pire encore qu'ils ne font.

— Mon cher beau-père, lui répondit son gendre, il faut dire beaucoup plus qu'on ne peut faire, car l'action suit lentement les paroles. Les éléments de résistance au progrès sont toujours assez puissants pour l'enrayer au moins à moitié. C'est comme pour les deux cent mille têtes que demandait Marat, ajoutant : « On en rabat toujours assez. »

Il n'y eut qu'un cri de nous tous.

« Ah ! l'horreur ! »

*
* *

Le Phalanstère, l'Esprit des Bêtes, eurent un grand succès à ma pension, et je laisse à penser ce qu'étaient nos essais de réforme sociale; mais notre amour des animaux s'accrut et les observations de plusieurs d'entre nous furent parfois intéressantes.

L'été revint et, avec les mois de juillet et d'août, mon retour à Chivres.

Dire la joie de Marguerite en me revoyant, dire celle de Roussot à qui on n'avait cessé de me rappeler par quelque chant analogue au mien, dire l'accueil de la vieille mère de Marguerite, celui des enfants du village grandis de toute la longueur d'une année, serait impossible.

Cette fois mon grand-père me quitta sans tristesse, rassuré sur l'accueil qui me serait fait.

La route me parut bien moins longue. J'étais ravie de retrouver mes chères tantes, elles heureuses de me revoir. Elles déclarèrent que j'avais maintenant l'air d'une jeune fille, ce qui me flatta extrêmement. Ah! par exemple on ne me félicita guère pour mes idées réformatrices dans le sens des mœurs et de l'Esprit des Bêtes, ni de ma Fronde qui avait dû m'empêcher de travailler sérieusement, ni de la formule paternelle des « situations moyennes » qui font : cric, crac.

Ce furent des explosions d'indignation contre mon père qui « gâtait ma cervelle avec de telles insanités ».

Ma tante Constance se moqua de moi avec tant de drôlerie — elle ressemblait beaucoup, par l'esprit, à ma grand'mère — que je mis bas les armes devant elle. Les abeilles, les fourmis, l'esprit des Bêtes, introduits à tout bout de phrase dans la conversation, fournirent à ma goguenarde grande tante des effets si comiques; les idées de mon père, soutenues par moi furent à tel point houspillées que je les abandonnai.

Quant à ma tante Sophie, que je prenais à part et que je m'efforçais de convaincre de la nécessité des réformes, elle me fit une même réponse sous plusieurs formes.

« Je ne suis pas de ce temps, je le trouve extravagant. Tout ce qui arrive vient de ceci : que les gens ne pensent plus qu'à se ruer sur les villes où ils développent la misère. Crois-moi, ma petite nièce, le bonheur, la paix, la vraie richesse ne se trouvent qu'aux champs.

Mes idées « subversives » furent rangées

avec mes robes de ville, et déclarées bonnes
seulement pour Chauny. Marguerite elle-même
me dit un jour :

« Les idées que vous avez, mam'zelle Juliette, tournent la tête aux pauvres gens. On
en parle dans les villages. Les journaliers
disent que leur ami M. Proudhon prétend
comme ça que les bourgeois ont volé la propriété aux nobles et que c'est aux petites
gens de la voler maintenant aux bourgeois.
C'est une pitié d'entendre ces choses ; celui qui
travaille doit travailler et croire qu'il n'y a que
le bon Dieu qui pourra lui faire des rentes
là-haut. »

Je savais mes deux cent cinquante mots de
latin et les savais bien. J'avais mis mon amour-
propre à comprendre et à retenir les leçons de
ma tante Sophie, ce qui me fit croire que
j'allais en peu de temps lire le latin. C'est ce
que voulait mon cher professeur. Je fus prise
d'un bel enthousiasme et mes progrès devinrent
réels.

Durant nos travaux des champs qui recommencèrent monotones et occupants, ma tante
Sophie me nommait toutes choses en latin.
Quand je trouvais une analogie entre le patois
picard, que j'avais pris l'habitude de parler avec
ma bonne Arthémise, et le latin, cela m'amusait
à tel point que ma tante Sophie fit venir par

l'un de nos parents, Raincourt de Saint-Quentin, un almanach picard, celui du Laboureur. Elle se livra alors à un travail de bénédictin pour ajouter à mon bagage tous les mots latins qui se trouvaient dans le patois. L'almanach du Laboureur, parlant des travaux des champs, m'aida à franchir une étape nouvelle dans la compréhension des *Bucoliques*.

La merveilleuse aptitude de ma tante Sophie pour enseigner lui faisait tirer parti de tout, et c'était vraiment d'elle qu'on pouvait dire qu'elle instruisait en amusant.

Il y eut une seule chose nouvelle dans notre vie. Ma tante Constance très anémiée ayant besoin de douches froides, le médecin lui ordonna d'aller les prendre à côté de la roue du moulin. Les bains froids étaient pour moi excellents et je me plongeais chaque jour dans le joli lavoir du clos, ce qui fit que ma tante Constance m'emmena tous les soirs avec elle. Aussi gaie et aussi enfant que moi, nous nous amusions tellement que nous rions à en pleurer. L'heure du bain, au moulin, devenant une partie folle, ma tante Anastasie, séduite par mes récits, nous accompagna une fois, deux fois et ne nous quitta plus. Bientôt la meunière fut des nôtres; puis Marguerite. Ma tante Sophie seule résista. Elle n'était pas sortie de la maison et du clos depuis vingt ans. Ma grand-grand'-

mère bougeant à peine de son fauteuil, il n'y avait pas à songer à l'amener, et il fallait, en tout cas, qu'elle fût gardée par l'une de ses filles.

Il ne restait plus que Roussot à inviter, ce que je fis par un discours bien senti, entremêlé de chants à l'heure de son pain quotidien, après l'un de nos déjeuners.

Au milieu de nos rires, Roussot répondit, sinon à mon discours, du moins à mon chant, et nous conclûmes qu'il avait accepté.

Le soir, Marguerite le tira par la bride dans la petite rivière. J'étais montée dessus. J'allais prendre ma douche à âne; mais le bain le mit en une telle gaieté qu'il me jeta à l'eau irrespectueusement. Il osa même ruer et nous éclaboussa de telle sorte que nous ne voyions plus clair pour nous débarrasser de lui.

Nous avons ri ce jour-là plus encore que les autres jours, mais sans toutefois songer à recommencer le lendemain l'expérience du bain en commun avec Roussot, vraiment par trop sans gêne.

Ces deux mois me parurent deux semaines. Jamais jusque-là je n'avais eu conscience de la rapidité avec laquelle pouvait se passer le temps.

Mais mon séjour annuel à Chivres m'était si doux, il devenait une telle joie dans ma vie, que je me serais crue coupable de m'attrister sur son peu de durée.

* *

Était-ce l'influence de ma tante Sophie, mon contact avec la nature, ma vie en elle, était-ce la lente préparation, si habile de mon esprit par mon père, je ne sais, mais ma cervelle fourmillait d'images poétiques, mythologiques et classiques. Je rêvais tour à tour avec le vieil Homère ou avec Virgile que j'appelais son petit neveu, pour lui donner le degré de parenté que j'avais avec ma tante Sophie.

En septembre et en octobre de cette année-là, rentrée à Chauny, je crus que je devenais poète. Je rimais sur tout ce que je voyais, sur le soleil, la lune, le ciel, sur les oiseaux, sur les fleurs, sur les fruits et jusque sur les légumes de mon grand jardin de Chauny dans lequel je vivais tout le jour durant mes derniers mois de vacances.

Je confiai en tremblant ma première poésie à ma grand'mère, et ce fut avec une émotion extrême qu'elle eut à juger « ma pièce ». Cette pièce, je la jugeai moi-même plus tard avec une humiliation et une contrition profondes. J'étais déjà une personne instruite et j'aurais pu faire beaucoup mieux ; mais mon grand-père et

ma grand'mère trouvèrent cette poésie tellement belle qu'ils la lurent et la relurent à tout
venant et que mon grand-père l'emporta à son
cercle.

L'idée d'écrire un jour me vint de là certainement, car, à partir de cette époque, je ne
cessai plus de noircir du papier en bouts
rimés ou en prose.

Je m'étais dit une chose curieuse à mon âge,
c'est qu'il faut éprouver de grandes émotions
pour écrire, pour émouvoir les autres. Et je
cherchai tous les prétextes d'émotion.

Il y avait, au bout de notre grand jardin, au
pied d'un très haut mur, une plantation de gro-
seilliers, trop à l'ombre et qui donnaient très
peu de fruits ; aussi les laissait-on pousser à leur
guise mêlés aux framboisiers et aux ronces.

Je m'étais fait faire un rond-point dans ce
taillis. J'y avais porté des chaises de jardin,
une table. J'appelais ce coin mon temple de
verdure, et nul que moi ne pouvait s'y prélas-
ser. Je vivais là, pendant les vacances de ma
pension, du déjeuner au dîner, y rêvant lorsque
le temps le permettait, et surtout m'y racontant des histoires qui me passionnaient.

Je me donnais une émotion dans la voix qui
troublait mon cœur. Souvent je pleurais à
chaudes larmes sur le malheur, les souffrances,
les péripéties de misère que j'inventais.

Je m'entends encore aujourd'hui, je me vois assise au milieu de mes broussailles, l'ombre triste du haut mur pesant sur moi et commençant ainsi mon histoire :

« Il était une fois un pauvre petit garçon — ou une petite fille, ou une pauvre bête, de celles que j'aimais le plus — je me les montrais si malheureux parce que ceci ou parce que cela, que mon chagrin allait croissant, car je n'avais aucune pitié ni pour ma sensibilité ni pour mes héros. Leur souffrance devenait atroce et je sanglotais. Que de victimes ! seul le bruit lointain de la porte de jardin, m'annonçant Arthémise venant me chercher pour le dîner, me décidait à faire des heureux des derniers « racontés » surtout s'ils avaient à supporter des privations. Je n'aurais pu aller « à table » et emporter l'angoisse de laisser mes victimes mourir de faim.

Après quelques jours de cet exercice douloureux, je choisissais l'histoire qui m'avait paru la plus touchante, la plus dramatique ; je la rimais ou la couchais en prose sur un grand papier de ma plus belle écriture pour la faire lire à ma grand'mère.

Sitôt les vêpres terminées, le dimanche, je m'enfermais dans ma chambre et je composais la revue des événements de la semaine. Cette composition était un échange entre mes grands parents et moi. Eux fournissaient un gâteau feuilleté appelé frangipane, que j'adorais et que mon grand-père allait chercher lui-même à l'heure du dîner chez le pâtissier pour l'avoir chaud et cuit à point. Je régalais de mes écritures mes chers « aïeux », c'était le nouveau nom dont je les gratifiais, et ils me régalaient d'une frangipane partagée d'ailleurs en trois.

Ah ! si je n'avais jamais eu pour auditeurs et pour lecteurs que mon grand-père et que ma grand'mère, combien de critiques m'eussent été épargnées et que de succès enthousiastes j'aurais comptés ! Jamais public, jamais admirateurs n'ont été aussi convaincus qu'ils entendaient des chefs-d'œuvre.

Mon ami Charles, le professeur, souvent convié à notre table le dimanche, était tenu de payer son écot en félicitations. Il s'en acquittait d'autant plus volontiers que son affection pour moi l'aveuglait. Combien de fois l'ai-je entendu répéter :

« Il y a quelque chose, dans ce que cette petite écrit ; elle sera quelqu'un. »

Ma grand-mère buvait plus que du lait, le nectar des dieux.

Mon ami Charles était-il à moitié sincère ? Je le crus, mais un autre le fut sûrement et entièrement, un nouveau venu, bientôt en possession de notre cœur à tous.

Il s'appelait M. Blondeau, était receveur de l'enregistrement, et avait loué un appartement au rez-de-chaussée de notre maison, de l'autre côté du corridor donnant à la fois sur notre cour fleurie et sur la rue. Son appartement se composait d'un bureau, salon, d'une chambre à coucher et d'une cuisine, et au premier d'une chambre pour la vieille nourrice qui lui servait de bonne.

Blondeau, je ne lui disais plus Monsieur huit jours après son arrivée, était vieux garçon, très laid, tout couturé parce qu'enfant cette même nourrice l'avait laissé tomber d'une haute fenêtre sur un tas de pierres ; mais sa bonté, son désir constant de se dévouer, d'être utile aux autres, d'aimer, de se faire aimer, le rendaient adorable.

Je lui accordai bien vite le titre d'ami, et comme il était las de la vie de table d'hôte, que sa vieille nourrice amenée de Lons-le-Saulnier ne pouvait lui faire passablement que son déjeûner, j'obtins de ma grand'mère qu'il dînerait chaque soir avec nous, sachant que c'était son rêve et son ambition. J'avais en lui un fanatique de plus, disons un esclave.

Quoiqu'il eût fort à faire, n'ayant pas de commis, je le mettais à contribution pour mes devoirs de calcul et pour la copie de mes chansons de la semaine. Il lisait admirablement, beaucoup mieux que ma grand'mère, et il devint mon lecteur habituel.

J'aurais dû être convaincue par toutes ces convictions que mon talent, lequel, disait Blondeau, poussait dru comme l'herbe, dépassait tous les talents connus.

Mon père lui-même, qui pourtant était lettré, que son goût très sûr eût dû éclairer sur les élucubrations de sa fille, trouvait merveilleux ce que je pondais.

Mais, ma mère, avec son peu de bienveillance, me rendait le service de me dégriser sur les louanges. Elle remettait les choses au point, les exagérant en sens contraire. Ce que je produisais était inepte et elle déclarait qu'on ferait de moi une personne médiocre avec un orgueil phénoménal.

J'étais la seule qui ne lui en voulût pas. Elle m'aidait à me juger. Je trouvais sa malveillance excessive, autant que l'admiration de mes flatteurs était exagérée.

Ayant le dimanche à la maison un personnel suffisant, mon ami Charles compris, j'eus l'idée de mettre mes revues de la semaine en dialogues. Chacun de nous lisait ses pages personnelles à tour de rôle ou s'entre-répondant.

Quand je songe à ce que je faisais lire et dire à ma grand'mère, à mon grand-père, à Blondeau, j'en ai quelque confusion. Bien plus, durant toute la soirée chacun de nous gardait le nom que je lui avais donné, le caractère du rôle que je venais de lui assigner. Tous se laissaient interroger par moi et répondaient « en s'appliquant », comme disait mon ami Charles. S'ils s'étaient amusés au moins à ces enfantillages avec une enfant! mais pas du tout, il fallait rediscuter les discussions de la semaine sur le pourquoi des questions les plus quintessenciées que je m'étais posées, et cela devait être d'une prétention et d'une niaiserie rares.

Je me sens au cœur pour mes quatre suppliciés des élans de reconnaissance et de tendresse qui font revivre en moi des êtres encore plus chéris peut-être aujourd'hui qu'autrefois.

*
* *

Ma marraine Camille que j'aimais fort, chez laquelle j'allais, non pas pour jouer mais pour causer, à la manufacture des glaces de Saint-Gobain, le jeudi, qui s'entretenait avec moi sérieusement, avait quitté Chauny depuis deux ans et venait tous les deux ou trois mois passer une semaine avec nous. Elle habitait Ham, où mon parrain dirigeait une raffinerie, était très liée avec le prince Louis-Napoléon, et mon grand-père la plaisantait sans cesse sur l'honneur qu'elle avait d'inspirer un « sentiment » à un Napoléon, à un futur empereur, il n'en doutait pas, et il était d'ailleurs allé lui-même en assurer le prétendant.

Ce qui gênait mon grand-père c'est qu'on disait ce Bonaparte un socialiste. Mais cela ne pouvait être, on le calomniait.

Ma marraine la première répéta à mon grand-père un mot qu'elle déclarait admirable, et que le « Prince » avait prononcé devant elle avant de l'écrire :

« Avec le nom que je porte il me faut l'ombre d'un cachot ou la lumière du pouvoir.

— Nous l'aurons un jour comme empereur, répétait mon grand-père. »

Et c'est de sa bouche que j'entendis pour la première fois ce « Napoléon nous l'aurons », tant répété plus tard :

« Mais la République est son idéal, disait ma marraine, qui apprenait par cœur tout ce qu'écrivait Louis-Napoléon ; il ne sait pas si la France est républicaine, mais il aidera « s'il est appelé au pouvoir, et ce sont ses propres expressions, le peuple à trouver la forme gouvernementale des principes de la Révolution ». Il formule ainsi son ambition, ajoutait ma marraine : « Je veux grouper autour de mon nom les partisans de la souveraineté du peuple. »

— Vous êtes folle de votre Prince, Camille, répondait ma grand'mère, et vous le voyez à travers le prestige de ce que vous croyez son malheur, comme prisonnier, et de la grandeur de son nom ; mais y a-t-il jamais eu un prétendant plus ridicule ; rappelez-vous son échaufourée de Boulogne, son petit chapeau, l'épée d'Austerlitz et l'aigle apprivoisé ; c'est un grotesque. »

Mon père, lorsqu'il venait au moment où ma marraine était là, s'amusait beaucoup de l'exaspération de mon grand-père, lorsque Camille et lui déclaraient que Louis-Napoléon était plus socialiste qu'eux ; n'avait-il pas écrit :

« Donner à 35 millions de Français l'instruction, la morale, l'aisance qui n'ont été jusqu'ici que l'apanage du petit nombre, voilà ce que je voudrais faire. »

« La preuve qu'il est socialiste, c'est que l'un des nôtres, ajoutait mon père, Elie Sorin, nous répond de lui ; il me répète sans cesse : « Louis-Napoléon n'est pas à nos yeux un prétendant, mais un membre de notre parti, un soldat de notre drapeau. Le Napoléon d'aujourd'hui captif personnifie la douleur du peuple comme lui dans les fers. »

Mon grand-père quelquefois, après s'être exaspéré, riait.

« C'est un malin, répliquait-il, il se moque

de vous. Un Bonaparte est fait pour être empereur, vous le verrez bien, Napoléon, nous
l'aurons ! »

Ma marraine adorait ma grand'mère, et c'est
elle qui aurait dû être sa fille plutôt que ma
mère. Elles s'écrivaient chaque semaine et s'entendaient sur toutes choses. Pour « Camille »,
ma grand'mère prenait des airs mystérieux
même vis-à-vis de moi. On chuchotait des
secrets, surtout depuis que ma marraine était
à Ham.

Je les surpris un jour sans l'avoir voulu,
une botte posée sur la table à ouvrage de ma
grand'mère, et toutes deux contemplant cette
botte avec des yeux attendris. Elles étaient si
drôles devant cette botte que je ne pus m'empêcher de demander à quel Prince charmant
cette précieuse chose avait appartenu.

Ma marraine répondit :

« Au Prince Louis.

— Tu la lui as volée comme relique, marraine?

— Il me l'a offerte.

— Sa botte?

— Oui.

— Comme ça.

— Comme porte-bouquet ! »

J'éclatai de rire.

« Mais regarde donc, moqueuse, comme son

pied est petit. Ne peux-tu comprendre qu'il en soit coquet?

— Ah! non, marraine, envoyer un bouquet dans sa botte, c'est malhonnête. Est-ce qu'il l'a portée ou est-ce qu'elle est neuve celle-ci?

— Il l'a portée, bien entendu. S'il ne l'avait pas portée ce serait une botte comme une autre botte, mais il l'a mise, Juliette, il l'a mise. »

Et ma marraine reprenait l'air que je lui avais vu en entrant au salon.

« Écoute, marraine, laisse-moi te dire que tu me parais avoir un peu perdu la raison. »

Un jour, notre Camille arriva brusquement de Ham dans une agitation extraordinaire.

Elle se jeta au cou de ma grand'mère et y resta longtemps suspendue en sanglotant. Elle parla bas à l'oreille de son amie qui eut des exclamations sans nombre et jeta à tort et à travers des ah! des oh! entremêlés de : « Camille que vous êtes heureuse! » alternées avec des : « Camille, que vous êtes malheureuse! »

Blondeau et moi, nous assistions à cette scène n'y comprenant, bien entendu, absolument rien.

Mon grand'père arriva; mêmes chuchotements à son oreille, mêmes oh! mêmes ah! mêmes embrassements, mêmes mots entremêlés de : « Camille que vous êtes heureuse, Camille que vous êtes malheureuse! »

« Que l'Être suprême soit béni! s'écria tout à coup très solennellement mon grand'père, lequel n'invoquait guère l'Être suprême que les jours d'orage, lorsque le tonnerre rappelait malencontreusement le bruit du canon. »

Il se passait décidément quelque chose de phénoménal. Comme je n'étais pas curieuse et que j'avais un profond respect des secrets, car on n'en abusait guère avec moi dans ma famille, je ne cherchai pas à pénétrer celui-là, mais je ne pus m'empêcher de penser que quelqu'un d'important était sauvé après un grand péril et que, chose étrange, ma marraine était de ce fait à la fois heureuse et malheureuse.

Après le dîner, je dis à Blondeau :

« Est-ce que ce mystère t'intéresse, toi? Est-ce que tu cherches à y comprendre quelque chose?

— Mais je comprends, me dit-il.

— Quoi donc?

— Parbleu! c'est que le prince toqué de ta toquée de marraine (Blondeau était plutôt orléaniste de la nuance de ma grand'mère), que son prince s'est évadé de sa prison. Il me semble bien qu'elle a dû contribuer à cette évasion, mais que, comme elle l'adore et qu'elle est séparée de lui, elle doit se sentir, ainsi que le disent ton grand-père et ta grand'mère, à la fois très heureuse et très malheureuse; voilà tout le mystère. »

Le lendemain à déjeuner, on eut le tort de continuer à prendre autour de moi des airs mystérieux; je dis alors à ma marraine, Blondeau n'étant pas là :

« Pourquoi cacher ce que tout le monde sait, que ton ami, le prince Louis-Napoléon Bonaparte, s'est évadé de sa prison de Ham?

— Comment peut-on savoir cela déjà, où? s'écria ma marraine. Il venait de s'évader quand je suis partie hier dans l'après-midi et l'on n'a dû s'en apercevoir que le soir.

— Raconte-moi le commencement de l'histoire, marraine, lui dis-je, puisque je sais la fin ».

Elle hésita.

Ma grand'mère, heureuse d'avoir à faire le récit d'une aventure, demanda à Camille si elle permettait qu'elle me narre la chose.

Ma marraine fit signe que oui.

« Eh bien, imagine que le prince Louis a feint d'être souffrant, d'avoir besoin de se purger et qu'il s'est enfermé dans sa chambre.

— Ah! grand'mère, ce n'est pas poétique.

— Laisse donc, il faut voir le but poursuivi et atteint. Alors comme il entrait et sortait des ouvriers dans la citadelle depuis quelques jours, pour des réparations, il a coupé sa barbe et s'est déguisé en maçon. Il a passé devant le poste avec une planche sur l'épaule.

— Grand'mère, tu ne trouves pas terre à terre un prince qui se déguise en gâcheur de plâtre?

— Je trouve, moi, très malin de dépister toutes les surveillances. Le docteur Conneau, qui était libre depuis plusieurs mois, avait tout préparé, aidé de Camille. Hier, il est sorti de la ville en tilbury avec ta marraine qui s'est cachée à un moment donné pour céder sa place au prince, débarrassé de son habit d'ouvrier; avec des relais bien organisés, le docteur Conneau et lui ont pu gagner la frontière, puisqu'on t'a dit qu'il était évadé. Pendant ce temps, ta marraine arrivait chez nous avec une voiture qu'elle louait dans un village, après avoir beaucoup marché. »

Le prince était-il sauvé? On l'ignorait encore puisque personne autre que Blondeau, qui ne le savait pas, ne m'en avait parlé. A dîner, Blondeau me délivra de mon mensonge en annonçant qu'il avait appris, le matin même, le succès de l'évasion du prince.

« C'est égal, ajouta-t-il comme moi, se déguiser en maçon, ce n'est pas d'une élégance irréprochable.

— Un Napoléon relève toutes les formes de ses actes, un Bonaparte ne peut pas rester prisonnier d'un d'Orléans. répliqua mon grandpère. Il se sauve, il est sauvé, tout est là.

« — Le romanesque, ajouta ma grand'mère, est dans le fait même qu'il a échappé à ses geoliers, que les portes de sa prison, si bien fermées, se sont ouvertes par un stratagème qui n'a pas été prévu ni découvert. Ce sont ceux qui l'ont enfermé, et je le regrette, qui sont bernés et ridicules. J'aime le roi Louis-Philippe, Camille le sait, plus et autrement que ce Bonaparte qui m'a l'air d'un faiseur, d'un intrigant comme prétendant. Comme homme, je confesse, d'après tout ce que Camille m'a dit de lui, qu'il est charmant. Puisqu'elle a aidé à sa fuite, qu'il était son ami, elle a bien fait. A sa place je n'aurais pas hésité plus qu'elle. »

Ma marraine resta chez nous quinze jours, qui ne la rassérénèrent point, car je la vis plus d'une fois pleurer.

⁂

Rien de particulier ne vint occuper ni troubler ma vie jusque dans l'hiver de 1847. Les choses se répétaient monotones. Les mêmes chocs entre mes parents se multipliaient, l'écart se faisant de plus en plus entre leurs opinions réciproques. Ma grand'mère, plus aigrie, blâmait parfois son cher roi Louis-Philippe ; mon

grand-père se déclarait plus certain du triomphe
futur de son prince Louis-Napoléon Bonaparte,
affilié qu'il était à des comités bonapartistes ;
mon père se croyait plus rapproché de sa République démocratique et sociale : mes tantes
gémissaient de plus en plus sur l'imbécillité
du peuple, gobant ceux qui l'égarent, sur l'im-
moralité politique, sur la folie des partis.

J'eus à cette époque l'une des révoltes les
plus violentes, les plus désespérées, l'un des
chagrins les plus inconsolables de ma vie.

L'hiver était particulièrement froid, la neige
couvrait mon grand jardin, et j'avais découvert
la poésie de la neige. Ma grand'mère, très fri-
leuse, ne bougeait pas de sa chambre donnant
sur le salon, ni du salon. Un grand beau feu de
bois y était soigneusement entretenu par elle et
elle excellait à le faire.

Mon grand-père lui répétait souvent qu'elle
faisait mentir le proverbe, lequel dit qu'il faut
être amoureux ou philosophe pour savoir bien
faire un feu.

« Or, tu n'es ni l'un ni l'autre, ajoutait-il. »
Ma grand'mère répondait :
« Je suis philosophe puisque je te supporte
et que je ne t'en veux pas malgré tout ce que tu
m'as fait endurer. Amoureuse, je ne le suis plus
de toi, mais n'est-ce pas parce que ma passion
pour mon mari m'a manqué de très bonne

heure que je reste éprise de l'amour et que je me console ou me distrais dans mes lectures par le bonheur ou le malheur romanesque des autres. »

Blondeau aimait comme moi et avec moi la neige. Bien chaussés de chaussons de Strasbourg et de grossiers sabots, nous allions après le déjeuner faire d'énormes tas de neige dans lesquels nous percions des galeries ou pétrissions des bonshommes. Les arbres, les plantes, les buis en bordure, les espaliers étaient plus coquets les uns que les autres sous leur revêtement de neige.

Le long du haut mur du fond du jardin, surplombant mon temple de verdure dont les taillis étaient tout saupoudrés de givre brillant, étincelant sur un tapis de ouate blanche, de grandes stalactites pendaient superbes et ornementales. C'était féerique, lorsqu'au coucher du soleil ces stalactites s'éclairaient, luisaient sous les derniers rayons du soleil et que glissaient jusqu'à leurs pointes fines des gouttes de diamant.

« Blondeau, mon ami Blondeau, regarde ceci, regarde cela, que c'est joli, que c'est beau, que c'est doré, que c'est brillant. »

Mon admiration ne s'épuisait pas plus que le plaisir de Blondeau à m'entendre, à me voir ravie et gaiement heureuse.

Mais un jour, dans ce même jardin de neige

et de féerie, où tout m'était cher et précieux, Blondeau me prit par la main marchant à grands pas. J'avais beau l'interroger il ne me répondit pas.

« Faisons le tour, » répondait-il à toutes mes questions.

« Le tour ! Blondeau, mais nous l'avons déjà fait quatre fois et tu veux recommencer ; ah ! non, par exemple, tu vas me dire ce qui te prend. »

Il avait une telle agitation que je craignis qu'il ne devînt fou et que cela m'inquiéta au delà de ce qu'on peut imaginer. Mon cœur se serrait à le voir ainsi, et je ne pouvais plus ni respirer ni marcher. Je lâchai brusquement sa main, je me campai devant lui et dis :

« Parle, Blondeau, car je te crois fou.

— Je voudrais l'être répliqua-t-il désespérément, pour ne pas te faire l'affreux chagrin que je vais te causer. Ah ! ta grand'mère m'a donné là une jolie commission. J'ai été trop bête, en vérité, de me charger de t'apprendre une pareille nouvelle. Je voudrais être à cent pieds sous terre.

— Eh bien, quoi? Blondeau, tu m'assassines ! »

Il reprit ma main et refit le tour presque en courant, puis brusquement s'arrêta, ayant enfin le courage de me dire :

« Juliette, ma mignonne chérie, tu sais que Mme Dufey a vendu sa pension aux demoiselles André, les amies de ta mère, qui les a connues dans le bourg qui a brûlé au commencement du mariage de tes parents, ce bourg où habitait l'oncle de ton grand-père.

— Oui, je sais, et elles sont très gentilles ces demoiselles, je les ai vues. Elles m'ont dit que le souvenir de maman leur était cher et qu'elles seraient heureuses de reporter sur sa fille leur fidèle affection. J'ai trouvé la phrase jolie et je l'ai retenue. Quel chagrin veux-tu que j'aie de cela ? »

Blondeau, prêché par ma grand'mère, avait, certes, préparé de longs discours, mais emporté par sa hâte après toutes ses hésitations, il me dit brutalement :

« Eh bien, ta grand'mère a vendu le jardin pour bâtir la pension des demoiselles André.

— Quel jardin ?

— Celui-ci, le nôtre, le sien, le tien !

— Tu mens !

— Hélas ! non, ta grand'mère n'a pas osé te le dire avant que l'acte soit signé ; elle savait bien que tu la supplierais et l'en empêcherais ; à cette heure la chose est irrévocable. Tout est fini depuis ce matin.

— C'est abominable. Je veux garder mes arbres, mon temple de verdure, mes broussailles,

je ne veux pas, je ne veux pas qu'on me les
prenne. Blondeau, rachète-moi mon jardin, tu
as de l'argent. Nous nous ferons une maison
dedans tous les deux, tu ne peux m'abandonner, toi. »

Et je me jetai dans ses bras en pleurant.

Il me sembla que tous mes arbres levaient
leurs branches au ciel, qu'ils pleuraient avec
moi sous le soleil.

Quoi ! mes vignes et leurs grappes de mus-
cat dont j'étais folle, quoi ! mon immense abricotier et espalier, dont j'aimais tant les abricots
verts ou mûrs, que j'avais fait mesurer, qui était
le plus grand de tout Chauny, et qu'on venait
voir avec ses cinq mètres de large et ses dix mètres de hauteur, quoi, mes buis que je taillais
moi-même en boule et en bordure, quoi, tout
cela allait être arraché, coupé, détruit?

« Blondeau, pourquoi ma grand'mère me
fait-elle une si grande peine dont je ne me con-
solerai jamais?

— Parce qu'elle n'aurait jamais retrouvé
une occasion semblable, et c'est pour ta dot? »

J'éclatai.

« Ah oui, encore pour de l'argent, mais cet
argent c'est donc la misère de ma vie. C'est
comme l'héritage pour lequel maman m'aurait
laissé mourir. Pour ma dot, ma grand'mère va
me tuer ! »

Cette fois ce fut moi qui provoquai le « drame de famille » et quel drame ! Je me montrai cette fois la fille emportée de mon père si violent. Ma colère, ma dureté pour ma grand'mère, la firent affreusement souffrir.

Je m'enfermai dans ma chambre durant plus de quinze jours. Arthémise m'apportait à manger. Je n'entr'ouvrais ma porte qu'à elle. Blondeau, mon grand-père, mon ami Charles, ne purent entrer. Ma grand'mère n'osait même pas monter. Je lui écrivais chaque jour une lettre de cruels reproches à laquelle elle n'avait pas la force de répondre.

Sa peur était que mon père n'arrivât et que je ne voulusse la quitter à tout jamais. Il y avait pour la rassurer une brouille grave à ce moment entre elle et mon père, celui-ci ayant voulu emprunter de l'argent à sa belle-mère pour payer les dettes de son frère Amédée, le militaire, qui faisait des bêtises. Ma grand'mère ayant refusé, on ne se voyait plus depuis deux mois.

Je pensais à Blérancourt où le jardin était petit mais séparé seulement par des haies d'autres jardins, où j'aurais mon père que, décidément, j'aimais autant que ma grand'mère ; mais ma mère m'effrayait avec sa froideur comparée à la gaieté et à l'exubérance de mon grand-père. Et puis à Blérancourt, il n'y avait ni Blondeau, ni mon ami Charles. D'ailleurs je savais bien que, quoique ma mère fût jalouse de l'affection de ma grand'mère pour moi, elle me blâmerait de l'abandonner, me déclarerait ingrate, et il n'y avait pas à penser à lui expliquer le pourquoi de la vente du jardin par ma grand'mère et sa préoccupation de ma dot.

Les réflexions se succédaient dans mon esprit, s'enchaînant pour me rendre plus indulgente envers ma grand'mère, mais dès que je songeais à la destruction de mon jardin, j'éprouvais une souffrance telle que je perdais toute mesure dans mes jugements.

Je songeais bien aussi à aller demander à mes tantes de me prendre, à écrire à Marguerite de venir avec Roussot me voler un soir que je lui donnerais rendez-vous dans la petite rue des Juifs, sur laquelle s'ouvrait notre jardin, mais j'avais le secret instinct que si mes tantes étaient vraiment heureuses de m'avoir à elles deux mois de l'année, à l'époque où on vivait dehors, ma turbulence, ma surabondance de gaieté, de vie, ma passion du mouvement, les fatigueraient durant l'année entière.

Il n'y avait que ma grand'mère, que mon grand-père, que Blondeau, que mon ami Charles, qu'Arthémise, pour tout aimer, tout comprendre en moi, et j'ajoutai intérieurement pour **tout subir de moi.**

Je manquais depuis quinze jours à la pension. Ma grand'mère disait que j'étais malade et on le croyait, puisque personne ne m'apercevait.

Cependant ma grand'mère finit par prier M. le doyen, que j'aimais beaucoup, parce qu'il avait désiré, craignant l'influence de mon père sur moi, ce que bien entendu on ne m'avait pas confié, que je fisse ma première communion à dix ans et demi au lieu de onze ans et demi. J'étais très flattée d'être la plus jeune et la plus remarquée du catéchisme. D'ailleurs, ma taille égalait celle des plus grandes.

Ma grand'mère dit à M. le doyen la vérité sur ma passion pour mon jardin, sur ma folie de la nature, sur sa brusque résolution de vendre à cause du prix exceptionnel et en vue de ma dot, etc., etc.

M. le doyen vint frapper à ma porte. Je n'ouvris pas malgré le touchant appel qu'il m'adressa. J'entendis un sanglot de ma grand'mère. A partir de ce moment, mon cœur s'amollit, ma rancune s'envola, mais un vilain ressaut d'orgueil m'empêcha de rappeler ma grand'mère et M. le doyen. Je m'en repentais, lorsque Arthémise, à qui j'avais demandé de l'encre, revint pour m'en apporter. Je lui ouvris. J'étais en face de M. le doyen.

Le moment de la solution amiable était venu. Pour sauvegarder la dignité de ma retraite, je

feignis de me laisser convaincre par les arguments de M. le doyen et impressionner par ses
menaces de ne plus me recevoir au catéchisme,
de remettre ma première communion à l'année
suivante, en 1848.

« Viens, me dit-il, demander pardon à ta
grand'mère.

— Non, monsieur le doyen, n'exigez pas que
je demande pardon, je ne le pourrais pas. Je
suis trop malheureuse de penser que ma
grand'mère a vendu mon jardin, que je l'ai perdu
pour toujours. D'ailleurs cela n'est pas nécessaire, vous le verrez, grand'mère sera assez contente de m'embrasser. »

Ma grand'mère m'attendait au salon, sachant
que M. le doyen était entré dans ma chambre,
et ayant appris, par Arthémise qui avait écouté,
que je « cédais ».

Le soir à dîner on me fit fête sans rien me
dire de ma longue bouderie. Il n'eût pas fallu
me gronder. Je n'étais pas du tout consolée de
la perte de mon jardin de fleurs, de fruits, de
verdure et de neige.

Je ne vis pas fleurir les premières fleurs, je
ne cueillis pas, pour la table de ma grand'-
mère et le petit vase blanc dans lequel je les
groupais avec art, les premières roses de Ben-
gale.

Dès les beaux jours et durant tout le printemps, les terrassiers entamèrent le rempart derrière le haut mur du jardin, et tout s'écroula ensemble. On perçait une rue nouvelle sur laquelle donnerait la grande porte principale de la pension. Les bâtiments devant s'élever à vingt mètres seulement de notre cour fleurie, le grillage de bois peint en vert fut de suite remplacé par une affreuse muraille.

Tous les bruits de démolition des murs du jardin me brisaient le cœur. Durant la nuit, la plainte du vent me faisait croire que j'entendais les soupirs d'agonie de mes arbres.

Un jeudi après-midi, dans la cour fleurie où je jouais tristement, je perçus un bruit aigü, un sifflement et une sorte de déchirement. Quelque chose bien sûr était arraché, résistait, gémissait avec sa voix d'arbre. Je compris que ce devait être le supplice de mon abricotier. Autrefois, à cette époque de l'année, il sentait la sève monter aux ramilles de ses longues branches et je lui voyais les premiers bourgeons. On le torturait.

Ces déchirements de mon abricotier réveillèrent toute ma douleur. Derrière ce mur odieux l'agonie s'achevait.

Je voyais en pensée la dévastation terminer son œuvre cruelle; on arrachait les derniers vestiges de la vie de mes arbres, leurs racines, on nivelait la mauvaise et la bonne terre mêlées. Je souffrais à en devenir malade.

*
* *

Le raccommodement de mon père et de ma grand'mère s'était fait, un ami de mon oncle Amédée, (oncle qu'aucun de nous ne connaissait à Chauny parce qu'il ne quittait pas l'Afrique) cet ami ayant payé ses dettes à temps pour qu'il ne fût pas forcé de donner sa démission d'officier.

Le frère de mon père, très intelligent, très brave « aimait un peu trop le plaisir », disait mon grand-père qui se hâtait d'ajouter :

« La vie des camps entame les plus solides vertus privées.

— Comme elle a entamé les tiennes, ajoutait ma grand'mère. »

Et Blondeau terminait en disant :

« Paix à celles qui ne sont plus. »

Un jour que nous ne l'attendions pas, mon père entra tout joyeux, disant à ma grand'-mère, devant moi :

« Voulez-vous me donner Juliette pour que je lui fasse faire un grand voyage ?

— De Chauny à Blérancourt.

— Non, non, beaucoup plus loin.

— Où donc ? mon cher Jean-Louis.

— A Amiens, Abbeville, Verton. Je lui montrerai et me montrerai à moi-même, car je ne la connais pas, la mer ! Bien mieux, nous irons la voir en chemin de fer.

— Ah, ça non, pas le chemin de fer ! répondit ma grand'mère : ces monstruosités-là me font peur et l'on dit que chaque jour, chaque fois que des gens y montent, il y a des accidents, des morts et des blessés. Juliette n'est pas encore d'âge à se garantir d'un danger en faisant son testament. Mais d'où vient ce grand projet ?

— Vous vous rappelez, ma chère mère, ce jeune manœuvre, si extraordinairement intelligent, Liénard, dont je me suis tant occupé, que j'ai éduqué et instruit et dont j'ai fait un ingénieur.

— Oui, oui, et c'est là une de vos bonnes œuvres. Faire monter d'en bas un homme pauvre est autrement méritoire et utile que de se torturer l'esprit pour ruiner les « classes moyennes » et uniformiser la misère.

— Attrappe, Jean-Louis, répliqua en riant mon père. Eh bien, mon petit Liénard, continua-t-il, a fait brillamment son chemin. Il est aujourd'hui chef de division du chemin de fer de Boulogne-sur-Mer. Il commande à six cents employés et ouvriers, et son rêve est que je le voie dans l'exercice d'une fonction dont il est fier et qu'il me doit. Il m'invite à aller passer quinze jours avec Juliette à Verton. Mme Liénard adore notre fille qu'elle est toujours venue voir quand elle l'a sue à Blérancourt, n'est-ce pas Juliette?

— Grand'mère, répondis-je, si tu le permets, je serai heureuse d'aller avec papa faire un grand voyage. C'est mon rêve de voyager. J'aime beaucoup Mme Liénard. » Et, me penchant à son oreille, j'ajoutai : « Et puis, ma grand'mère, cela me distraira de mon grand chagrin.

— Oui, ma Juliette, c'est ce que je pense, me répondit-elle. Que ton père me laisse quinze jours pour préparer ta toilette, car je veux que rien ne te manque, et tu iras voir la mer. »

Lorsque mon père fut parti, ma grand'mère me dit :

« Il faut que j'obtienne de M. le doyen une dispense pour que tu puisses quitter le catéchisme sans que cela retarde ta première communion. Mais je pense qu'il n'y aura pas là de difficultés.

Chauny tout entier s'intéressait à ce voyage. Mon grand-père en raconta le pourquoi et le comment à qui voulut l'entendre. A la pension je fus questionnée, requestionnée, et, autant j'avais été humiliée de m'entendre dire : « Il paraît que ta grand'mère t'a vendu ton fameux jardin que tu croyais aussi beau qu'un royaume, » autant la fierté me vint de songer à tout ce que j'aurais à raconter d'intéressant, de vu par moi seule, à mes petites amies et à mon retour.

**

Le voyage de Paris à Amiens, bien entendu, se faisait en diligence.

Nous nous arrêtâmes une journée entière à Saint-Quentin pour voir mes parents Raincourt avec qui je parlais de mes chères tantes et de ma grand'mère, heureux qu'ils étaient de voir leurs cousines réconciliées.

A Amiens nouvel arrêt pour voir d'autres Raincourt. Je visitai la cathédrale, et l'impression de puissance et de grandeur que j'ai eue alors m'est restée. Mes cousines nous conduisirent à l'Opéra. On jouait Charles VI. Je fus quelque peu ahurie de l'énormité de la salle, mais j'ai gardé en ma mémoire le souvenir des scènes représentées, du ballet et surtout du bruit extraordinaire que firent les applaudissements frénétiques de toute la salle à l'air de :

« Non, non, jamais en France, jamais l'Anglais ne régnera ! »

Comme toute bonne picarde je détestais les Anglais et je battais des mains avec le même enthousiasme que les autres spectateurs aux trois reprises du : « Non, non, jamais en France ! »

J'eus de cette soirée mal à la tête pour trois jours. L'orchestre m'avait broyé les tempes.

C'est à Amiens que je vis un chemin de fer pour la première fois. Les jeunes personnes de onze ans aujourd'hui ne s'imaginent pas ce que c'était pour une fille de dix ans et demi que d'entendre le sifflet qui déchire les oreilles, le ronflement de la machine, de monter dans ces boîtes très hautes qui semblaient fragiles, de voir la noirceur, la fumée, l'air de diable du mécanicien et de son aide. J'eus très peur.

Liénard était venu à notre rencontre à Amiens et nous occupâmes, grâce à lui, notre wagon à nous seuls. Mon père eut à me prêcher parce que je devins très pâle au moment où le train partit. Je restai longtemps silencieuse, sans curiosité, ne questionnant pas, contre toutes mes habitudes.

Je me tenais des deux mains à la banquette, tant je me sentais peu rassurée par ce remuement baroque. Mais peu à peu je m'enhardis et, agenouillée, je voulus à un moment donné regarder par la portière pour mieux voir les arbres et les maisons accourir au devant de nous, et si vite, si vite.

« Juliette, me cria Liénard, ne te penche pas

ainsi. Ce matin sous le tunnel dans lequel nous allons entrer une dame ayant fait ce que tu viens de faire, a été guillotinée par un train qui croisait. »

Je me rejetai dans le wagon et quand je fus sous le tunnel un grand frisson me secoua. Je crus voir le corps de la dame guillotinée rejeté dans le wagon.

Décidément, je préférais les diligences au chemin de fer.

A Abbeville encore une cousine, fille de notre cousine d'Amiens. En dix minutes je fus liée avec ses deux enfants et j'aurais bien voulu ou continuer de jouer avec eux ou les emmener avec moi à Verton, chez Mme Liénard, où il n'y avait pas d'enfants.

Le chemin de fer n'était pas terminé entre Verton et Abbeville où se trouvait justement la branche que notre ami Liénard achevait. Désolée, je dis adieu à mes cousins pour monter en voiture, mais je les oubliai immédiatement, distraite par la route que nous faisions. Je respirai pour la première fois l'air tonique de la mer et j'en étais enivrée. Mon père s'extasiait sur toutes choses et je prenais une part bruyante à ses enchantements.

Verton, but de notre grand voyage, nous était raconté par notre ami Liénard.

« Placé, nous disait-il, entre Montreuil bâti

sur une éminence et le hameau de Berck, qui
semble plaqué dans les dunes au bord de la
mer, Verton est le plus beau village du Pas-de-
Calais. A mi-hauteur, ses rues en pente et bien
alignées, ne laissent pas séjourner la pluie ; les
maisons coquettes rivalisent entre elles de pro-
preté et de gaieté. Berck est misérable, habité
seulement par de pauvres pêcheurs, mais je
suis sûr que le chemin de fer en fera une
plage courue et j'y ai acheté des terrains qui
prendront certainement une grande valeur.
Vous devriez en acheter, Lambert, pour la dot
de Juliette.

« Avec quoi, grand Dieu, dit mon père en
riant, achèterai-je des terrains?

— Mais votre belle-mère vient d'en vendre
et...

— Tais-toi, ne parle pas de ma dot, Liénard,
tu me fais beaucoup de chagrin. Laisse-moi
oublier cette horrible dot! m'écriai-je. »

Mon père et Liénard intrigués de mes paroles
voulurent savoir ce qu'elles signifiaient, ils
n'obtinrent rien que ceci :

« Je ne veux pas de dot, je n'en veux pas.

— Tu es dans les bons principes, me dit mon
père. Il ne faut pas qu'une fille soit forcée de
donner de l'argent pour qu'on la prenne. »

Tout à coup Liénard s'écria :

« Voici la mer! »

Nous regardions, papa et moi en nous tenant par la main. Il faisait un temps splendide, mais un grand vent venait du large qui semblait porté par la marée montante.

L'infini de ce que nous voyions remuant et gonflé, s'avançait vers nous, tels des monstres grossissants et se balançant; leur écume seule nous atteignait, domptés qu'ils étaient par le rivage immobile.

« Je vous ai fait faire le grand tour pour que vous voyiez cela le plus tôt possible, disait Liénard joyeux de notre ébahissement. Eh bien, Juliette, toi que rien n'étonne, qu'en dis-tu? »

Je n'avais guère envie de parler.

D'énormes vagues avec des mouvements de serpents s'écrasant en neige mousseuse sur la plage, d'abord avec un colossal claquement fouettant les galets, puis avec un bruissement très doux de l'eau qui soulevait et roulait les pierres arrondies.

C'était si énorme, la mer s'étendait si loin sous le ciel, que je me demandais comment toute cette eau lourde pouvait ne pas faire chavirer la terre; mais je comprenais que c'était enfantin de penser cela et qu'il ne fallait pas le dire pour qu'on ne me réponde pas une chose très-simple qui prouverait ma bêtise ou mon ignorance.

Jamais je n'avais pensé à la mer comme à

une chose phénoménale. Dans mon esprit je ne la voyais pas très grande et voilà qu'elle m'apparaissait immense et sans limites. Je me perdais dans sa contemplation, dominée par elle au point de ne pouvoir exprimer l'étonnement de ce que je ressentais.

« Papa, dis-je à un moment où la mer allait disparaître, je crois voir la crinière embroussaillée des chevaux de Neptune à la crête des vagues.

— Moi, je ne cesse de penser à Homère, » me répondit mon père.

Nous quittons le bord de la mer, nous causons d'elle et enfin nous apercevons Verton et son vieux château le dominant, nous entrons dans le village. Des curieux sont sur la porte des maisons.

Liénard est ici le personnage important avec le châtelain ; il habite le second étage du château.

« M. le comte de Lafontaine, mon propriétaire, dit Liénard à mon père, est un ancien officier de cavalerie. Je ne connais pas d'homme plus charmant. Dame, il n'est pas républicain comme vous et moi, mon cher Lambert, mais à part cela il est parfait. »

Liénard était en tout l'élève de mon père, et tenait à ne rien éliminer de ses leçons.

On arrive au château par la rue principale

de Verton venant d'Abbeville, rue qui aboutit directement aux portes du parc dont la plus grande est surmontée de l'écusson héraldique de la famille des Lafontaine. L'inscription de cet écusson occupa tellement mon père et fut l'objet d'une si longue discussion entre lui et Liénard que je l'ai retrouvée dans des notes de voyage prises par moi pour ma grand'mère.

Oh, ce sont des notes fort succintes, et j'en puis donner un exemple :

« Verton qui monte — maisons gaies — vieux château dominant — deux étages — porte principale — écrit dessus dans un rond : *Tel fiert qui ne tue pas.* Grand, grand parc et une ferme où je m'amuse tout le temps. »

Ma mémoire aidant, les longs récits répétés qui au retour ont gravé chaque impression dans mon esprit me permettent de reconstituer les détails de ce « grand voyage » et cela avec d'autant plus de facilité que l'un des employés de Liénard, placé auprès de lui par mon père, vit encore, et que j'ai pu contrôler par lui l'exactitude de mes souvenirs.

Le parc du château me parut immense, et je me plus tantôt avec l'un, tantôt avec l'autre, parmi ceux qui s'occupaient de moi, à m'y promener et à y jouer durant de longues heures.

Le château de Verton est placé sur la hauteur la plus élevée du parc, et sa façade regarde du côté de la mer. Du second étage la vue est admirable. La nuit on aperçoit le phare de Berck. Jamais je ne me couchai sans contempler le fanal qui éclaire la grande mer.

Mme Liénard me fêta et me gâta comme eût pu le faire ma plus proche parente. Le comte de Lafontaine m'inspira une affection subite, car il me prit au sérieux et voulut bien se lier avec moi. Je lui donnai plusieurs rendez-vous le matin dans le parc et lui confiai le grand secret de ma vie, le chagrin inconsolable que j'avais de la perte de mon grand jardin. Je lui parlai de mes arbres avec des larmes dans les yeux ; il parut troublé, et je me rappelle combien je lui sus gré de me répondre :

« Aimez un peu les miens durant votre séjour ici comme s'ils étaient les vôtres. »

Avant même que M. de Lafontaine m'eût dit cela, je les aimais, ses arbres, c'étaient les frères des miens. Quand je fermais les yeux dans certaines allées, je croyais revoir les disparus. Ils se réchauffaient et luisaient comme eux au soleil, ils avaient la même voix sous le vent. En vérité, j'étais bien malheureuse de n'avoir plus mon grand jardin.

Les vaches, les moutons, les chevaux, les chiens de la ferme m'intéressaient énormément. J'aurais voulu qu'ils s'attachent à moi, qu'ils me reconnaissent et m'aiment tous.

J'étais, enfant, aussi désireuse de plaire aux bêtes qu'aux gens. Il y avait plusieurs ânes, mais ils ne chantaient pas comme Roussot et ils dédaignèrent mes avances, occupés qu'ils étaient des enfants de la ferme.

Notre première promenade un peu longue fut pour Berck. Après avoir quitté la route d'Abbeville et être entrés dans le chemin de Berck, on ne trouvait plus ou presque plus de champs cultivés. Je crus voir le désert, tel que je me l'imaginai. Partout des monticules de sable mouvant au milieu desquels se trouvaient de tout petits villages, Berck venait le dernier et il était le plus lamentable de tous. Des huttes affreuses habitées par de pauvres matelots pêcheurs, que Liénard appelait des hommes primitifs et qui ne vivaient que du produit de leur pêche, s'étalaient misérablement disloquées et croulantes.

A Berck une seule chose me frappa : la halle semblable à celle de Blérancourt où les tisserands des environs apportent les rouleaux de toile qu'ils ont tissés.

La plage de Berck parut à mon père magnifique et il dit que certainement on pourrait y faire des établissements hospitaliers, car sa pente douce et régulière jusqu'à la pleine eau permettrait d'y laisser barboter les enfants.

« Les gens du pays, quoique très grossiers et

très ignorants, sont bons et travailleurs, nous dit Liénard. Ce sont des ouvriers excellents. Nous sommes bénis et aimés dans toute la région, sauf à Montreuil, comme bienfaiteurs ajouta-t-il, parce que nous y apportons l'aisance. A Montreuil, continua-t-il, on nous maudit. Montreuil est la ville principale de la contrée, et l'établissement du chemin de fer lui enlèvera son animation. Traversée par la route de Calais, tout le trafic passe chez elle ; or, avant six mois il n'y passera plus rien du tout, ni voyageurs, ni marchandises. Il ne lui restera que sa triple enceinte de fortifications l'enfermant plus que jamais. »

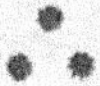

« Le point terminus de votre voyage ne peut pas être Verton, mon cher Lambert, dit un matin Liénard, à mon père. Je veux que vous inspectiez toute ma ligne. Nous ferons en wagonnets une certaine partie de la route, et nous irons à Boulogne-sur-Mer. Alors vous aurez montré à Juliette une belle ville de notre Picardie : Amiens ; l'un de nos beaux ports de mer : Boulogne.

Mon père ne fit aucune objection. Moi. l'idée

de voir de grands bateaux me rendait joyeuse.

Nous devions revenir à Verton, après avoir visité Boulogne et alors repartir pour Chauny.

Les chemins de fer avec de petits wagons à ciel ouvert, cela m'allait à merveille, mais les grands wagons fermés à clef, dont on ne pouvait sortir que par la bonne volonté des employés, me paraissaient une prison, et j'avais franchement peur des tunnels, sous lesquels on était guillotiné.

Toutes les grandes villes que j'ai vues plus tard dans mes nombreux voyages à travers l'Europe m'ont interressée à d'autres titres et j'ai pu les admirer pour mille raisons très complexes et très nombreuses, mais aucune n'a laissé en ma mémoire une impression plus fortement gravée que Boulogne-sur-Mer.

Nous étions les hôtes de Liénard, qui nous traita en seigneurs dans l'un des grands hôtels de la plage. Je voyais la mer tout le jour; je me levais, moi si dormeuse, pour la regarder, sous les étoiles; je la contemplai une nuit à la pleine lune. L'or grésillait, crépitait, sautait en étincelles joueuses à la surface de l'eau, comme pour encadrer, d'un cadre d'or mouvant, la belle figure de Phébé qui se mirait.

C'est dans une poésie de moi à cette époque, que je retrouve ces images. Le croirait-on, je les sais encore, ces vers informes que je n'osais dire à mon père, et que je conservais à l'admiration béate de mes grands parents, de Blondeau et de mon ami Charles.

Le mouvement des bateaux sur la jetée me passionnait tellement que je ne voulais plus rentrer, et que mon père dut me gronder quelquefois pour me traîner derrière lui.

C'est à Boulogne que je mangeai la première huître. Toute ma famille était gourmande jusqu'à la gloutonnerie des grasses huîtres du Nord. En hiver, quand mon père et ma mère venaient à Chauny, ils choisissaient généralement le jour où la voiture de la marée arrivait à dix heures ; cette voiture lancée à fond de train, et qui avait des relais comme la poste, apportait à Chauny, le vendredi dans la matinée, du poisson pêché dans la nuit du mercredi au jeudi.

Chaque vendredi, durant la saison des huîtres, une bourriche de douze douzaines de pied-de-cheval était apportée chez ma grand'mère. La bourriche mise sur la grande table, chacun avait un plat devant soi, et ouvrait ses huîtres. Mon grand-père et mon père en mangeaient chacun quatre douzaines. Ma grand'mère et ma mère deux. Blondeau, quand il y fut, prenait sa douzaine sur la part des autres ici et là.

Est-ce parce que j'en voyais manger de telles quantités? mais il m'avait toujours été impossible d'en avaler une, ce qui désolait ma famille.

Liénard et moi, nous courions les magasins, tandis que mon père causait avec des frères démocrates socialistes républicains qu'il avait dénichés.

Je voulais rapporter beaucoup de petits objets qu'on trouve aux bains de mer, à toutes mes amies, objets inconnus à Chauny, et j'avais pour cela tout l'argent que ma grand'mère, que mon grand-père, que Blondeau, m'avaient donné pour mon voyage. Ma bourse, confiée aux soins de Liénard qui marchandait et payait mes achats, devait être bien près d'être vide, selon mes calculs.

Aussi, lorsqu'un matin mon père me promit un louis si je mangeais une huître, essayai-je de gagner par là quatre gros écus. Je l'avalai. D'autres la suivirent plus tard en grand nombre, car j'y pris goût.

Je ramassai des tas de coquilles, et j'aurais désiré en emporter davantage encore. J'achetai un immense panier à couvercle que je traînai sans cesse avec moi et n'abandonnai à aucun moment de mon voyage de retour, malgré les supplications de mon père qui essayait, par tous les moyens persuasifs possibles, de se débarrasser de cette gêne.

J'allai sur la plage de Wimereux, où le

prince Louis-Napoléon avait débarqué d'une façon si grotesque. Je vis la colonne du grand empereur, et songeai à mon grand-père, à ma marraine.

Mon père nous parla, à Liénard et à moi, de l'homme de Strasbourg et de Boulogne, et de son ancêtre, l'homme de Brumaire. Il fut bien plus indulgent pour le neveu que pour l'oncle, qu'il définissait ainsi :

« L'escamoteur de la Révolution, celui dont le nombre final de conquêtes, après le sacrifice de millions d'hommes, fut inférieur au nombre des conquêtes laissé par les quatorze armées de la République. »

Napoléon Ier restait la bête noire de mon père. Il en parlait avec emportement, comme d'un criminel. Je savais des vers cinglants et sanglants de mon père, sur le « César moderne » et quand je les récitais, je terminais en nommant l'auteur, Jean-Louis Lambert.

Mon père avait acheté, en passant à Amiens, un « tilbury », la carosserie de la capitale de notre province étant « renommée » comme on disait alors.

Quel ne fut pas son étonnement, lorsqu'à notre retour à Amiens, en sortant de la gare, il trouva son « tilbury » attelé d'un fort joli cheval, au lieu d'une bête de louage qui devait le lui conduire à Chauny.

Liénard nous avait accompagnés.

« Mon cher ami, dit-il à mon père, en souli-gnant avec émotion ces mots, je vous supplie d'accepter cette petite bête comme souvenir de moi, faible témoignage de mon éternelle recon-naissance. »

Mon père, qui avait la passion d'offrir, mais l'horreur d'accepter, refusa net ; mais Liénard en éprouva un si violent chagrin, je vis de si grosses larmes dans ses yeux, que je cherchai un moyen de faire céder mon père.

Le palefrenier qui tenait le cheval par la bride regardait les deux messieurs avec sur-prise. Ils se taisaient.

« Veux-tu me le donner, Liénard ton cheval ? dis-je, moi je le trouve joli et je le prends. »

Attristés un instant plus tôt, mon père et Liénard s'amusèrent de mon intervention.

« Ah oui, je te le donne, me répondit Liénard, et cette fois s'il est à toi, je n'ai pas peur que ton père te le reprenne. »

J'adorais l'importance ! Ayant dénoué une situation difficile, cela ne me suffit pas.

« Alors, puisque j'ai un cheval et papa une voiture, ajoutai-je, je veux retourner à Chauny, non dans la diligence, mais dans le tilbury.

— Mais nous mettrons trois jours, au lieu d'un, dit mon père.

— Oh ! papa, vraiment tu les trouveras

longs, ces trois jours avec ta fille, tous les deux, tout seuls? Tu me raconteras un tas de choses, et moi aussi. Ce sera si amusant, un voyage comme les bohémiens dans une voiture.

— Faites ce qu'elle veut, mon cher Lambert, dit Liénard; allons, montez dans votre voiture et partez. Je me charge de vous envoyer vos paquets par la diligence.

— Papa, papa, je t'en conjure, partons.

— Le cheval a-t-il mangé? demanda Liénard au palefrenier.

— Oui, monsieur, il peut marcher cinq heures sans avoir besoin de rien.

— En route, en route! s'écria joyeusement notre ami, qui me hissa dans le tilbury, après m'avoir embrassée. »

Mon père et Liénard, se donnèrent l'accolade en amis très tendres qu'ils étaient, mon père monta.

« Où est la route nationale? demanda-t-il au palefrenier. »

Liénard répondit :

« Ce garçon va prendre l'une des voitures de la gare et vous accompagner jusqu'à la tombée de la nuit, pour s'assurer que le cheval de Juliette ne se permettra pas quelque escapade. Je passerai demain matin chez son patron, et j'aurai ainsi de vos nouvelles. Adieu, adieu, bon voyage! »

Une petite valise achetée par mon père à Boulogne, pour nos objets de toilette, mon fameux panier à nos pieds, notre billet de bagage confié à Liénard et, fouette cocher, nous voilà partis.

Chaque détail de cet adorable voyage m'est présent. Il me sembla que j'entreprenais une chose énorme et qui allait durer un temps indéfini.

Mon cheval jeune, ardent, nous ravissait, mon père et moi. Il nous occupa exclusivement tout d'abord, Nous ne regardions rien que lui. Ah ! quel nom avait-il?

Le palefrenier nous dit qu'il s'appelait : Coq, ou Cock, il ne savait pas bien si c'était Coq ou un nom Anglais.

« Non, non, jamais en France, jamais l'Anglais ne règnera ! m'écriai-je, me rappelant l'air entendu à Amiens, dans Charles VI; ce sera Coq. »

Coq filait. Le palefrenier nous avait quittés nous indiquant les villages, les relais de poste où nous devions nous arrêter dans la journée, ou coucher le soir.

Nous nous rappelions, mon père et moi, nos plus longues courses en voiture autour de Blérancourt, mais ce n'était pas, comme à présent, un voyage.

Mon père riait de toutes mes observations, de

toutes mes réflexions; à chaque instant il me répétait : « Oh! tu es bien ma fille, c'est à moi seul que tu ressembles. »

Nous étions sortis d'Amiens à onze heures du matin, et à cinq heures du soir nous ne songions pas encore à terminer notre première étape. Nous avions acheté quelques gâteaux, des fruits, et tant que notre joli Coq ne serait pas fatigué, nous ne nous arrêterions pas.

« Juliette, me dit mon père, à un moment où il avait ralenti la marche de Coq, ne t'es-tu pas demandé si je pourrais indéfiniment me soumettre à notre séparation, si la souffrance de voir ton esprit façonné par d'autres que par moi, me serait toujours supportable? Ma plus ardente ambition est de faire de ta pensée la fille de la mienne, et cela sera un jour, il faudra que cela soit. »

Je ne répondis rien. Je me répétais intérieurement la phrase de mon père : « faire de ta pensée la fille de la mienne », et je me disais que, puisque j'étais sa fille, tout en moi devait être aussi sa fille, mais alors, étant la petite-fille de ma grand'mère que j'adorais, comment pouvais-je être à la fois tout entière à ma grand'mère, et tout entière à mon père? Ce sentiment que j'avais de la difficulté dans laquelle se trouvait mon double amour pour ma grand'mère et pour mon père, de se partager, me remplissait de tristesse. Mon cœur se serrait quand je songeais que, de plus en plus, j'aurais conscience du chagrin que je faisais à chacun d'eux en les quittant, parce que, lorsque je les revoyais, ils sentaient que je leur revenais l'esprit et le cœur rempli de l'autre.

A ce moment-là j'en voulais encore à ma grand'mère d'avoir vendu mon jardin. La grande maison de Chauny, qui autrefois me plaisait plus que la petite maison de Blérancourt, m'apparaissait comme une prison. La cour fleurie n'était gaie que parce qu'elle précédait le jardin, sans cela elle allait avoir l'air, à l'ombre du grand mur qu'on bâtissait, d'un tout petit carré comme dans les cimetières.

Mon père songeait, lui aussi, à beaucoup de choses tristes; notre gaieté courait maintenant en sens contraire, et ne pouvait plus nous rattraper.

Toute mon enfance écoulée dans mon tant aimé jardin, me revenait en mémoire; les printemps avec les traînées de violettes le long des murs du fond, les étés avec les paniers de fraises, que je courais cueillir moi-même, au moment où nous allions nous mettre à table, les fruits de toutes sortes dont je surveillais avec tant d'intérêt la maturité, que je goutais sans cesse, pommes, poires, prunes, cerises, abricots, etc., jouissant du plus grand luxe dont puisse jouir un enfant, celui de manger des fruits, de tous les fruits, toute l'année à satiété :

« Papa, tu approuves grand'mère d'avoir vendu son jardin, demandai-je brusquement à mon père, résolue tout à coup à lui confier mon chagrin, sans lui parler de la dot.

— Mais oui, puisqu'elle en a retiré un beau prix.

— Alors, d'après toi elle a bien fait.

— Sans doute, elle n'aurait jamais retrouvé une occasion pareille. Peut-être s'est-elle décidée en dehors de la question d'argent, un peu pour toi.

— Ah ça, c'est trop fort !

— Pourquoi? Tu n'auras que quelque pas à faire pour aller à ta pension. Elle pourra même te voir jouer, d'une aile qu'elle veut construire.

— Alors, grand'mère va encore rétrécir la petite cour? Eh bien, moi, vois-tu, papa, je ne puis pas dire le mal qu'on me fait avec tout cela. On m'a pris mes allées où je me promenais, où je jouais, mes arbres, tout ce que j'aimais dans les choses, on m'a pris mon bonheur de regarder toute seule ce qui pousse, de comprendre comment les plantes grandissent, comment les fleurs deviennent fruits, on m'empêche d'entendre le remuement et la poussée de ce qui a la vie, la plainte suivie d'un froid silence de ce qui meurt. Pour moi, vois-tu, papa, le soleil c'est quelqu'un de divin à qui je parle et qui me répond avec des signes écrits, que je vois dans les rayons de la lumière ; je te ferai fermer à demi les yeux quand vient l'heure de midi et te montrerai les signes étincelants, les écritures d'or. La lune me suit quand je marche et me laisse croire qu'elle est mon amie. Je t'assure, papa, que j'ai entendu la terre éclater avec de petits tocs gentils sous les pointes d'asperges ou quand les graines qu'on a semées germent. Je ne sais pas comment te dire tout cela, comment t'expliquer ces choses, mais si j'aime à lire, si les livres m'instruisent beaucoup, surtout les voyages, qui m'agrandissent la terre, j'ai, crois-moi, papa, beaucoup appris dans mon jardin sur ce qui est petit. »

Mon père m'écoutait, ses yeux fixés sur les miens ; les rênes dans ses mains étaient si molles que tout à coup pris de gaieté ou énervé par la fatigue, Coq fit quelques bêtises, les premières.

Une correction le cingla et le calma.

« Ce Coq, dit mon père, est indigne d'une trop grande confiance. »

Et il ajouta :

« Parle, ma Juliette, parle. Si tu savais la

joie que tu me causes? Tu aimes la nature comme je l'aime, tu la sens comme je la sens, tu la poétises comme je la poétise. Ah! le vieil Homère me rend aujourd'hui ce que je lui ai donné en t'apprenant à l'aimer, c'est lui qui a mis en toi l'amour des choses. Tu seras païenne un jour, j'en suis certain.

— Oh! papa, le vilain mot, ne dis pas cela, surtout jamais devant ma grand'mère, cela la ferait trop souffrir, et ce n'est pas vrai; ce ne sont pas les nymphes, les hamadryades, les dryades que je voyais, que j'écoutais dans mon jardin, c'étaient vraiment mes arbres, mes plantes et mes fruits.

— Bien, bien, dit mon père, j'ai promis à ta grand'mère, à ta mère, de te laisser faire à leur gré ta première communion. Elles m'ont pris ton enfance, qu'elles la gardent; mais ta jeunesse m'appartient et nous recauserons de tout ceci. J'ai maintenant pour me calmer, pour me faire attendre patiemment, et les jours que j'entrevois, et ce que tu viens de me dire, ma Juliette chérie.

— N'ayant plus mon jardin, il faudra pour ne pas trop souffrir de l'avoir perdu, que j'oublie tout ce que j'y ai aimé et compris, répliquai-je. J'ai tant de morts à pleurer, j'ai tant entendu d'arbres abattus, gémir, pousser leur dernier cri, qu'en y songeant, je crois les entendre encore et que mon cœur se serre et que c'est affreux d'avoir détruit tant de ces vieux serviteurs qui donnaient de si doux fruits pour se faire aimer, que c'est un crime de recouvrir de graviers une bonne terre qui ne demandait qu'à nourrir les graines et à se couvrir de récoltes. »

Le soir de ce jour, mon père s'arrêta à un relais de poste, dans une grande auberge, claire et propre, où j'allai voir rôtir à la cuisine une dizaine de poulets embrochés. C'était là que dînaient les voyageurs de la diligence.

Lorsque mon père me coucha dans l'un des deux immenses lits de notre chambre, j'avais la fièvre et je rêvai haut de mon jardin toute la nuit. Mon père m'empêcha d'en parler le lendemain, et il me conta de belles histoires grecques qu'il ne m'avait pas encore contées.

Notre voyage s'acheva sans incidents et je trouvai ma grand'mère follement heureuse de me revoir, mais comme nous arrivions tard et que j'étais très lasse, on me mit au lit immédiatement. La porte de la chambre de ma grand'-mère, qui voulut absolument que je couche auprès d'elle cette nuit-là, parce que mon père lui avait parlé de ma fièvre, cette porte était ouverte. J'entendis mon père qui disait à mon grand-père et à ma grand'mère :

« Je ne crois pas qu'elle se console d'avoir perdu son grand jardin

— Comme il est clair qu'elle se mariera avec un gentilhomme campagnard, répartit en riant mon grand-père, comme l'éducation qu'elle reçoit de ses tantes doit la conduire à épouser quelque Roussot perfectionné, elle pourra pendant et après sa lune de miel, se payer des arbres et de la terre. Ne nous apitoyons donc pas exagérément sur son malheur actuel. »

Mon grand-père et ma grand-mère s'étaient tout naturellement querellés en mon absence. J'en eus la preuve par la réponse de ma grand'mère. Le *on* que j'avais presque banni, ayant repris ses droits.

« *On* plaisante toujours, dit-elle, même sur ce qui peut le plus m'évouvoir : les chagrins de Juliette. Depuis que j'ai vu ce qu'elle souffre de la privation de son jardin, je me reproche douloureusement de le lui avoir enlevé. *On* devrait comprendre cela et n'en pas rire. *On* sait bien cependant que je ne pouvais courir le risque de faire de la peine à Juliette que mue par un sentiment se rapportant à elle, et que ce sentiment, il m'est impossible de le crier sur les toits.

— Bien, bien, répliqua mon grand-père, *on* n'a pas besoin de leçon, *on* aime sa petite-fille autant que père et mère et grand'mère, *on* tient à plaisanter sur les chagrins de Juliette et *on* continuera par la simple raison qu'*on* croit que ce sera une façon de la consoler. »

Les regrets de ma grand'mère adoucirent mon chagrin ; mais que de fois mon pauvre grand-père, fut rabroué à propos de sa « façon de me consoler ».

**

Il est impossible de soupçonner aujourd'hui l'importance qu'avait à l'époque de mon enfance un voyage en chemin de fer. Tout Chauny en avait parlé lors de mon départ, tout Chauny m'interrogea au retour. Quand je sortais avec mon grand-père, on m'arrêtait dans la rue pour me demander si c'était bien effrayant, un chemin de fer.

La vérité est que les horribles sifflets, le bruit sourd et menaçant de la locomotive, les tunnels, oh ! les tunnels ! l'affreuse fumée noire qui faisait de vous des charbonniers en quelques heures, tout cela m'avait fort inquiété et me paraissait une chose venue en droite ligne de l'enfer.

« Ça écorche les oreilles, ça aveugle si on met le nez à la portière, ça secoue à faire trembler, c'est laid, et ça enlaidit, » répétais-je à tous ceux qui me questionnaient.

A la pension, mon succès était fou. Chaque « grande » m'interrogeait pour elle et pour sa

famille, chaque « petite » voulait savoir toute
l'histoire du chemin de fer, de la mer, des bateaux.

Mon grand panier de coquillages fut vidé en
quelques jours. Le grand nombre de mes
cadeaux s'écoula vite. Une semaine après mon
retour, il ne me restait plus rien.

« Ça, disais-je de mes coquilles, ça n'a pas
été acheté, je les ai ramassées moi-même à la
vraie mer! à la mer en vrai! »

Ces mots produisaient un effet immense.
Aux récréations, je pérorais entourée sans cesse
d'un grand nombre d'auditrices yeux ronds et
bouches bées. Des questions partaient de tous
côtés. On ne se lassait pas d'entendre mes récits
toujours les mêmes. L'histoire de la femme
guillotinée sous le **tunnel** faisait frémir toutes
mes compagnes.

« Pourquoi aussi est-ce qu'elle s'est penchée
par la portière, disaient les « grandes », on doit
faire attention quand on voyage; en voyage
on court toujours de très grands dangers, il
n'y a qu'à en lire pour le savoir. »

Les « petites » demandaient surtout si la
femme guillotinée sous le tunnel avait des
enfants et s'ils étaient là.

Lorsque je répondais oui, panique générale.
La nichée questionnante s'éparpillait avec des
oh! effarés.

Il faudrait aujourd'hui qu'une élève dans une pension eût hiverné au pôle Nord et raconte qu'elle a vu une mère broyée par un *icefield* sous les yeux de ses enfants, pour produire l'effet de mon chemin de fer et de ma femme guillotinée sous un tunnel. On commençait à construire la ligne de Paris à Saint-Quentin qui devait traverser Chauny et la question du chemin de fer était passionnante pour tout le monde.

J'avais, à la maison, procédé avec un grand art. Chaque soir, après le dîner, je racontais à ma grand'mère, à mon grand-père, à Blondeau, à mon ami Charles qui n'eût manqué sa soirée pour rien au monde, je racontais, dis-je, l'une de mes journées, jamais plus, jamais moins, et mes récits durèrent autant que mon voyage avait duré.

J'avais manqué tout un mois de catéchisme, mais M. le Vicaire qui nous instruisait eut pour moi des indulgences. Lui-même s'intéressa énormément à mon voyage, et me demanda, comme tous me le demandaient, mes impressions sur le chemin de fer et sur la mer.

Mes réflexions lui plurent et il en fit part à M. le Doyen, qui lui-même voulut me questionner. Je lui dis que le chemin de fer était une invention abominable, sifflante, une invention de l'enfer avec ses feux et sa noirceur diabolique.

Ce voyage, décidément, me faisait une situation à part. Dans la ville de Chauny, j'étais par lui autre chose que les autres jeunes personnes de mon âge. M. le Doyen, à mesure que l'époque de la première communion approchait, s'occupait de plus en plus de moi. Il me désigna pour prononcer les vœux du baptême et pour conduire l'une des files des communiantes à la Sainte Table. L'évêque de Soissons venait cette année-là, comme tous les deux ans, faire la confirmation. Je fus choisie encore pour lui adresser le compliment de bienvenue à la cure.

J'étais la plus jeune et la plus grande parmi les communiantes. Ma grand'mère et mon grand-père, Blondeau, mon ami Charles, ne s'occupaient plus, depuis que le récit de mon voyage était terminé, que de ma première communion. La mousseline la plus fine avait été commandée par ma grand'mère pour ma robe et pour mon voile. Le blanc m'allait à merveille, me répétait-on, et j'allais être la plus belle. Mon ami Charles m'apprenait à dire mes vœux de baptême et mon compliment à Monseigneur, de façon plutôt théâtrale que pieuse.

J'avais pour amie intime une étrange créature de mon âge, petite autant que j'étais grande, spirituelle, mauvaise langue, endiablée, dont l'influence sur moi n'était rien moins que bonne. Chaque fois qu'elle me voyait un enthousiasme, une admiration, elle s'acharnait à les démolir. Son nom était Maribert[*]. Nous étions liées depuis quatre ans, nous avions eu des brouilles très graves, des réconciliations dont toute la pension s'était occupée.

Maribert faisait sa première communion en même temps que moi. Elle était pensionnaire et très surveillée parce qu'elle se permettait sur le catéchisme des réflexions qui scandalisaient les moins recueillies. Souvent, elle répondait à M. le Vicaire, elle lui tenait tête en discutant les articles qu'il nous expliquait.

« Vous serez rejetée de l'Église si vous ne vous soumettez pas, lui disait parfois M. le Vicaire, vous avez l'esprit d'une renégate. »

Elle osait répondre :

« Je suis philosophe, j'ai l'esprit fort ! »

Je devins pensionnaire durant le mois qui précéda ma première communion ; M. le Doyen, ayant constaté que je me préparais mal chez mes grands-parents, obtint d'eux qu'ils se sépareraient de moi jusqu'au « grand jour » ; Maribert trouva moyen de m'avoir comme voisine de dortoir et alors aux récréations, en classe à l'aide de petits papiers qu'elle me glissait, elle commença à travailler mon esprit dans le sens

---

[*] La finale seule de ce nom est exacte.

de l'incroyance; elle s'efforça de me prouver que M. le Doyen n'était nullement évangélique, que M. le Vicaire qui nous instruisait préférait un bon dîner à une bonne messe, que Mlles André, nos maîtresses, étaient beaucoup plus préoccupées de ne pas perdre leurs élèves que de les instruire et de les perfectionner.

« Ainsi moi, me disait-elle, on devrait me renvoyer, ces demoiselles savent très bien que je change toutes les idées que je veux changer, que je suis une perturbatrice, que je ne ferai pas ma première communion sérieusement et que j'empêcherai toutes les autres, toi la première, de la faire avec l'onction, avec la dévotion nécessaires ; et on me garde, moi brebis galeuse, dans le troupeau. »

Je subissais l'influence de Maribert, et l'on eût mieux fait de me laisser auprès de ma grand'mère qui, quoique trop préoccupée pour moi des choses de ce monde, ne pouvait qu'augmenter ma foi.

Le matin du jour de ma première communion j'étais triste, mécontente, je ne me sentais pas ce qu'il eût fallu être, et j'enviais les joies de celles qui ayant eu la force de résister à la diabolique Maribert avaient sur le visage une expression de béatitude.

Au moment de partir pour l'Église, Maribert me glissa dans la main un morceau de chocolat

en me disant avec ses yeux luisants et démo-
niaques : « Mange ! »

Et en même temps je l'entendis croquer la
moitié de la tablette qu'elle m'avait donnée.

Je lui jetai son chocolat à la figure. Ah! cela
non! C'était trop. Je voulais bien, moi aussi,
avoir l'esprit fort, mais je ne voulais pas commettre un sacrilège, mentir, communier ayant
mangé !

Mon amie m'apparut tout à coup dans sa
malfaisance et je m'efforçais d'arracher en un
instant de mon esprit les idées que j'avais
reçues d'elle, idées peu nombreuses d'ailleurs
dans le mince bagage commun que nous pos-
sédions.

Cependant une grande douleur m'étreignit ;
ne venais-je pas de rompre avec une confidente,
une amie de quatre années? (les années sont si
longues dans la jeunesse).

Maribert, hélas ! m'avait fait perdre l'élan de
la prière et, cet élan-là seul en un pareil jour
eût pu me consoler de la grande brisure que je
sentais en mon cœur.

J'étais émue à tel point que mes larmes cou-
laient sans que j'en aie conscience.

« Tu es bête entre les plus bêtes, me dit
Maribert. Je ne te parlerai plus de ma vie.

— Tu es méchante entre les méchantes, lui
répondis-je, et je me reprocherai toute mon

existence d'avoir aimé une maudite comme toi. »

L'heure était venue de partir pour l'Église. Nos mères nous attendaient au salon.

Ma mère était là et ma grand'mère. Je me jetai dans les bras de toutes les deux, je les embrassai avec ardeur et elles furent édifiées en voyant ma pâleur, mes yeux rougis.

Ma grand'mère en toilette de laine blanche, en chapeau noir, avec une écharpe de soie noire frangée, me parut très bien habillée. Ma mère était fort belle quoique sa toilette fût d'une grande simplicité. Elle avait une grande capote de paille d'Italie nouée avec des rubans de velours noir, une robe de soie puce, traînante, sans aucun ornement, et une écharpe de tulle brodée par elle merveilleusement, attachée aux épaules avec des épingles de turquoise. Je ne me lassai pas de l'admirer.

« Que maman est belle, dis-je tout bas à ma grand'mère, regarde-la donc.

— Oui, me répondit tout haut ma grand'-mère, et ce serait bien qu'elle jouisse un peu de sa beauté, qu'elle en soit reconnaissante au bon Dieu; mais, hélas! je suis sûre qu'elle s'imagine qu'on la regarde avec malveillance. »

Ma mère levait les épaules.

« Juliette, ajouta ma grand'mère, voilà pour toi un beau jour, ma petite fille; puisse-t-il dominer toute ta vie, puisses-tu en comprendre pieusement la portée. Je vais prier Dieu de toute mon âme pour qu'il en soit ainsi. »

Nous sortons de la pension, moi en tête, mes compagnes une à une me suivant; nous formons la file et nous marchons par les rues jusqu'à l'Église.

L'orgue nous accueille avec un chant d'allégresse. Mon cœur bat à me faire mal, puis peu à peu un grand apaisement se fait en moi. Je renie le mal, je renie Maribert que je vois là-bas, dans la file, la figure enlaidie par un vilain sourire. Je la regarde de haut froidement, fièrement, et je lève les yeux au ciel pour lui prouver que je ne suis plus sous l'influence de ses vilaines prédications. Je me sens bien ce que je dois être dans le lieu saint pour la cérémonie qui s'accomplit.

Je récite mes vœux de baptême simplement, d'une voix forte, sentant bien ce que je dis. Je songe à ma grand'mère qui m'écoute et à laquelle je confierai le soir même tout ce que je lui ai caché jusqu'à ce jour sur Maribert. Je communie en paix, je rentre chez ma grand'mère, heureuse de retrouver mon chez moi et d'y revenir délivrée de Maribert qui ne me manquera plus jamais quand je serai loin d'elle.

Le lendemain, au presbytère, je dois dire mon compliment à Monseigneur.

Mon grand-père a raconté que Mgr de Gar-signies est un ancien officier de cavalerie, ma grand'mère a ajouté qu'il a eu une existence aventureuse, très romanesque et ce qu'on en dit à la table de mes grands parents m'enlève la peur qu'il me faisait.

Souriante je lui débite mon compliment en le regardant sans trouble. Lui-même me sourit et m'embrasse.

A l'église, au moment de la confirmation, lorsque je baise la patène et que Monseigneur approche ses doigts de ma joue, l'esprit de Maribert s'empare tout à coup de moi et je dis sans avoir conscience des paroles que je prononce, paroles qui glacent d'effroi mes compagnes agenouillées et font sourire Maribert :

« Monseigneur, légèrement je vous prie... »

Il frappe sur ma joue un peu plus fort qu'il ne frappe sur celle de mes compagnes.

Pourquoi ai-je dit cela? Je ne sais, mais je sens que j'ai résisté à l'inspiration diabolique de dire une chose encore bien plus forte. Le geste sacré m'est apparu tout à coup comme un souf-flet. Maribert était la quatrième après moi. Est-ce son méchant esprit qui m'a inspiré cet acte de révolte?

M. le doyen me fait appeler à la sacristie après la confirmation ; il me gronde très paternellement, mais très vivement et m'inflige une pénitence.

Quelques années plus tard, à une soirée que donnait à Soissons, où je venais d'arriver jeune mariée, Mgr de Garsignies, lorsque j'entrai et le saluai, s'écria :

« La petite fille de la confirmation ! »

***

La construction dans le jardin vendu s'était élevée durant les mois d'été. Elle s'achevait à la hâte, la rentrée d'octobre devant se faire dans la nouvelle bâtisse. Par-dessus le haut mur apparaissait l'odieuse pension contre laquelle je nourrissais une haine violente. On y allumait de grands feux et le soir, du corridor de ma chambre au premier étage, elle m'apparaissait comme une bouche de l'enfer.

e ne cessais de déclarer que jamais je n'irais à cette pension, jamais ! et c'est en vain que ma grand'mère avait essayé le jour de ma première communion, au dîner de famille où mon père manquait, blâmant quoique la subissant cette « suite de mon baptême », comme il disait, c'est en vain, que, ma mère aidant, on essaya de me faire jurer que j'irais à la rentrée d'octobre à la pension nouvelle. Je perdais littéralement la tête quand je pensais que je pourrais aller en classe sur le sol ravagé de mon jardin, jouer sur l'emplacement de mon temple de verdure. Ma grand'mère s'inquiétait de cet entêtement et s'en irritait peut-être davantage. Notre tendresse subissait une atteinte et nous nous blessions à chaque instant malgré l'amour profond que nous avions l'une pour l'autre. Je me désintéressais du bonheur de mes chers grands parents, je ne m'interposais plus entre eux, je gardais le silence lorsqu'une discussion s'élevait ; les *on* avaient repris leur fréquence. Blondeau s'attristait de ma tristesse et je me trouvais d'autant plus malheureuse qu'à la pension, Maribert soulevait les passions contre moi, entretenait la lutte acharnée. On était pour elle ou pour moi. Il y avait deux clans hostiles l'un à l'autre. Le sien plein d'activité, nous harcelant, nous jouant tous les mauvais tours possibles, le mien résistant avec mollesse, car moi, le chef, découragée, je ne travaillais plus. J'étais sans cesse punie et grondée. Ma mauvaise humeur naissait, moi que mes compagnes avaient surtout aimée jusque-là pour ma belle humeur.

Je ne pouvais plus comme autrefois apporter des fruits de mon jardin. Les boules de sucre avaient fait leur temps ; bref, j'étais désemparée et sans goût pour quoi que ce fût.

Mon séjour chez mes tantes de Chivres où je retrouvai un peu de sérénité fut écourté cette année-là. Je ne pris de vacances que celles accordées par la pension, et mon père en réclama sa part.

A peine avais-je terminé le récit par journée de mon voyage à mes tantes, à peine avais-je conté ma première communion qu'il m'eût fallu songer au départ, si je n'avais obtenu une prolongation de séjour d'un mois en écrivant à mon père que je le suppliais de me garder au moment de la rentrée des classes en octobre et de m'épargner la douleur d'aller dans la nouvelle pension.

Ma tante Sophie me gronda beaucoup de ma paresse, de ma négligence à propos de mon latin. Mais elle admit mes excuses et je travaillai de plus belle.

Je trouvai mes tantes très agitées par la politique. Elles lisaient *Le National*. Toutes trois, de même que ma grand-grand'mère, étaient libérales. Elles ne parlaient que de M. Odilon Barrot, et avec quel respect! Elles avaient leur opinion personnelle sur chacun des membres de la famille royale, ne cessaient de regretter le duc d'Orléans, aimaient le duc d'Aumale, le prince de Joinville, estimaient la reine Amélie, la duchesse d'Orléans, mais jugeaient le roi Louis-Philippe de très haut et levaient les bras au ciel sur la corruption des temps. Si elles avaient eu moins peur de la révolution, elles eussent détrôné le roi, proclamé la régence de la duchesse d'Orléans, préparant le règne du « petit comte de Paris » avec M. Odilon Barrot comme président du Conseil.

M. Odilon Barrot était pour mes tantes le « représentant modèle ». Elles se passionnaient pour la campagne des banquets réformistes dont il était à la fois le promoteur et le héros.

Mais elles se montraient irritées des « agissements » de MM. Ledru-Rollin, Louis Blanc, etc., qui dénaturaient, qui faussaient la campagne des banquets réformistes ; elles se disaient fort inquiètes des idées subversives de M. Pierre Leroux sur le travail, des insanités de M. Proudhon sur la propriété. A propos de ces deux derniers et de leurs personnes, mes tantes répétaient volontiers :

« C'est la fin du monde ! »

Mes tantes se déclaraient à tout propos, lorsqu'elles discutaient entre elles, fidèles aux immortels principes. Elles étaient ennemies de Napoléon Ier, moins cependant que des jacobins et des socialistes, mais elles ne lui pardonnaient pas « l'entrée des alliés en France et la terreur de l'invasion ».

Elles m'apprirent la fameuse *Iambe* d'Auguste Barbier :

O Corse à cheveux plats, que la France était belle.

pour que je la redise à mon grand-père.

« Bonaparte, répétait souvent ma grand'-grand'mère de Chivres, comme le disait mon père, nous a rendu la France moins grande qu'il ne l'a prise. »

M. Béranger ne leur plaisait pas et quand je chantais des chansons de lui que mon grand-père m'avaient apprises, elles m'écoutaient, mais avec des protestations sur le chansonnier et sur la chanson. M. Thiers leur paraissait dangereux avec son culte de Napoléon qui bonapartisait la bourgeoisie tandis que M. Béranger bonapartisait le peuple.

« Et, disait ma tante Sophie, quelle que soit la forme du gouvernement qui nous adviendra après celui du roi Louis-Philippe, ce seront toujours les idées autoritaires, j'en ai grand peur, qui triompheront. Le libéralisme, qui seul peut sauver la France, lui rendre son sens politique, la faire bénéficier de l'esprit de sa race, ne semble plus exister que dans l'esprit de M. Odilon Barrot et dans les écrits de M. de Lamartine.

Elles lisaient et relisaient *Les Girondins*, et la façon dont elles en parlaient est restée ineffaçable dans ma mémoire.

Le vieux provincialisme réveillé, le pays

administré dans un grand nombre de sièges
administratifs, la décentralisation, la France
revenant au programme girondin, luttant contre
l'influence exclusive de la capitale, contre l'autocratie des idées nouvelles plus oppressives,
plus tyranniques que les tyrans eux-mêmes,
tel était le programme politique de mes tantes
et de mon arrière-grand'mère, programme
qu'on m'avait fait écrire pour que je le commu-
nique à mes parents et grands-parents.

« Tu le conserveras, Juliette, me dit un jour
ma tante Sophie, et il y aura un moment de ta
vie, j'en suis certaine, où, après les expériences
jacobines et bonapartistes, après des révolutions
probables, tu te rappelleras combien étaient
sages et vraiment françaises et vraiment nationales les idées de tes vieilles tantes. La France
doit agir dans ses centres d'action et non pas
tourner comme une toupie dans sa capitale. »

Jamais encore mes tantes n'avaient autant
causé de politique, entre elles, devant moi, que
durant mes vacances de 1847.

« Elle est d'âge à écouter et à comprendre,
répondait l'une ou l'autre de ses filles lorsque
ma grand'-grand'mère leur répétait : « Vous
assommez cette petite. »

— Il ne vous sera pas inutile, dussiez-vous
avoir entendu, non par les oreilles, mais par
la bouche en bâillant, de savoir ce que des per-

sonnes d'une haute compétence comme vos
tantes pensent de la chose publique, disait ma
tante Constance, avec sa moquerie habituelle.
Écoutez, Juliette, écoutez. »

J'écoutais sans bâiller, car j'avais l'esprit
entr'ouvert sur toutes choses politiques et littéraires. Mes tantes étaient bien la personnifica-
tion de cette bourgeoisie dont parlait mon père,
qui n'admettait que la moyenne des expériences sociales, ne goûtait que des impressions
moyennes, natures insupportablement équili-
brées, ajoutait-il.

Mes tantes trouvaient M. Victor Hugo trop
sonore, trop retentissant pour la paisibilité de
leurs esprits et, ajoutait ma tante Sophie, trop
peu bucolique. Elles détestaient la laideur de
Quasimodo, critiquaient l'*Ode à la colonne, Napoléon II*, qui semblaient faire de M. Victor
Hugo un bonapartiste; son théâtre leur paraissait trop intense, trop pompeusement invrai-
semblable, trop verbeusement humanitaire.
*Lucrèce Borgia, Marie Tudor, les Burgraves,
Ruy Blas*, les mettaient hors d'elles. Leur clas-
sicisme en était révolté. Elles blâmaient la conduite politique de M. Victor Hugo, trop on-
doyante et trop diverse. Ma tante Anastasie
demandait grâce pour *les Rayons et les Ombres*
dont elle raffolait,

Elles parlaient de Mme George Sand avec

réserve. J'entendis plus d'exclamations que d'appréciations sur un roman dont je retins le joli nom : *Lélia*, que j'avais d'ailleurs vu entre les mains de ma grand'mère. Mais elles goûtaient beaucoup de choses de Mme George Sand, surtout ses œuvres paysannes. *La petite Fadette* leur paraissait un chef-d'œuvre.

« Nous sommes très bourgeoises, disait ma tante Sophie, en causant de Mme George Sand, quoique nous nous sentions cependant l'esprit libre, par libéralisme plus que par éducation, et dans les actes publics plus que dans les actions privées. Retenez bien le nom de cet écrivain, George Sand, ajoutait ma tante, il aura une grande influence sur votre génération et il vous enthousiasmera certainement lorsque vous serez majeure. Quoiqu'on dise d'elle, Mme George Sand est restée très femme, et elle ne sera jamais vraiment comprise que par les femmes ; mais la plupart des choses qu'elle écrit, en dehors de ses paysanneries, sont faites pour des esprits plus jeunes que les nôtres, qu'elle doit passionner et qu'elle reflète certainement. A nous il nous est plus facile de comprendre Mme de Staël et sa *Corinne*. »

Et mes tantes m'initièrent aux beautés si dissemblables de *Corinne*, de Mme de Staël, et de *La Petite Fadette*, de Mme George Sand. Je trouvai, à leur grande joie, également admi-

rables, quoique différemment, les deux livres.
Il est vrai qu'on me les lut tout haut en me
soulignant ce que je devais admirer; mais mes
tantes elles-mêmes, malgré ma tendresse pour
elles et la haute confiance que m'inspiraient
leurs esprits, n'eussent pu m'obliger à l'enthousiasme si je ne l'avais pas éprouvé.

Ma grand'mère, qui adorait son Balzac, m'en
lisait à chaque instant de longs morceaux, que
je trouvais longs, et avait renoncé à me faire
goûter son cher, son grand, son unique roman-
cier. Je la faisais enrager en lui répondant :

« Il n'est ni assez Homérique, ni assez Virgi-
lien. »

Mes tantes exécraient M. de Balzac.

« C'est un créateur de figures malsaines qui
vous hantent, disait ma tante Anastasie; les
héros de M. de Balzac pour un peu entreraient
dans votre vie et vous conduiraient à la façon
dont ils se conduisent. Ils ont une réalité qui
vous fait croire qu'on les a connus; c'est pour
moi une obsession quand je lis un roman de ce
Balzac. Je ne puis pas me débarrasser l'esprit
de personnages que je n'aime pas, dont je
blâme les actes et qui s'imposent à mon jugement comme une vilaine mode s'impose aux
yeux des femmes élégantes. Je suis convaincue
que M. de Balzac formera plus de caractères
qu'il n'en a observés. Je crains que ma sœur

Pélagie n'agisse sous l'influence de M. de Balzac plus souvent qu'elle ne le croit. Si l'on se laisse prendre par la puissance de cet homme, il vous possède, et c'est un malfaisant qui vous conduit au doute, au scepticisme, sur les gens et sur les choses.

— Prenez bien garde à M. de Balzac plus tard, ma nièce, ajoutait ma tante Constance, c'est le plus dangereux de tous ceux qui écrivent à cette heure. Il vous donnera des contemporains que je ne vous envie pas : des égoïstes, des affamés de situation. Rappelez-vous ce que vous aura dit votre vieille tante, notez-le au besoin : M. de Balzac engendrera des cervelles, mais point de consciences, point de cœurs. La vertu est imbécile pour M. de Balzac. *Eugénie Grandet*, *le Père Goriot*, me révoltent. Je ne fais pas même d'exception pour le *Lys dans la vallée*. »

Ah ! si ma grand'mère avait été là. Quelle passion elle eût mise dans ces discussions sur M. de Balzac avec ses sœurs, elle qui en était fanatique. Je racontai à mes tantes que ma grand'mère lisait, au moment de mon départ de Chauny, *Les deux jeunes mariées*, pour la cinquième fois.

Ma tante Sophie me dicta une appréciation de l'œuvre de M. de Balzac, que je lus à mon retour à ma grand'mère.

Elle s'emporta et me fit répondre en son nom à sa sœur. J'eus ainsi deux leçons contradictoires sur M. de Balzac et j'ai gardé le souvenir de toutes les deux.

Pour ma grand'mère M. de Balzac était « tout un monde ». Par lui, avec lui, on pouvait exclure de son existence la banalité des rapports sociaux. On vivait avec ses héros comme avec des amis; ils étaient en chair et en os. On leur causait, on les voyait; ils peuplaient votre existence, ils vous visitaient.

J'écrivis des pages et des pages à ma tante Sophie sur M. de Balzac. Celle-ci répondit à ma grand'mère et alors commença entre les deux sœurs une correspondance sur la « Littérature du jour » qui me fut communiquée chaque fois qu'elle pouvait l'être, et qui m'instruisit sur beaucoup d'œuvres alors toutes vibrantes d'actualité.

Ma tante et ma grand'mère d'accord en cela blamaient les publications d'Eugène Suë « qui apprenaient au peuple à exécrer les prêtres sous la figure d'un Rodin ».

Ma grand'mère cherchait dans ses lectures des distractions; ma tante y cherchait des réflexions. L'une ne s'intéressait qu'aux aventures des amoureux, l'autre qu'aux formes élégantes dont se revêtait la pensée, qu'aux descriptions de la nature, à la philosophie de la vie. Jamais elles ne se comprirent, ni ne s'entendirent sur une œuvre quelconque.

.
. .

Mes onze ans accomplis je me persuadai que je devenais une jeune fille. Beaucoup de gens me croyaient plus âgée que je ne l'étais, à cause de ma taille et de mon apparence sérieuse. J'avais, à cette époque, des idées très personnelles, quelquefois mûries, et une imagination extravagante, des naïvetés d'enfant et des raisonnements de jeune femme.

Presque tous ceux qui, jusque-là, m'avaient traitée en petite fille, m'appelaient Mademoiselle, et ma grand'mère, dans sa hâte de justifier ce titre, me mit des robes fort allongées, presque longues.

Entre mon retour de Chivres et mon séjour chez mon père, j'étais restée toute une semaine chez ma grand'mère, la tête farcie de « Littérature du jour », ayant maintenant mes opinions sur Mme de Staël et Mme George Sand, sur MM. Victor Hugo, de Balzac, Eugène Suë. J'avais tout un cahier de notes interrogatives pour mon père qui ne m'avait jamais parlé ou que des anciens ou que des écrivains « démo-

cratiques et sociaux » comme il les appelait. Je
mis ces notes en ordre à Chauny et elles
n'étaient pas dépourvues d'intérêt, ayant été
pour la plupart cueillies aux conversations de
mes tantes.

Mon père consentirait-il à discuter avec moi
sur la littérature du jour? Je l'étonnerais par
mon savoir; mais connaissait-il seulement les
auteurs dont je rêvais de l'entretenir? Je me
disais que, puisque ma tante Sophie, malgré son
amour pour Virgile et les latins, n'en était pas
moins très occupée des « célébrités actuelles »,
mon père pouvait bien lui aussi associer le goût
de la littérature à celui de la politique.

Dès que je fus à Blérancourt, je bombardai
mon père de questions. Que penses-tu de
Mᵐᵉ de Staël, de Mᵐᵉ George Sand, de M. Victor Hugo, de M. de Lamartine, de M. de
Balzac?

Ma mère trouvait scandaleux qu'on m'eût
appris à juger des auteurs qu'elle-même connaissait à peine. Décidément toute notre famille
était insensée, jusqu'à mes tantes qu'on lui
avait cependant dépeintes comme de graves
personnes, plus vieillies que modernisées.

Ma mère, si on l'avait laissée m'élever, disait-
elle, eût fait de moi une simple bourgeoise for-
mée pour vivre dans son milieu, pour penser
comme tout le monde, et non une péronnelle

pédante déjà insupportable, déjà déclassée par l'esprit, surchauffant son intelligence à l'âge où il eût fallu commencer à la vouloir rassise.

Mon père dédaignait la littérature de son temps. Il ne répondit à mes questions que par des banalités. Seul Lamartine excitait sa passion dans le sens du blâme, non, comme poète, mais comme historien, et il déclarait que *Les Girondins* étaient le livre d'un « malfaiteur ».

Il admirait Eugène Suë avec une exagération qui eût fait répéter à ma tante Sophie l'un de ses mots favoris : « Il y a des opinions qui sont des crimes. »

« Eugène Suë, disait mon père, est un génie, il délivrera la France de tous les Rodin ; de son œuvre date une ère nouvelle, celle où notre pays sera enfin émancipé de l'Église ; Eugène Suë a pétri la terre glaise qu'est encore le peuple, un autre tirera de ce même peuple le marbre qu'on sculpte. C'est par bonds à cette heure que les événements marchent. Les grands rénovateurs ont préparé les rénovations, les libérations définitives. » Et il ajoutait solennellement :

« Nous allons enfin pouvoir parler des choses que tu ignores et que j'ai à te révéler. Cette fois nul ne m'empêchera plus de former ta compréhension à l'image de la mienne. Tu es en règle avec la religion de tes mères ; je puis te parler de la mienne sans restriction, t'en instruire, t'apprendre d'où vient la lumière à l'esprit et au cœur de l'homme. Elle vient de la nature; elle est réelle parce qu'on la voit, elle est idéale, par l'immensité qu'elle éclaire. »

Dès le lendemain, mon père commença de m'enseigner ce qu'il appela mon nouveau catéchisme et il m'en dicta les principaux articles. En voici quelques feuilles gardées :

« Le culte de la nature que nous avons reçu des grecs, les seuls qui aient pénétré ses mystères jusqu'en leurs profondeurs, culte que les traditions nous ont transmises à travers les siècles, sans interruption, que Jean-Jacques nous a fait comprendre dans d'admirables formules, dont Bernardin de Saint-Pierre nous a donné la sentimalité, est le culte vrai.

« Nature, science, humanité, ce sont les trois termes de l'initiation. La nature d'abord, elle qui domine tout, puis les révélations de cette nature, révélations qui sont la science, c'est-à-dire le phénomène éclairé en soi, observé par l'homme, et enfin l'appropriation de ce phénomène aux utilisations sociales.

« Les temps marchent, la lumière se fait, la nature s'offre de plus en plus à nous, l'avenir s'illumine. Tout se rapproche, tout fraternise, la nature, que le christianisme dit ennemie, se livre tout entière à l'homme pour l'aider à parcourir la terre à la vapeur, à interroger les astres, à découvrir intacts les vestiges des temps disparus qu'elle lui a conservés.

« Si le christianisme a essayé de briser les liens de l'homme et de la nature, Jésus, l'immortel Jésus a rapproché les hommes entre eux. Il leur a dit : Vous êtes frères, il n'y a pas de caste, pas de race, pas de religion, pas d'histoire, pas de science, pas d'art, pas de morale qui ne soient le patrimoine universel de l'humanité. »

« Il me semble, répétait mon père, que ma vie est quintuplée quand je songe à la beauté des choses, aux harmonies qu'on peut découvrir là où tant d'aveuglés ne voient que des antagonismes. Une seule époque peut être comparée aux temps actuels, celle de la naissance du christianisme. Jésus, qui apportait les formules républicaines d'égalité et de fraternité, prêchait la bonne parole aux foules comme nous la prêchons. Bientôt, nous aussi nous deviendrons des apôtres. Jésus a délivré ce qu'il appelait les âmes, nous délivrerons la personne sociale en ajoutant à l'égalité, à la fraternité, la liberté.

« Un Ledru-Rollin, un Louis Blanc, sont les continuateurs du christianisme. Il faut que le pauvre, que l'homme ayant conquis ses droits à la grande Révolution, impose le devoir aux classes supérieures ; que le travailleur ait droit au travail et que le riche ait le devoir de lui fournir ce travail. Le droit au travail est le plus absolu des droits, mais non le seul. Le dernier des miséreux, parce qu'il a la qualité d'homme, a droit à l'instruction, et dispose de sa part de gouvernement. Il n'y a pas d'erreur dans la nature, il n'y a pas de perversité dans l'homme, le mal ne vient que de la société qui accumule les erreurs et les sophismes pervers. C'est donc à la société que les forces rénovatrices de l'avenir s'attaqueront et à la bourgeoisie qui gouverne cette société à son profit exclusif. Juliette, Juliette, je veux faire de toi une ardente prêtresse du bien général, du bonheur de l'humanité. Je ne sais pourquoi il me semble que ton cœur pourra comme le mien se passionner pour le relèvement des masses ; tu parles à un ouvrier, à un paysan, à un pauvre, comme à des frères.

« Moi, vois-tu, j'aime les petits, j'aime ceux qui sont les derniers dans la vie, plus que moi-même ; le spectacle de celui qui souffre, qui lutte, que tout accable, torture mon cœur. Il faut donner tout de soi à ceux qui n'ont rien. Quand nous serons beaucoup à penser ainsi il n'y aura plus de maux qui ne soient soulagés, plus de misères qui ne soient secourues. Tous les malheureux n'ont que les tares du malheur, les infériorités de leur infériorité sociale.

« Un homme riche et supérieur qui a des défauts est coupable, celui qui a des vices est un monstre, tandis que les déshérités qui ont des défauts et des vices ont toutes les excuses, ont droit à toutes les absolutions.

« Donner son indulgence, son aide, son amour aux misérables, voilà la vraie religion, non celle de la charité limitée, circonscrite au secours matériel, mais celle de l'humanité. »

Mon cœur se fondait à ces paroles, et comme mon père mettait toujours d'accord ce qu'il disait avec ses actes, il remuait toutes les fibres de mes sensibilités.

« Il n'y a que la République qui puisse apporter à l'homme le plus grand des biens, la forme de ses droits et de ses devoirs, disait mon père, qui puisse permettre la libre expansion de ses facultés de bienfaisance humaine, qui puisse distribuer l'instruction sans réserve, imposer l'éducation par l'exemple.

« Les principes républicains socialistes dotent tout individu, tout citoyen, d'un dogme de fierté qui assure sa valeur morale. Si l'on est républicain socialiste, on recherche en soi ce juste équilibre du jeu des facultés qui n'opprime en rien le jeu des facultés des autres. »

Et c'étaient des prédications sans fin.

La conviction, la foi sincère, la certitude absolue qu'avait mon père de la vérité de ses idées, lui donnait une chaleur de persuasion à laquelle ne pouvait résister une enfant de onze ans qu'il traitait en disciple bien aimée.

Mon père me remit avec solennité un soir un petit guide ayant pour titre : « Vingt et un courts préceptes sur les devoirs du parfait républicain socialiste » que n'eût pas renié Saint-Paul. Il l'avait composé pour moi et pour ses prosélytes paysans et ouvriers.

*
**

J'étais fort joueuse, mais cependant comme je prenais mon rôle de disciple républicain socialiste au sérieux, je profitais, comme mon père lui-même, de toutes les occasions pour prêcher.

Le soir, après notre dîner qui se faisait très tôt, sur la grande place ornée de tilleuls, s'étendant sous les fenêtres de notre maison, tandis que nos mères causaient assises les unes auprès des autres, les enfants du quartier se réunissaient, et gamins et gamines, un peu loin, moi en tête, nous jouions à la Révolution.

Les filles et les fils des pères que mon père avait « convertis » me prêtaient main-forte et les tièdes ou les ignorants finissaient toujours par être brossés ou enrégimentés.

Mon père n'oubliait pas, en me bourrant de politique, d'entretenir ma passion pour la nature, dont il me divinisait les moindres manifestations. Il se plaisait à me prouver qu'il était inutile pour l'homme de chercher au delà de la nature les chimères insaisissables, l'infini que notre fini ne peut concevoir, l'immatériel que notre matérialité ne saurait s'expliquer avec *sens*, et il appuyait sur ce mot ; il me dévoilait toutes les petites et les grandes lois de la vie et du mouvement, celles qui règlent aussi splendidement la marche du grand univers que celles qui gouvernent les fourmis, aux mœurs desquelles il m'avait initiée.

Les plus hautes démonstrations par les fourmis, si influentes qu'elles fussent sur mon esprit, me faisaient toujours rire, et voici pourquoi :

Notre vieille voisine Mme Viet n'avait pas d'autre occupation dans la vie que celle de détruire les fourmis, d'autre conversation que les « frumions », c'est le nom des fourmis en patois picard, qu'elle avait « ébouillantées » dans la journée ou écrasées, dont elle recueillait les cadavres quand elle le pouvait pour les additionner soit en imagination soit en réalité.

Dès qu'on l'apercevait dans sa cour en ouvrant la porte d'un puits mitoyen, après un bonjour rapide, elle vous entretenait longuement de ses « frumions ». Dans tout le quartier, et entre soi on parlait chaque jour goguenardement de la quantité de « frumions » détruits par Mme Viet.

Sa petite-fille, fille d'un grand fermier des alentours, était l'une de mes amies de pension de Chauny et passait chaque semaine quelques jours chez sa grand'mère durant les vacances. Elle était la première à rire des fourmis de sa grand'mère.

Lorsque j'allais voir la sœur de Saint-Just, Mme Decaisne, et le Chevalier, ils me demandaient toujours en entrant des nouvelles des « frumions » de notre voisine. Plus elle en détruisait plus il en renaissait. C'était à croire qu'on lui en apportait la nuit dans sa cour.

Nous avions des ruches d'abeilles. J'observais avec admiration leur travail coutumier, toujours le même, et qu'à des milliers d'années en arrière mon vieil Homère avait chantées. Mon père, pour me prouver que bêtes et gens sont ce que les font la bonté et l'éducation, m'amena peu à peu à apprivoiser mes abeilles. Je leur apportai du sucre, des fleurs, et elles ne me piquaient jamais.

« C'est parce que tu les aimes, me disait mon père. Elles le savent bien, va. »

Je chérissais mes abeilles de Blérancourt comme mes pigeons de Chauny, et je connaissais leurs mœurs, leurs travaux, leurs goûts, leur organisation. Je leur parlai même, et elles me comprenaient comme mes pigeons.

« Tu le vois, me disait mon père, la nature suffit bien aux besoins d'observation, de sociabilité, d'amour, qui est dans l'homme. Il est lui-même de toute la vie de l'univers le reflet conscient. Si tu as besoin d'adoration, adore le soleil, le Dieu qui t'éclaire, qui t'enveloppe de sa chaleur, qui t'illumine, sous les rayons duquel tout germe, tout naît, tout palpite. »

Et sous la pression puissante et incessante de l'esprit de mon père, je ne voyais et ne regardais plus toute chose que comme il les voyait et les regardait lui-même.

Qui m'eût parlé alors d'apostolat, de sainteté, ne m'eût fait penser qu'à mon père. Sa charité, sa bonté, étaient sans limites.

*
* *

Je ne voulais pas retourner à Chauny et rentrer à ma pension installée maintenant à la place de mon pauvre bien-aimé jardin. J'avais supplié mon père de retarder, sous des prétextes d'études, mon départ de Blérancourt. Il me faisait un cours d'histoire grecque qu'il voulait terminer. Il me perfectionnait comme « poète », et

les vers que j'envoyais à ma grand'mère, qui
raffolait de poésie, étaient trouvés très supérieurs
à mes premiers essais par Blondeau et par
mon ami Charles. Je gagnai ainsi la Noël, et
l'empreinte républicaine, l'empreinte païenne,
devenaient chaque jour plus marquées en moi.
Les idées de mon père trouvaient un terrain
déjà tout préparé par l'hérédité. Et puis qui
eût pu résister à tant de chaleur de cœur, à une
passion du beau et du bien si ardente?

L'hiver commença dès la fin d'octobre, très
rude, et sur les routes nous rencontrions tant de
malheureux mal vêtus que mon père et moi
nous nous en voulions d'avoir de chauds vêtements et que plus d'une fois nous rentrions sans
couverture, sans souliers. Ma mère, qui cependant était charitable, elle aussi, mais raisonna-
blement, ne donnait que ce qui était usé; aussi
faisait-elle des scènes violentes à mon père et me
grondait-elle fort d'être aussi insensée que lui.

Liénard m'avait rendu intacte ma grosse
bourse de voyage, me priant de lui permettre
de m'offrir les petits objets achetés avec lui
dans les magasins de Boulogne-sur-Mer. Cet
argent nous servit beaucoup pour nos pauvres,
mais il fut vite épuisé.

Mon père eût dévoré des millions s'il les avait
possédés. On ne pouvait lui confier une somme
d'argent sans qu'il la distribuât sur l'heure.

C'était à Liénard que ma mère avait envoyé
l'argent du tilbury amassé difficilement par
elle, sachant bien que si elle le confiait à mon
père il trouverait moyen de le donner et de ne
pas remplacer sa vieille voiture. Cependant, il
en désirait beaucoup une neuve, l'ancienne
étant par trop lourde quand les roues étaient
couvertes de boue, ce qui arrivait huit mois de
l'année dans les mauvaises routes qui entouraient alors Blérancourt.

Ma mère ne laissait jamais d'argent à mon
père; mais si ses malades faisaient peu de notes
chez le neveu de Saint-Just, Decaines le pharmacien, en revanche ma mère avait des sur-
prises pénibles pour sa maigre bourse, quand
à la fin du mois, elle payait le boucher, le bou-
langer et l'épicier. Avec cela mon père trouvait
toujours que les gens étaient trop pauvres pour
qu'on leur fît payer ses visites.

S'il ne s'enrichissait pas, il grandissait en
influence, et ses prosélytes républicains se
comptaient par centaines. Blérancourt devenait
un foyer d'agitation violente. On y lisait les
brochures les plus révolutionnaires, et comme
il s'y tenait chaque mois une très grande foire,
la pénétration des idées de mon père se faisait
dans tous les villages environnants, la propagande devenait de plus en plus active. On n'entendait parler que de réformes, de progrès,

d'abaissement du cens, d'accession, non seulement des capacités, mais des classes inférieures à la vie politique.

Bien entendu, dans mes lettres à ma grand'-mère, je lui faisais part, le plus habilement possible, de mes opinions nouvelles, mais seulement républicaines et naturistes. Sans les discuter, elle me répondait qu'elle était inquiète, que, d'abord républicaine, je deviendrais sûrement socialiste, et de « naturiste » païenne, athée comme mon père, que c'était la logique d'une telle éducation et que je n'y échapperais pas plus qu'une autre. Elle ajoutait que mon père se montrait déloyal envers elle en tuant l'esprit qu'elle avait mis en moi.

Dans les premiers jours de décembre une correspondance, aigre d'abord, puis violente, s'échangea à mon propos entre mon père et ma grand'mère. Elle déclarait ne pas admettre que mon retour ne se fît qu'à Noël, qu'elle s'était assez longtemps privée de ma présence, que j'étais sa seule raison de vivre et qu'elle me voulait à la fin de la semaine dans laquelle nous entrions.

« Si vous ne me la rendez pas, écrivait ma grand'mère, je dénature ma fortune, vous n'en aurez rien et Juliette pourra courir après la dot que vous lui économiserez. »

Et mon père de répondre :

« Je la prépare pour être mariée à un ouvrier ! »

Lorsque mon père me parla de cette réponse, je lui dis :

« C'est pour rire, n'est-ce pas?

— Non, me répondit-il, ce serait mon rêve.

— Ce n'est pas le mien, répondis-je sèchement. Je donnerais ma vie pour notre cause, mais je n'ai aucun goût pour la lente torture des déclassés.

— Juliette !

— C'est ainsi, « papa », et je ne me marierai jamais, jamais, entends-tu, à un inférieur.

— Et l'égalité !

— Des droits ! papa, j'y crois de toute mon âme, mais des manières, des façons d'être, ah ! ça non, par exemple. »

Tandis que mon père s'irritait, je boudai.

Dans l'après-midi une voiture de bois fut déchargée devant notre porte. La neige menaçant de tomber, mon père, ma mère et moi nous aidâmes à rentrer ce bois. A un moment, comme je me baissais pour prendre ma brassée, mon père soulevant un morceau me porta un coup si douloureux que je jetai un grand cri. Quand je me relevai, ma tempe, mon œil gauche, étaient inondés de sang. Mon père crut m'avoir crevé l'œil et il eut un véritable accès de folie, son seul défaut étant une violence telle que dans un de ses accès il avait tué un chien qu'il adorait, et qu'un jour il fallut lui arracher des mains l'un de ses beaux-frères aussi grand et aussi fort que lui qu'il assommait, parce que ce beau-frère avait malmené sa femme, sœur de mon père.

Il brandissait son morceau de bois, terrible, criant :

« J'aime mieux une fille morte qu'une fille borgne. Je veux la tuer et me tuer après. »

Ma mère en vain s'accrochait à lui. Le jardinier essayait de lui arracher des mains son morceau de bois. Je souffrais, j'étais aveuglée, je me croyais, moi aussi l'œil, crevé... Je n'avais pas peur de la mort, mais j'avais peur que mon père commît le crime de me tuer et de se tuer après.

Le moment pour moi fut horrible, je restai inerte... mais, tout à coup, voyant que mon père allait échapper à ma mère et au jardinier, je m'élançai dans la maison et je tins fermée de toutes mes forces quintuplées la porte qui devait séparer mon père de son « crime ».

Ma mère ne savait que crier à mon père qu'il allait mériter l'échafaud, déshonorer sa famille. Blattier, le jardinier, répétait :

« Monsieur Lambert, un homme bon comme vous, vous n'allez pas faire un malheur ! »

Je me dominai, et d'une voix calme je dis à mon père à travers la porte :

« Papa, c'est entendu, tu me tueras, mais

laisse-moi deux minutes pour aller laver mon œil et voir si vraiment il est crevé. »

Je quittai la porte… elle ne s'ouvrit pas ; mon père qui se battait contre la terreur des supplications fut stupéfait d'entendre une voix calme. Il laissa, paraît-il, tomber son morceau de bois, se rejeta contre le mur du corridor, et des hoquets de douleur, des cris, des sanglots, parvinrent jusqu'à moi tandis que je lavais mon œil dans mon petit cabinet de toilette.

Mon émotion lorsque je relevai ma paupière fut grande. J'avais le sourcil ouvert, mais je voyais. Je pliai un mouchoir que j'appliquai mouillé sur ma blessure, le maintenant de la main, et je courus vers mon père. Je le regardai de mes deux yeux durement. Je lui en voulais des violences qu'il ne parvenait pas à dominer, et je savais qu'il m'eût tuée sans mon sang-froid à moi, une enfant.

« Tu le vois, mon œil n'est pas crevé, dis-je avec sécheresse. Il eût été inutile de me tuer. J'ai le sourcil fendu et je vais chez Decaisne me le faire panser.

— Juliette, me crièrent mon père et ma mère. »

Je ne les écoutai pas et je courus chez Decaisne. Je lui contai que je venais de me blesser et que mon père avait une telle émotion qu'il n'avait pu me panser.

Ma grand'mère arriva le lendemain pour me chercher. Je n'avais pas adressé à mon père une seule parole, ni répondu à aucune des siennes, trouvant qu'il méritait un blâme sévère et une leçon un peu cruelle.

Ma grand'mère ne sut jamais rien de cette lamentable aventure, mais elle me trouva fiévreuse. Je lui fis, devant mon père, le récit le plus simple du monde sur ma blessure. Elle trouva tout naturel qu'une porte se soit brusquement refermée sur moi comme je le lui affirmai. Mon père souffrit atrocement de mes mensonges protecteurs. Je crois qu'il eût préféré à ma calme indulgence une scène de violents reproches.

Je le quittai en l'embrassant du bout des lèvres. Des larmes coulèrent le long de ses joues, ce qui lui valut une étreinte passionnée de ma grand'mère.

« Allons, partageons-la, mon fils, dit-elle. Nous en avons chacun la moitié, car elle n'est qu'à nous deux. »

Ma mère m'en voulut à moi de ces mots :

« Tu as l'habileté de te faire aimer, toi, murmura-t-elle à mon oreille, en m'embrassant avec froideur, mais je ne vois pas ce que tu gagnes à l'exagération d'amour que tu inspires. Rappelle-toi le morceau de bois. »

Ma grand'mère montait en voiture. Mon

père entendit les derniers mots de ma mère, et
un moment fut repris par sa violence, mais il
se calma aussitôt, et me dit, en m'embrassant
avec tout son cœur, très bas :

« Juliette, ma fille adorée, pardonne-moi. »

Quand j'étais auprès de mon père, ma
grand'mère me manquait. Je me sentais comme
privée de gaieté, de fantaisie, d'imprévu, de
tendresse gracieuse, de maternité. L'esprit de
mon grand-père m'amusait, me reposait, le
dévouement de Blondeau, l'admiration de
mon ami Charles, me devenaient une privation ;
mais dès que j'étais près de ma grand'mère, je
me sentais orpheline pour ainsi dire. J'étais
nerveuse, j'avais l'esprit vide, je m'étourdissais,
je devenais plus enfant, plus amollie, moins
forte pour soutenir la « lutte de la vie », phrase
dont mon grand-père abusait, dont-il faisait
une scie à tous propos.

Ces « luttes de la vie » venaient parfois si
drôlement dans la conversation, qu'elles nous
faisaient presque toujours rire ; mais je me
disais à part moi bien souvent qu'elles existaient,
ces « luttes de la vie », et qu'elles n'avaient rien

de gai ; n'en avais-je pas déjà soutenu quelques-unes? Le souvenir de la scène de violence de mon père, scène si tragique, m'impressionnait beaucoup plus lorsque je l'évoquais que dans le moment même où je l'avais subie. Quant à l'idée baroque, insensée, que mon père avait eue de me marier à un ouvrier, elle ne quittait pas mon esprit.

J'avais bien songé quelquefois à une chaumière, à une ferme, mais avec un Monsieur pour mari, jamais à un « logement » avec un métier de tisserand, ou un établi au milieu et y attendant « l'homme » qui revient après avoir « reporté son ouvrage » ou terminé sa « journée ».

Je ne pouvais douter de mon amour profond et croissant pour le peuple, amour qui eût été, il me le semblait du moins, aux jours d'entraînement jusqu'à sacrifier ma vie pour sa cause ; je voulais bien l'aider, le servir, mais en faire partie, moi que des générations avaient ascensionnée au-dessus de lui, cela non.

Je me répétais le mot de Saint-Just que sa sœur m'avait souvent redit en me parlant de l'élégance du jeune jacobin « ami du peuple ».

« Je veux élever le peuple jusqu'à moi, le voir vêtu un jour d'habits semblables aux miens, mais je ne veux pas m'abaisser jusqu'à lui, ni me vêtir de son sayon bleu. »

Mon père, au contraire, affectait de revêtir
le sayon gaulois, la blouse du paysan et de l'ouvrier. Il avait échoué auprès de ma mère qu'il
eût voulu voir s'habiller en femme du peuple.

Certes, quand j'étais auprès de mes tantes,
j'endossais gaiement le costume des paysannes,
qu'elles-mêmes portaient depuis de longues
années, mais mes tantes ne voyaient personne,
étaient retirées du monde et restaient des
dames. Ce n'était pas pour être peuple qu'elles
avaient adopté cette façon de s'habiller. Leur
manière d'être, de causer, de s'instruire, de
vivre, gardaient les raffinements de leur caste.
Le contraste voulu et cherché par elles leur
plaisait parce qu'il était champêtre, et leur rappelait Trianon ; celui cherché par mon père eût
plutôt évoqué les tricoteuses.

Une discussion s'étant élevée sur ce sujet un
jour entre mon père et moi, je lui dis que je
désirais bien plutôt voir les « bonnets blancs »,
c'est ainsi qu'on appelait alors les paysannes
en Picardie, porter des chapeaux pareils au
mien, ce à quoi elles trouveraient certainement
grand plaisir — quoique à cette époque une pareille prévision parût impossible, — que je ne
désirais porter leurs bonnets.

Malgré ces réserves ou plutôt malgré notre
manière différente de comprendre l'égalité que
je concevais ascensionnelle et non abaissante,

je restais en accord avec mon père sur les fermes principes républicains et sur le programme démocratique et social accepté par moi. Je ne quittai ni ne reniai mon petit cahier où les « vingt et un principes » de l'avenir étaient inscrits.

A ma mère, à ma grand'mère, qui reprochaient à mon père de forcer mes idées naissantes, de les faire mûrir trop hâtivement, il répondait :

« Elle pensera ce qu'elle voudra plus tard. Ou ce que je lui enseigne la satisfera, comme cela me satisfait, et c'est possible puisqu'elle me ressemble à moi plus qu'à tout autre membre de sa famille, ou elle secouera mes idées comme j'ai secoué un beau soir les enseignements du séminaire.

La fin de 1847 fixa en moi les convictions politiques que j'ai gardées sans modifications durant plus de trente-cinq ans. Le grand savoir de mon père, sa bonté immense, son amour du peuple, son désintéressement qui comblaient le vide de ses conceptions, firent longtemps de moi son disciple.

Il croyait et il faisait croire que le peuple possédait à l'état latent toutes les vertus, qu'il suffirait de le mettre en possession de tous ses droits politiques et sociaux pour qu'il se montrât digne des uns et des autres.

Il y avait dans l'enthousiasme de mon père pour « les masses », en même temps que l'affirmation d'un idéal puissant, une grande naïveté, je le reconnais, hélas ! aujourd'hui. Notre sentimentalisme n'était pas fait de sensiblerie, mais d'une foi vaillante en la nécessité de la justice, et de la proportionnalité des faveurs sociales. Contribuer au bonheur du peuple, des peuples, entraînait pour nous, « bourgeois », une part de sacrifice qui n'était pas sans générosité et sans grandeur.

La croyance en la fraternité universelle, l'espoir d'une participation de chaque peuple à la libération de tous les peuples, développaient les plus belles des qualités, celles de l'abnégation et de l'héroïsme chez les hommes qui allaient être ceux de 1848.

Dire qu'il entrait des idées pratiques, réalisables, dans les esprits des révolutionnaires de 1847, certes non, puisqu'une jeune personne de onze ans et demi comme moi pouvait être initiée à tous les projets de la Révolution, les comprendre, s'en enthousiasmer, en prêcher l'accomplissement. Ces projets avaient donc quelque chose d'enfantin.

.

Ma grand'mère prêchée et reprêchée par moi, séduite par le sentimentalisme des idées de régénération, prise par le côté honnête du caractère des libéraux et des républicains unis alors, commençait à trouver corrompus les « sicaires de la royauté », et Louis-Philippe par trop réfractaire aux réformes et aux progrès. Elle se laissait peu à peu convaincre.

Blondeau, quoique fonctionnaire, pensait comme moi.

Mon grand-père, avait reçu de son comité napoléonien l'ordre de ne pas s'effrayer du socialisme, au contraire, et il approuvait, il appuyait mes opinions les plus excentriques.

Mon père, à mon grand étonnement, prenait mal la demi conversion de ma grand'mère. Et moi qui croyais qu'il s'en réjouirait !

« Si les bourgeois bourgeoisant, hier royalistes, deviennent républicains, alors quand nous aurons la République ils la fausseront et la royaliseront. Il vaut bien mieux que nous allions lentement et formions, selon nos principes, des générations nouvelles, que de rallier des éléments qui feront une république bourgeoise et égoïste au lieu d'une république démocratique et sociale, c'est-à-dire généreuse. Je vois déjà, ajoutait mon père, le mal que fait M. Odilon Barrot. »

Et il renversait la phrase de mes tantes qui, elles, accusaient M. Ledru-Rollin de fausser la campagne des banquets réformistes, tandis que mon père accusait M. Odilon Barrot, de détourner cette campagne de son but.

Mon père se passionnait chaque jour davantage pour ses idées qui devenaient de plus en plus intransigeantes. Est-ce cela qui contribuait à sa violence? mais lorsqu'il s'entretenait avec ses amis et même avec moi de l'avenir, il parlait sans cesse du flot qui montait et qu'on ne pourrait bientôt plus endiguer.

« Les principes se heurtent, tout est choc à cette heure, nous mêmes sommes impuissants à trouver des logiques dans nos cerveaux, et le pays est en enfantement de monstres, disait mon père. Tout est anormal parce qu'il s'élabore à la fois trop de choses. Il y a de telles appétences de réformes, qu'elles dépasseront, lorsqu'on fera la première tout ce qu'on a pensé. C'est pour cette raison que le roi Louis-Philippe s'obstine, non sans raison pour sa sécurité, à n'en vouloir aucune. Et moi-même, ajoutait mon père, est-ce que la réforme électorale me suffira, est-ce que l'adjonction des capacités

peut me satisfaire? Qu'est-ce que je veux?
Tout saper comme mon maître Proudhon dans
ses « contradictions économiques », ou tout
renouveler avec mon maître Victor Considérant
comme il est dit dans ses « Principes du socialisme, manifeste de la démocratie au dix-neu-
vième siècle », ce que je désire ardemment, ce
qu'il faudrait à tout prix, sans quoi nous nous
affolerons, nous exigerons de la Révolution des
réformes qui ne seront ni étudiées, ni mûries,
ni viables, ce serait de faire quelque part, en
un lieu quelconque, une expérience du socialisme, de l'association, de la vie commune, un
phalanstère; alors on verrait quelles sont les
possibilités du remaniement social. »

*
* *

J'avais réintégré ma pension malgré la torture que j'en éprouvai. Maribert heureusement
n'était pas revenue. Peu à peu, je reprenais mon
influence, les événements politiques se pressant
et préoccupant mes jeunes amies initiées par
moi à l'importance de « ce qui se passait ».

Même en province l'entêtement du roi Louis-
Philippe, celui de M. Guizot, l'insuffisance d'une
Chambre servile, d'une majorité achetée, irri-
taient l'opinion. Tout le monde répétait, et nous

surtout, les jeunes personnes politiques de la pension de Mlles André : « L'heure des réformes a sonné ! »

On disait que le roi Louis-Philippe affectait de ne rien craindre, de se moquer de M. Odilon Barrot et de M. Ledru-Rollin.

On parlait beaucoup d'un banquet qui devait avoir lieu à Paris dans le Ier arondissement, des cris séditieux déjà poussés, nous disions toutes des cris de délivrance. Nous murmurions chaque jour très bas en nous serrant la main : « Vive la Réforme ! à bas Guizot ! »

Le peuple, le grand peuple, nous le savions, nous le répétions, « s'agitait dans ses masses profondes ».

Et voilà qu'un beau jour nous apprenons qu'on a massacré ce peuple inoffensif, faisant une démonstration purement légale, que le roi Louis-Philippe, après deux essais de ministère, que la duchesse d'Orléans, après un semblant de réalisation de Régence, sont en fuite, puis, coup sur coup, que le peuple a dressé des barricades, que la garde nationale a été héroïque, que la République est proclamée !

La République ! et quelle République ! celle de mon père, la mienne, celle qui reconnaissait au peuple, à sa première heure, le droit au travail !

Ce droit, la République venait de le garantir,

et les délégués du peuple avaient eu un mot digne de l'antiquité grecque :

« Le peuple a trois mois de misère au service de la République. »

Ce peuple, disait la *Démocratie pacifique*, a été admirable, il s'est montré digne de toutes les libertés. Il a prouvé sa maturité morale. Pas un vol, pas une attaque aux propriétés n'ont été commis. Des loqueteux ont placardé dans les corridors du Palais des Tuileries qu'ils gardaient : Mort aux voleurs ! Ils ont protégé les trésors de la Banque.

Ainsi la France encore une fois marchait à la tête des nations et donnait à nouveau l'exemple de sa grandeur nationale.

Mon père accourut le 26 février. Il ne pouvait tenir à Blérancourt. Il lui fallait me communiquer sa joie.

Ma grand'mère ne se montrait pas autrement inquiète de la Révolution.

Mon grand-père rugissait. Il avait cru que le renversement de la dynastie orléaniste ne pouvait se faire qu'au profit de Louis-Napoléon. Il s'en prit au premier triomphateur, au premier républicain qui lui tombait sous les griffes, à son gendre, à sa République stupidement démocratique, et nul de nous ne put l'obliger à la retraite. Mon père riait, ma grand'mère souriait, moi, je dis :

« Ah! mon pauvre grand-père, avec notre République, ton Bonaparte est bien malade, si socialiste qu'il ait fait semblant d'être. »

Je me rappelle qu'à la fin du dîner de ce 26 février, mon grand-père, qui, pour se consoler, avait ajouté quelques bouteilles de son petit mâcon à sa consommation habituelle, nous dit, en nous regardant avec ses yeux plus ronds encore qu'à l'ordinaire.

« Eh bien! moi, je vois clair comme le jour dans l'avenir.

— Grand-père, il est huit heures du soir.

— Je vois votre République, entendez-vous, Lambert? entends-tu, Juliette? f...chue par terre par mon Bonaparte. Je vous le crie, je vous le hurle. Les Révolutions, voyez-vous, ça finit toujours par des Empires. »

Ma grand'mère, Blondeau, et surtout mon père et moi, nous riions... comme des fous!

A ma pension, quelle émotion, quelle curiosité, quelle frayeur! La moitié des élèves manquaient. On s'était calfeutré. Une Révolution, cela pouvait gagner la province. Les ouvriers de la manufacture des glaces étaient pour la République. N'allaient-ils pas la proclamer à Chauny, faire eux aussi la Révolution, piller, peut-être?

Le 27, Mlle André et sa sœur cadette me firent demander dès mon arrivée. Elles connaissaient les opinions de mon père depuis longtemps et un peu aussi les miennes. Elles se mirent pour ainsi dire sous notre protection.

« Eh bien, Juliette, votre père doit être content, lui qui a toujours été républicain. L'avez-vous vu?

— Oui, mesdemoiselles, il est venu hier et il est dans la joie. Il dit que la France va enfin être digne de son histoire, qu'elle va se gouverner elle-même, que toutes les nations de l'Europe vont nous admirer et peut-être faire comme nous, que c'est l'avènement du peuple, du vrai peuple, celui qui n'est pas corrompu comme le bourgeois, et qui...

— Assez! répliqua sèchement Mlle André l'aînée. J'espère que vous garderez pour vous, Juliette, les belles théories de votre père. Je vous défends d'en parler ici.

— En classe, mademoiselle?

— En classe et aux récréations? »

Je regardai Mlle André bien en face. J'étais presque aussi grande qu'elle et je répondis :

« Cela, mademoiselle, je ne vous le promets pas, car nous sommes beaucoup de républicaines à la pension, et l'on ne peut nous défendre de parler de la République et de l'aimer.

— Mais la France n'a pas accepté votre République, répliqua Mlle Sophie.

— Elle l'acceptera, mademoiselle, parce que le peuple votera cette fois. »

Mlles André étaient partagées entre plusieurs sentiments : l'impérieux désir de me faire taire et je le compris au ton dont Mlle Sophie me dit : Juliette ! la tristesse d'être dure pour la fille d'une amie et enfin la crainte d'irriter des républicains.

« Quand vous reverrez votre père, Juliette, vous lui direz de notre part combien nous souhaitons que sa République calme la France, au lieu de la troubler. »

Je fis ma révérence, et je rentrai dans ma classe. Des yeux curieux m'interrogèrent. Je répondis par signes qu'il venait de se passer « une grande affaire »! Aucune de mes compagnes n'ignorait mon appel au salon par « mesdemoiselles ».

J'avais une cocarde tricolore épinglée à l'intérieur de mon corsage. Je la détachai et la plaçai dans le creux de ma main sous le couvercle à demi soulevé de mon pupitre. Je la montrai et la glissai à ma voisine qui répéta la manœuvre. En un instant, ma cocarde fit le tour de notre longue table, et me revint sans que notre sous-maîtresse l'eût aperçue. Mes compagnes étaient renseignées. « Mesdemoiselles » m'avaient parlé de la République! La classe fut très houleuse, nous étions toutes agitées et distraites. Pas une de nous n'avait appris ses leçons et fait ses devoirs. On n'entendit qu'un genre de réponse :

« Mademoiselle, je n'ai pas eu le temps d'apprendre mes leçons, à cause de la République.

— Mademoiselle, je n'ai pas eu le temps de travailler, à cause de la République !

— Je me demande en quoi la République peut vous intéresser, nous dit notre sous-maîtresse du ton le plus dédaigneux du monde et en haussant les épaules. »

On entendit une voix, dans le grand silence, c'était la mienne, répondre :

« Mademoiselle, la République, mais elle nous passionne. »

Un murmure approbateur me soutint. « Mademoiselle » ne répondit pas. Elle me regarda stupéfaite et il lui passa par l'esprit, je le vis bien, que si j'osais la braver ainsi, c'est que je m'en croyais le droit.

La sortie de la classe ressembla à une petite émeute.

C'était notre République, nous l'avions, nous, les frondeuses ! le roi en exil, les républicains, les démocrates au gouvernement, nous triomphions tout simplement. Questionnée, entourée, je ne savais à laquelle de mes compagnes entendre.

« Qu'est-ce que « Mesdemoiselles » t'ont dit ? »

Je racontai la scène et, pour un peu, on m'eût décerné une couronne civique. A la bonne heure ! voilà du courage, de la fermeté, c'est ainsi qu'il fallait dire ; la réponse vraiment républicaine a été ce qu'elle devait être !

Je répétai toutes les paroles de mon père à mes amies. Cette république était mirifique, nous allions avoir la liberté complète, plus d'autorité. Sans doute, et surtout dès la première heure, il ne fallait pas être insolente envers nos maîtresses, mais nous pourrions très vite leur faire sentir que si nous étions plus jeunes qu'elles, moins instruites, la république nous reconnaissait leurs égales.

Que de raisonnements, que de projets, que de façons d'entendre le gouvernement. Moi je voudrais ceci ! moi je voudrais cela ! Nous voulions toutes tant de choses si différentes qu'il fut solennellement convenu que nous, les initiées, les frondeuses, aujourd'hui les républicaines, nous ferions chacune notre programme, que ces programmes seraient lus le lendemain à la récréation, et qu'on voterait pour choisir le système de gouvernement qui nous paraîtrait le meilleur. Notre jeune esprit était farci des mots qui couraient alors.

Mais l'adjonction des capacités était décidément une réforme insuffisante ; là-dessus pas une hésitation. Il fallait que tout le monde votât, les hommes, les femmes, surtout les élèves des pensions. Nous avons conçu là le suffrage vraiment universel et nous fûmes plus tard convaincues que nous seules en étions les inventeurs.

L'ouverture des ateliers nationaux plut à mon père. Il m'écrivait qu'enfin le peuple allait être heureux, que cent mille citoyens étaient nourris par l'État, travaillaient pour lui. Il croyait à cette époque, comme tout le monde, que Louis Blanc dirigeait de façon occulte la fondation et l'organisation des ateliers nationaux, et sa confiance s'en augmentait.

« Tous les peuples nous admiraient, tous nous imiteraient, ajoutait mon père, à la fin de sa longue lettre. La république allait armer chaque Français pour que tous soient prêts à concourir à la délivrance des nations.

Mon père vint nous revoir en mars. Hélas! déjà il se montrait fort inquiet, l'Assemblée nationale étant pleine de réactionnaires. La Montagne ne prenait aucune autorité. La république, il est vrai, avait surpris tout le monde, rien n'était préparé et on bâclait certaines réformes, on précipitait certaines mesures, mais les sentiments de tous les républicains étaient si nobles, si fiers, si désintéressés, il y avait chez eux une telle croyance dans le bien, dans la justice, dans le divin de la voix du peuple, qu'il fallait ne pas trop souffrir des hésitations, ne pas être trop sévère pour les fautes déjà commises.

Le pire, aux yeux de mon père, c'est que le monde entier nous regardait et que le rêve de république, de fraternité universelle, ne pouvait se réaliser que si la République française donnait vite et définitivement les exemples qu'elle devait donner.

Mon père venait d'être nommé maire de Blérancourt. Ses disciples, ses partisans, n'eussent pas admis qu'un autre que lui eût en main le pouvoir, si petit fût-il, et la possibilité de réaliser tout ce que son enthousiasme et sa générosité promettaient pour la République.

Ma grand'mère et moi nous vînmes à Blérancourt voir planter l'arbre de la Liberté. Ce qui nous déplut ce fut la blouse bleue que mon père avait mise pour aller à cette cérémonie. Son écharpe tricolore était nouée sur le rouge. Déjà mon père disait : « N'aimons que le rouge dans les trois couleurs », le blanc lui paraissant légitimiste et le bleu, orléaniste.

« Toi, Juliette, murmura ma grand'mère à mon oreille au moment où nous partions pour la cérémonie, est-ce que tu aimes cette blouse, est-ce qu'elle ne te choque pas?

— Elle est bleue, grand'mère, répondis-je en riant, songe qu'étant donné les idées de papa elle pourrait être rouge ! »

On apporta un jeune peuplier qu'on planta sur la place où un grand trou avait été préparé.

Mon père, depuis la République et au nom de la liberté s'était reconcilié avec le curé qui bénit l'arbre de la liberté.

Dans son discours le curé déclara que la République, si elle réalisait l'idéal évangélique de son programme incarné dans les mots de liberté, d'égalité, de fraternité, serait le plus beau des gouvernements, mais que pour cela il fallait que tous les républicains fussent aussi sincères, aussi généreux et, ajouta-t-il fort habilement, qu'ils soient sinon dans la forme, mais dans le fond, aussi chrétiens, aussi dévoués aux déshérités que le nouveau maire.

Mon père, avec une ardeur qui m'enthousiasma et une éloquence enflammée qui séduisit ma grand'mère, répondit à M. le curé que la République et ses principes de liberté, d'égalité, de fraternité, étaient nés, cela ne pouvait se nier, de l'Évangile; que Jésus-Christ était le premier des socialistes et des républicains; que le républicain devait avoir toutes les vertus chrétiennes et que le christianisme était la formule humaine la plus belle qui ait jamais été conçue.

Je m'étonnai. Tout ce qui se rapporte au temporel de l'Église, ajouta mon père, est admirable. Elle est plus avancée que nous-mêmes, socialistes, dans la compréhension, dans la pratique de l'association. Nous avons beaucoup à apprendre d'elle, mais il est temps qu'elle-même apprenne de nous le culte de la nature et qu'elle se laisse pénétrer enfin par la science !

— Mon cher maire, dit le curé à mon père après la cérémonie, vous accepteriez la religion chrétienne les yeux fermés à la condition qu'elle soit païenne.

— A charge de revanche, monsieur le curé, répondit mon père en riant, acceptez ma religion païenne faite d'amour de la nature à la condition qu'elle inspire les vertus chrétiennes.

— Jamais, jamais, répliqua le curé en riant. Vous avez dit que nous sommes en avant de vous dans la conception de l'association et de la vie commune, nous sommes de même en avant religieusement. Le christianisme, c'est le présent et c'est l'avenir ! » Et il ajouta en se moquant : « Le paganisme restera de plus en plus le passé.

— Ainsi soit-il ! » répliqua gaiement M. le maire en entraînant M. le curé qui vint déjeuner avec nous.

« Je crois, dit mon père, en manière de toast à la fin du repas, et cela d'une façon absolue, indéniable, que la République est la consécration de la liberté de conscience, de la tolérance, et moi, comme maire, monsieur le curé, je vous prouverai avec quelle largeur, quelle hauteur, quelle grandeur, nous, républicains démocrates, socialistes, nous comprenons la liberté ! »

***

Mes progrès comme élève souffrirent considérablement de mes graves préoccupations politiques.

Mon père venait nous voir tous les huit jours, très soucieux de me tenir au courant des événements, me remettant des coupures choisies et savamment classées de la *Démocratie pacifique*, m'apportant des livres, des brochures, des proclamations. On eût dit que je n'avais pas à m'instruire d'autre chose que des faits et gestes de MM. les membres du gouvernement provisoire et des écrits de ceux qui se montraient les plus ardents parmi les réformateurs. Le français, l'histoire, la géographie, la littérature, étaient choses secondaires pour l'auteur de mes jours.

Et puis, en vérité, savait-on bien si la langue française n'allait pas devenir universelle, si l'histoire « des Rois » tiendrait debout sous le grand souffle révolutionnaire, si la géographie de notre planète n'allait pas être remaniée de telle sorte par la fraternité des peuples qu'il deviendrait à peu près inutile de l'apprendre dans la forme que l'odieux « passé » lui avait assignée.

' L'avenir, c'était le progrès, la lumière, le nouveau ! Toutes les formes anciennes allaient être bannies. Mais, contradiction étrange, qui cependant ne choquait personne, le progrès, cette lumière, ce « nouveau », continuait de s'appuyer sur les principes évangéliques de liberté, d'égalité, de fraternité, sur la morale de Jésus, « le précurseur », le premier des socialistes.

Dans le jargon de l'époque, la République de Périclès, de Socrate, de Platon, entrecroisait ses annales avec celles de la grande Révolution française. La beauté de l'art athénien alternait avec le brouet de Sparte, les pieds nus ou les sabots des soldats des quatorze armées avec les magnificences des fêtes de la déesse Raison. Il y avait sur tout et sur tous des qualicatifs auxquels on n'échappait pas, ce qu'on appelle aujourd'hui des clichés. L'intégrité du caractère de Saint-Just, l'austérité de Robespierre, la puissance de Danton, l'amour du peuple de Ledru-Rollin, le courage de démolisseur de Proudhon, les sublimes théories sociales de Pierre Leroux, de Cabet, de Louis Blanc, la supériorité de la femme telle que la démontrait Toussenel dans son *Esprit des Bêtes* et Fourrier dans son *Phalanstère,* telle que la prouvait George Sand, tout cela émaillait les discours des orateurs de petite ville et de village au point que la plupart devenaient identiques quel que fût le sujet traité. L'improvisation était facile; on prenait seulement la peine de recoudre les phrases entre elles, et la sonorité des mots vous berçait comme berce un air connu.

L'art oratoire de la République de 1848 en province avait beaucoup d'analogie avec la musique des orgues de barbarie qui passionnait le pays entier.

Lorsque ma grand'mère ou mon grand-père priaient mon père de sortir de la phraséologie, de leur faire l'honneur de les initier à ses conceptions gouvernementales réalisables, il répondait :

« Tout vaut mieux que ce qui était! Nous allons piquer une tête dans l'inconnu; quoiqu'il advienne, nous serons au moins sortis des ornières dans lesquelles s'embourbe le char de l'État depuis des siècles. La Révolution française a fait un grand effort pour lancer au galop les chevaux du char, mais Bonaparte les a enfourchés et ramenés en arrière. C'est à nous de les entraîner à nouveau. »

Malgré des réserves croissantes sur les hommes qu'il commençait à soupçonner de tiédeur, l'optimisme du mon père était aussi candide que le mien. L'illusionnisme, l'amour de l'imprévu, du romanesque, l'ignorance absolue des possibilités de réalisation d'une idée, l'ingénuité enfantine, dominaient dans l'esprit de mon père et dans celui de la plupart des hommes de 1848 que j'ai connus; mais quelle passion de dévouement ils avaient, quelle soif des sacrifices à faire à la cause sainte du peuple, quelle générosité, quel abandon loyal des privilèges de caste, quelle fraternité sincère, quelle conviction que les « petites gens » étaient mûrs pour l'égalité, quelle indignation contre l'appétit de jouissance, contre l'égoïsme, contre la célèbre formule de M. Guizot : « Enrichissez-vous ! »

Les hommes de 1848 étaient des apôtres, des saints. A aucune époque il n'y eut plus d'honnêteté, plus de vertu, plus de noble simplicité. Ce n'étaient pas des hommes politiques, c'étaient des âmes éprises d'idéal. Tous ont été aussi sincères que mon père, tous ont droit à l'absolu respect, et on ne peut les avoir côtoyés sans honorer et chérir leur mémoire.

Vieilles barbes, si vous voulez ! Tous les partis deviennent vieilles barbes, mais combien peu, avant et depuis les hommes de 1848, ont eu leur jeunesse de cœur, leurs inspirations hautes, leur appétit de dévouement et de sacrifice?

Dans mon souvenir ils conservent leur noble figure auréolée, tandis que les « roublards opportunistes, les hommes de la politique d'affaires, de résultats, ceux qui, victorieux se sont écriés : « A notre tour de jouir ! » qui ont dit et répété entre eux : « Le plus sérieux attribut du pouvoir c'est la *galette*, » ceux-là s'enlaidissent dans mon esprit de toutes les laideurs de leurs disciples.

Parmi les républicains de 1848, pas un n'a songé à tirer un bénéfice de situation de son passage au pouvoir, pas un qui se soit enrichi. S'ils n'ont pas fait pour le peuple ce qu'ils rêvaient, ce n'est pas parce qu'ils ont jeté par-dessus bord leurs principes une fois en possession du vaisseau de la grande ville de Paris, c'est parce que leur conception du bonheur social humain était trop belle pour être réalisable et parce que le peuple, le premier, a refusé de faire l'essai de leurs théories.

Plus tard j'ai connu la plupart de ces « bêtats », comme les appelait M. Ernest Picard. Ils ressemblaient à mon père. Leurs négations, ils en avaient ! étaient de trop fraîche date pour avoir desséché leur âme ; ils ne croyaient plus au Christ divin, ils croyaient encore au Christ humain. Ils adoraient cette science mystérieuse qui remplaçait pour eux le surnaturel et n'avaient pas encore mis à jour toute sa brutalité en broyant l'homme sous la machine.

Ils étaient internationalistes, non pour nier les légitimes fiertés de la race, non pour accepter sans révolte la conquête du pire ennemi, non pour subir ou pasticher l'utilitarisme de groupements nationaux moralement inférieurs, mais pour insuffler aux autres peuples leurs principes d'amour et de régénération.

Mon père, dès la fin d'avril, me dit un jour qu'il voyait l'écart se faire de plus en plus entre ses vœux et ce que lui apportaient les événements.

« J'ai peur, ajoutait-il, que notre République ne soit exclusivement une République à l'eau de rose, de celles que le sang se plaît un jour à teinter. Les gants jaunes du *National* y sont les maîtres et la livrent aux intrigues des ambitieux. »

Ma grand'mère au contraire se déclarait satisfaite de la République, qu'elle ne trouvait nullement effrayante comme elle l'avait craint.

« Jean Louis, je m'en arrange très bien de votre République ! », répétait-elle à mon père.

Tout d'abord mon père répondait : « Attendez, ma mère encore un peu » ; plus tard il répliquait : « Vous êtes plus satisfaite que je ne le suis. » Un beau jour il éclata : « Parbleu, si elle vous arrange la République, elle est faite à votre profit ! Les d'Orléans peuvent revenir : ils n'auront rien à changer pour les bourgeois. »

Mon père fut bientôt, dans le sens le plus aigre du mot, un mécontent. Je fus une mécontente naturellement.

.˙.

Une mécontente agressive. Mes discussions avec ma grand'mère devinrent si violentes, que mon grand-père s'emporta plusieurs fois contre moi, que Blondeau me donna tort! Mon ami Charles, qui m'eût probablement soutenu, car il était, lui aussi, révolutionnaire, comme mon père et comme moi, avait quitté Chauny. Il était devenu le secrétaire de l'un de ses camarades d'enfance, haut fonctionnaire de la République, à Paris.

Bientôt mon père s'exalta. « Ils nous mentent, ils nous trompent, ils nous endorment, répétait-il désolé, sentant sa République chrétienne, païenne, socialiste, scientifique, lui échapper.

Ma grand'mère se rassurait de plus en plus. L'ordre était maintenu, et alors la forme du gouvernement, en somme, importait peu, disait-elle. Mon grand-père, à mesure que mon père et moi nous désespérions, répétait :

« Allons, allons, ça va bien pour l'Empire. »

Mais je rendais mes grands parents malheureux avec mes désolations, mes récriminations, mes imprécations. La vie était insupportable, intolérable pour nous tous. Il en devait être ainsi à cette époque dans chaque famille où se trouvait un républicain idéaliste et sincère, de ceux qui avaient cru qu'on pouvait décrocher la lune pour le peuple, digne qu'il était de tous les dons miraculeux.

Ce qui, m'ayant le plus intéressée, me désespérait davantage, c'étaient les ateliers nationaux. Hélas! ils tournaient mal. Quoi! cette admirable chose: l'État créant des ateliers pour donner du travail aux ouvriers, pour nourrir les meurt-de-faim, cette institution bienfaisante, protectrice, sauvegarde sociale contre la misère, exemple admirable pour tous les peuples, les ateliers nationaux allaient être dissous!

Emile Thomas, qui les dirigeait, ne s'inspirait pas, quoiqu'il eût souvent répété le contraire, des idées de Louis Blanc. On commençait à le soupçonner d'être l'agent de l'homme « des échauffourées de Strasbourg et de Boulogne ». Au lieu d'organiser les ateliers nationaux, il les désorganisait.

« Les réactionnaires, me disait mon père, essaient de faire croire qu'Émile Thomas réalise les idées de Louis Blanc, quand, au contraire il est le pire ennemi de ces idées. On veut rendre le pur socialisme coupable des crimes qu'on commet en son nom. Trélat, le ministre de l'Instruction publique ne peut souffrir les ateliers nationaux, la commission exécutive les exècre, les bourgeois les ont en horreur parce qu'on leur en fait peur. Que se passera-t-il si, comme le veut cette Assemblée Nationale composée de réactionnaires, on dissout les ateliers? Cent mille hommes jetés sans travail dans Paris du jour au lendemain sur le pavé, c'est l'émeute terrible, c'est la Révolution sanglante noyant les réformes, et c'est ce que ces gens-là veulent! »

Ah! ces cent mille hommes menacés d'être jetés sur le pavé, je les voyais malheureux, errants, sans travail, désespérés tandis que leurs femmes, leurs enfants mouraient de faim à la maison. J'en pleurais. Mon cœur était saisi d'une immense pitié et, jour pour jour, il fallait que je fusse tenue au courant de ce qui se passait. Ma grand'mère, abonnée récente du *National*, eût bien voulu m'empêcher de le lire, mais je l'exigeai et, tout en me révoltant de la haine des « gants jaunes » contre *mes* ateliers nationaux, je me tenais au courant des choses jusqu'aux venues de mon père.

Quand je sus que M. de Falloux était chargé par l'Assemblée Nationale de fournir le projet de dissolution des ateliers nationaux, je compris que tout s'écroulait.

Mon père vint et me dit. « C'est la tuerie qu'on organise ; ils veulent dissoudre les ateliers nationaux du jour au lendemain. Trélat lui-même voit le danger. Il propose de replacer peu à peu successivement les ouvriers. Il a destitué Émile Thomas, se rendant compte enfin de la besogne désorganisatrice qu'il faisait, il a nommé son gendre Lalanne qui réorganise, mais il est trop tard, et les loups de l'Assemblée Nationale veulent le carnage.

Je ne vivais plus. Le peuple, le bon peuple, lui si bon, si généreux, qui avait été si admirable aux journées de février, on le vouait aux mauvais instincts du pillage, par la misère qu'on allait lui imposer.

J'étais si malheureuse de ce que j'éprouvais, et cette souffrance en contact avec les férocités de ma grand'mère, de mon grand-père, de Blondeau, qui répétaient : « Qu'on en finisse tout de suite avec les meurt-de-faim ! » que je priai ma grand'mère de me laisser retourner à Blérancourt avec mon père à sa prochaine visite.

« Fais ce que tu veux, me répondit-elle, mais je te préviens, ma pauvre Juliette, tu es dans un tel état d'aberration que ce qui te reste de bon sens est en danger si tu vis avec ton père. Il t'achèvera, et ton mariage avec un ouvrier est au bout de toutes vos folies. Or, je dois te le confier, déjà tu as plu au jeune X... qui a dix-sept ans ;

son père, moitié en riant, moitié sérieusement, à cause de ton âge, m'a fait des ouvertures pour une alliance possible entre nos deux familles dans quelques années. Sans doute, ce n'est pas mon rêve, car je te voudrais mariée à Paris, où je vivrais une partie de l'année avec toi pour te diriger dans la voie de la destinée que jusqu'à ces derniers temps je prévoyais pour toi, mais tu es tellement insensée que peut-être un bon mariage bourgeois en province vaudra mieux que tout ce que j'ambitionnais pour mon unique petite-fille. Voilà ce que je te propose. Veux-tu être pensionnaire? La pension est si proche que je te sentirai encore auprès de moi. Tu prêcheras tes compagnes à ton gré, et alors ton grand-père, moi, Blondeau, en ne te subissant qu'une fois par semaine, nous pourrons supporter tes algarades, mais te voir souffrir ou rager, si cette bonne République ne te suffit pas, si tu dois gémir ou t'irriter, tous les jours, alors, ma petite fille chérie, c'est intenable. »

Je mesurai l'étendue de la fatigue que j'imposais à mes grands parents par cette proposition. Ma grand'mère, qui trouvait jusqu'à ces derniers temps les heures des classes trop longues et nos séparations pour Chivres ou pour Blérancourt mortelles, désirant que je sois pensionnaire, était-ce possible? Je fus atterrée; ce-

pendant, le vilain orgueil m'empêcha de me
jeter au cou de ma grand'mère et de lui demander pardon de mes folies, car je me jugeai à ce
moment-là extravagante ; et puis, ce qu'elle
venait de me dire de X...., un grand jeune
homme, que je trouvais charmant, spirituel,
me grandit à mes yeux à tel point que je crus
qu'une personne comme moi « allant sur ses
douze ans » ne pouvait demander pardon
comme une petite fille. Je répondis, le cœur
pourtant bien serré :

« Hé bien ! grand'mère, c'est entendu, je
serai pensionnaire le jour que tu le voudras.

— Demain, répondit-elle. »

Je faillis éclater, mais c'était l'heure de la
classe et je partis pour la pension en me disant
que ce jour serait le dernier où j'aurais ma
chambre à moi, où matin et soir, à midi, je
me sentirais entourée de la tendresse passionnée de ma grand'mère, de l'affection gaie de
mon grand-père. Je verrais de loin le vol des
pigeons descendant becqueter et roucouler dans
la cour fleurie. L'amitié de Blondeau me man-
querait ; je ne pourrais plus lui confier mes
chagrins, essayer sur lui l'effet foudroyant des
théories plus ou moins digérées de mon père,
que je faisais miennes.

*
* *

Le lendemain j'entrai comme pensionnaire chez Mlles André. Ce fut mon grand-père qui m'accompagna, et il me fallut tout mon courage au moment des adieux pour ne pas le supplier de me laisser retourner le soir à la maison. Je déjeunai et dînai avec mes compagnes. A la classe, aux récréations et encore et toujours, rien qu'elles, le silence absolu à table ; or, c'était, pour moi, le supplice. Quand je fus dans mon lit. j'éprouvai un tel chagrin. je pleurai tant que je ne pus m'endormir, et que cette nuit, la première de ma vie que j'eusse passée blanche, me parut plus noire que l'enfer. J'eus l'effroi de la prochaine et je m'imaginai que j'allais ne plus dormir ; cela me causa une inquiétude que je ne confiai, bien entendu, à personne de mes amies, dont les plus intimes étaient cependant comme moi pensionnaires.

L'une de mes ennemies politiques qui me connaissait bien et se disait qu'un désastre seul, quelque énorme fâcherie entre ma grand'mère et moi, avaient pu provoquer notre séparation, s'amusa méchamment à passer près de moi en ricanant et colporta une histoire fantastique sur mon entrée à la pension. Mes yeux rouges, mon visage défait, prêtèrent à la croyance qui se répandit à la récréation de midi. On répéta que ma grand'mère ne m'aimait plus, qu'elle ne voulait plus me voir, que je lui avais fait des choses… et, bien entendu, je fus des premières avertie du ragot.

A la récréation du soir tout à coup plusieurs de mes compagnes accoururent pour me dire :

« Ta grand'mère est en haut du mur dans la cour de derrière. Elle demande que tu viennes lui dire bonsoir. »

Sachant les bruits répandus par mon ennemie politique, j'allai au pied du mur; sans cela j'en voulais tant à ma grand'mère que je n'aurais certainement pas répondu à son appel.

« Comment vas-tu, ma petite-fille, me demanda-t-elle, perchée au haut d'une échelle et sa tête seule dépassant le mur. As-tu dormi?

— Non, grand'mère, je n'ai pas dormi du tout, et certainement je ne dormirai jamais plus. Mais qu'est-ce que cela peut te faire? Tu es tranquille, tu dors bien, toi, c'est tout ce qu'il faut. Bonsoir à grand-père et à Blondeau, bonsoir, ma grand'mère. Je te préviens que si tu m'appelles encore demain du haut de cet horrible mur, je ne reviendrai pas. »

Et je me sauvai en courant.

Les jours suivants je ne travaillais que par

boutade, quand mon amour-propre était en jeu, quand je voulais dépasser une *adversaire politique*. Comme chef de mon parti je ne pouvais me laisser vaincre.

Mon âme était endolorie par le chagrin de ne plus vivre sous l'aile de mon adorée grand'mère, et je continuai à me sentir douloureusement angoissée par les appréhensions des travailleurs des ateliers nationaux.

Il faut se reporter à un tout autre temps pour comprendre quelle somme d'amour contenait ce mot : « le pauvre peuple », à quel degré ceux qui étaient sincèrement républicains socialistes se croyaient ses amis à la vie et à la mort.

Nous n'avions plus le courage de jouer aux récréations, nous les républicaines socialistes. On traitait en pleine Assemblée Nationale nos ouvriers des journées de février, ceux qui avaient écrit sur les murs des Tuileries : « Mort aux voleurs ! » on les traitait de bandits, de pillards !

Pauvre peuple ! comme nous souffrions avec lui ! C'en était fait, nous le comprenions, ce n'était plus qu'une question de jours et d'heures, on allait livrer à la faim cent mille hommes. Pas une de nous ne se permettait depuis longtemps de dépenser un sou en friandises. Nous calculions sans cesse nos ressources. En les réunissant nous pourrions bien nourrir un homme des ateliers nationaux, mais pas plus. Je décidai que nous ferions une belle lettre à ce ministre Trélat que nous détestions, « qui était cause de tout », à notre avis, et que nous lui proposerions de prendre à notre charge un ouvrier des ateliers nationaux. Sans doute un ce n'était pas beaucoup sur cent mille, mais si dans chaque pension on faisait comme nous il y en aurait tout de même un certain nombre de sauvés.

Que la rédaction de cette lettre nous fut difficile et combien de temps elle nous prit ! Chaque groupe ayant fait son brouillon, le communiquait à un autre groupe. Nous étions onze groupes affiliés secrètement ayant leurs partisans, et tous nos partisans tinrent chacun à participer au brouillon. Enfin, le brouillon, issu des brouillons, reçut l'approbation de tous les groupes réunis et la lettre partit. Je l'adressai à mon ami Charles à Paris, pour qu'il allât la porter de notre part au Ministre en personne.

Au même moment, l'Assemblée Nationale décidait brutalement que les ouvriers de dix-sept à vingt-cinq ans seraient incorporés dans les régiments, puis qu'on enverrait en Sologne, dans un pays ravagé par la fièvre, sous un climat mortel, un certain nombre d'ouvriers des ateliers nationaux, que le reste serait distribué en province pour des terrassements et des travaux créés par les municipalités.

Dans la pensée que notre « atelier national » allait nous arriver quelque beau jour, non seulement nous ne mangions plus un gâteau, nous économisions avec frénésie, mais nous quémandions, nous quêtions chacune sous tous les prétextes possibles à tous nos parents. L'une de nous avait obtenu un habillement de l'un de ses frères et l'avait nettoyé et recousu avec soin. Nul ne pouvait soupçonner notre complot, car nous savions que nous serions excommuniées par toutes nos familles si elles pouvaient penser que nous songions à protéger l'un de ces « monstres » des ateliers nationaux.

Aussi notre lettre avait-elle spécifié au ministre Trélat que notre « atelier national » devait se présenter à la pension de Mlles André de Chauny comme protégé de Juliette Lambert.

Mon père m'avait écrit que c'était pire encore que ce qu'on disait, qu'on ne s'occupait même plus de caser tant mal que bien les ouvriers, que l'Assemblé Nationale était odieuse, criminelle qu'elle voulait *tout de suite* dissoudre les ateliers nationaux, sans s'inquiéter de ce que deviendraient les cent mille hommes renvoyés. « Il va y avoir de grands malheurs », ajoutait mon père.

Je sortais chez ma grand'mère le lendemain, un dimanche, et Blondeau parla politique devant moi sans que je dise un mot, car je m'interdisais, depuis mon entrée comme pensionnaire, toute parole qui ne fût pas une banalité, chez mes grands parents.

Blondeau racontait que, chose incroyable, Trélat, le Ministre des Travaux publics, avait demandé grâce pour les bandits des ateliers nationaux, suppliant l'Assemblée Nationale, avec des trémolos dans la voix, de ne pas jeter cent mille hommes à la rue, de lui laisser trouver des moyens de les caser, qu'il proposait l'incorporation, la Sologne, des terrassements, des travaux créés par les municipalités.

« Ta nouvelle retarde de huit jours, Blondeau, ne pus-je m'empêcher de lui dire. Tu peux ajouter qu'à l'Assemblée Nationale on a ri des élans tardifs du cœur de M. Trélat et qu'on a décidé... »

Je récitai la décision et il y eut un silence.

Mon grand-père me demanda, contenant mal sa colère, révolté.

« Serais-tu pour les insurgés?

— Je suis, grand-père, pour cent mille malheureux auxquels on s'est engagé peut-être imprudemment à donner du travail, et auxquels brusquement, sans pitié, on veut retirer ce travail.

— Mais ce sont des assassins!

— Qui ont-ils assassiné?

— Des voleurs!

— Qu'ont-ils volé?

— Ils épouvantent le pays.

— Oh! oui, on en fait des épouvantails, on les dit enragés pour pouvoir les tuer; à la fin on les rendra peut-être épouvantables, grand-père. »

Blondeau et ma grand'mère se regardaient effarés. Ni l'un ni l'autre ne soufflèrent mot.

« Il est temps que le Prince Louis s'en mêle, répliqua mon grand-père, sans cela des idées comme les tiennes, Juliette, nous feraient devenir fous.

— Hélas! ton Prince Louis ne s'en mêle que trop. C'est lui, par son Émile Thomas, qui a fait mal tourner les ateliers nationaux.

— Jamais le Prince Louis ne se mêlera trop des affaires de la France, entends-tu, insurgée! Il faut qu'il nous sauve par un bon Empire, bien assis cette fois, au moins jusqu'à ma mort. »

*
* *

L'une de nos compagnes nous apporta le lendemain une colonne de journal qu'elle avait coupée et qui applaudissait aux mesures prises par le Gouvernement après les faits suivants :

Sur la menace du licenciement immédiat voté par l'Assemblée Nationale, les ouvriers avaient envoyé des délégués au Luxembourg et prié M. Marie, membre du Gouvernement, de surseoir aux décisions de l'Assemblée.

M. Marie avait répondu comme l'eût fait un César lui-même, disait la colonne du journal :

« Si les ouvriers ne veulent pas partir, on les contraindra par la force, entendez-vous? »

Le soir, dans Paris, des bandes armées avaient parcouru les rues en chantant : « On n'part pas! on n'part pas! » sur l'air des « Lampions », et dans les groupes d'ouvriers, on avait entendu : « Nous sommes trahis, et il faut recommencer la Révolution de Février »; puis d'autres groupes criaient : « Napoléon, nous l'aurons! » et c'étaient les plus bruyants. Les ouvriers s'indignaient contre MM. de Lamartine, Garnier-Pagès, Arago, qui avaient manqué à toutes leurs promesses.

Le pauvre peuple se révoltait. Il allait y avoir des massacres. La colère des miséreux faisait explosion.

Il nous semblait que des pétitions pourraient empêcher cela. Est-il possible de comprendre, disions-nous, que des gens du gouvernement ou d'autres ne se mettent pas à la tête d'une manifestation de conciliation? Comment! on poussait à bout cent mille hommes, tous ayant des armes de gardes nationaux? Mais on voulait donc la fin de la République?

Nous ne pensions plus qu'à ces terribles choses. A la moindre allusion de nos leçons d'histoire, nous échangions en classe des billets désolés.

Que va-t-il se passer, que se passe-t-il?

Je reçus une lettre de mon ami Charles, adressée à Blondeau, pour qu'il me la remît. Je ne l'aurais eue que huit jours après, à ma première sortie si, tout à coup, à une récréation de midi, Blondeau n'était arrivé, me demandant au parloir et me disant :

« Voici une lettre de Charles. Je viens t'apprendre en même temps que depuis avant-hier 23 juin, l'insurrection a éclaté à Paris et qu'on se tue par milliers, et que le sang coule à flots; es-tu contente, affreuse révolutionnaire?

— Blondeau, lui dis-je en pleurant, c'est tout cela que je craignais, on a exaspéré des malheureux.

— Tu recommences! Mais ouvre donc ta lettre de Charles; tu vois que je ne l'ai pas décachetée. D'ailleurs, Charles me dit à peu près ce qu'il t'écrit. »

Je lus ceci :

« Enfin, ma chère Juliette, le gouvernement a compris qu'il fallait défendre énergiquement la société contre les misérables qui t'intéressent. Tous les partisans de l'ordre, depuis les monarchistes de la rue de Poitiers jusqu'à mon patron et ami Flocon, nous nous unissons pour écraser des vendus soudoyés par l'étranger.

« Au revoir, Juliette, je t'embrasse. Ton ami Charles. »

Je tendis l'affreuse missive à Blondeau.

« Il a cent fois raison, il est dans le vrai ! s'écria Blondeau en me rendant la lettre après l'avoir lue. »

Je le quittai sans même lui avoir dit adieu, et je courus au milieu de mon groupe directeur, rassemblé et inquiet de la visite que je recevais.

« La Révolution a de nouveau éclaté, » dis-je, et je lus la lettre de mon ex-ami Charles ; j'appuyai sur *ex*, car déjà je l'avais arraché de mon cœur.

J'étais dans un tel état d'exaltation que je me sentais comme grisée. Mes fidèles, après une demi-heure de commune indignation, pensaient comme moi.

« Je suis d'avis, leur dis-je, que nous fassions quelque chose. Nous ne pouvons rester inertes, tandis qu'on massacre le peuple innocent à Paris. J'ai caché au fond de ma petite caisse, dans mon armoire à la lingerie, un grand mouchoir que m'a donné mon père, au beau milieu duquel sont imprimés les mots : Vive la République démocratique et sociale ! Trouvez-moi un grand bâton dans le bûcher, un ruban ou une ficelle, nous en ferons un drapeau et nous manifesterons. Me suivrez-vous?

— Nous te suivrons.

— Si on pouvait ajouter quelques recrues, quelques partisans à nos groupes initiés pour que notre manifestation soit plus imposante, ne trouvez-vous pas que cela serait mieux?

— Chacune de nous va essayer de recruter. »

Nous nous dispersâmes. Je revins avec mon grand mouchoir bleu, blanc, rouge, je l'attachai à un bâton de façon à ce que le : Vive la République démocratique et sociale! soit bien visible.

Mon cœur battant la charge, je me mis à la tête de mon bataillon, criant : Vive la République démocratique et sociale! vivent les insurgés! On n'part pas! on n'part pas!

Un certain nombre de mes compagnes nous suivirent; les autres regardaient, terrifiées.

Mlles André accoururent et m'arrachèrent mon mouchoir-drapeau. Je le défendis avec héroïsme. Plusieurs de mes compagnes me soutinrent. Mais une troupe commandée par mon ennemie politique, criant : A bas la République démocratique et sociale! prêta main-forte à Mlles André, aux sous-maîtresses, et eut raison de nous. Je reçus quelques horions bien appliqués et je souffris à la fois de douleurs physiques et de la douleur de la défaite. Je fus traînée au salon prisonnière, tenue par les deux bras et très bousculée. Mes vaillantes compagnes me suivaient.

Mlles André s'assirent dans leur plus grand fauteuil pour me juger.

Mlle Sophie, la cadette, interrogea mes partisans et mes initiées.

« C'est Juliette Lambert qui vous a poussée à cet acte de folie scandaleuse? » leur fut-il demandé.

Hélas! sur vingt-deux, dix-sept répondirent :

« Oui, mademoiselle. »

Les cinq autres s'étaient serrées les unes contre les autres, Mlle Sophie ne put leur arracher qu'une phrase, la même :

« C'est elle et nous qui avons voulu manifester.

— Oui, vous êtes braves et fidèles amies, répliqua Mlle Sophie, qui d'ailleurs ne voulait punir que moi. C'est un bon sentiment dont je vous loue. Est-ce l'une de vous, ne mentez pas, qui a fourni le mouchoir?

— Non, mademoiselle.

— Vous voyez bien! la préméditation vient de Juliette Lambert seule.

Je n'avais pas dit un mot, pas fait un geste, voulant garder ma dignité d'accusée et forcer à l'admiration mes juges, mes fidèles et les traîtres.

« Niez-vous ? me demanda Mlle Sophie.

— Non, mademoiselle. Je suis insurgée, mais… »

A ce moment, la mère de l'une de mes fidèles entra, criant :

« Ma fille, ma fille, je la veux, où est-elle ? Les insurgés marchent sur Chauny ! »

La panique fut générale, on laissa partir mon amie et sa mère et l'on barricada la grand'-porte.

« Soyez tranquilles ! criai-je en allant de l'une à l'autre de mes compagnes, ne distinguant plus entre elles, je vous protégerai, ce sont mes amis, et nous allons monter la garde. »

Nous reprîmes notre malheureux drapeau fort endommagé et mon caporal, mes quatre « insurgées » et moi, nous allâmes nous poster à la grand'porte barricadée. Nous entendîmes un bataillon de la garde nationale passer en criant : A bas les insurgés ! à mort !

Des gens affolés parlaient entre eux, disant :

« On va leur barrer la route. »

Mlles André avaient fait fermer toutes les issues de la maison, toutes les persiennes, et l'on nous laissa là de une heure et demie de l'après-midi jusqu'à la nuit. L'une de nous essaya d'ouvrir une porte à l'heure du dîner : impossible. Nous avions faim.

Nous étions toutes cinq pensionnaires, et nous ne pouvions songer à retourner dans nos familles... D'ailleurs, la porte cadenassée, les hauts murs, nous interdisaient la pensée d'une fuite. Nous nous redisions :

« Ceux qui se battent souffrent plus que nous. Eux aussi ont faim ; ils sont blessés, ils meurent pour leur cause et qu'est-ce que nous souffrons relativement à eux ? »

Enfin, après d'interminables heures, on vint nous chercher, et l'on nous conduisit à nos lits sans souper. Nous étions trop fières pour réclamer ; mais les traîtres nous avaient gardé un peu de leur pain, et avec du chocolat qu'on nous donna en le glissant sous nos draps, nous pûmes calmer un peu notre faim que le sommeil acheva d'engourdir.

Le lendemain, dès le matin, je fus appelée de nouveau au salon, mais seule. Mes quatre fidèles habilement circonvenues avaient accepté d'implorer leur grâce et fait leur soumission.

Mlle André, l'aînée, me demanda si je me repentais.

Je tins à lui prouver que je n'avais pas agi en enfant, que j'étais convaincue et défendais des idées réfléchies.

« Idées perturbatrices dangereuses, coupables, répliqua durement Mlle André, l'aînée.

— Idées de conciliation, de paix, de justice, mademoiselle, mais qui ne sont pas faites pour être comprises par ceux qui trouvent que tout est bien, ou par ceux qui ont peur de toute réforme.

— Voici mon arrêt, dit sèchement Mlle André. Vous déjeunerez au réfectoire et j'annoncerai à la fin du repas que je vous renvoie à vos parents; de tels scandales ne peuvent se terminer sans exemple. »

Je déjeunai de grand appétit, lorsque j'entendis l'arrêt annoncé. Je n'eus ni honte ni regret, malgré ma crainte d'être durement blâmée par ma grand'mère.

Je me disais qu'en tous cas j'aurais cette fois hardiment recours à mon père, qui ne pouvait que me soutenir pour avoir défendu notre cause commune et souffert pour nos idées.

Je me levai fièrement et répondis avec un calme au moins apparent, car mon cœur m'étranglait tant il était gonflé :

« Je suis heureuse de partir; j'étouffe dans l'oppression et je vais enfin redevenir libre! »

Je ne fis d'adieu à personne, j'allai mettre mon chapeau et j'attendis Mlle Sophie, la cadette, qui devait me reconduire à ma grand'-mère.

Mes amies me considéraient comme une héroïque victime de ma cause, mais ne furent pas fâchées, l'une d'elles me le dit plus tard, d'être soustraites aux agitations que je leur imposais.

Ma grand'mère tout d'abord se troubla au récit de mon équipée ; mais voyant mon attitude résolue, elle songea plutôt à me reconquérir qu'à me gronder, car ces derniers jours d'épouvante, sa crainte de l'arrivée des insurgés l'avaient rendue plus malheureuse encore de ne pas me sentir auprès d'elle dans le danger que toute la ville allait courir. Elle ne cessait de songer à me reprendre. Puisque je revenais, pourquoi se fâcherait-elle, en somme? Ce fut donc avec un calme bientôt reconquis qu'elle répondit à Mlle Sophie :

« Du moment que vous considérez l'acte de Juliette comme un acte d'insoumission envers vous, vous êtes dans votre droit de me la rendre. Mais permettez que je trouve l'histoire peu banale. Elle me montre Juliette comme je l'aime avec des manifestations de volonté et de courage qui ne sont pas celles de tout le monde. Puisque cette enfant me revient sans que je sois allée la chercher, ni elle ni moi n'en souffrirons, et j'ai, mademoiselle, plus envie de vous remercier que de réclamer de vous pour plus tard une espérance d'amnistie. »

Je me jetai au cou de ma grand'mère et toute trace de rancune disparut entre nous.

18.

Durant les jours qui suivirent, la panique alla grandissant. Les insurgés, chassés de Paris, arrivaient, disait-on, pour mettre la ville à sac ; les gardes nationaux partaient pour barrer le passage aux pillards. Ma grand'mère, malgré mes discours rassurants, était terrifiée. Elle cacha, la nuit, dans un grand trou que mon grand-père creusa au milieu de notre cour, son argenterie, ses bijoux, tout ce qu'elle possédait de précieux. Blondeau cacha lui aussi sa caisse dans ce trou, qu'on recouvrit de terre et de gravier.

Mon père, à qui ma grand'mère avait écrit, m'envoya par lettre ses félicitations d'être sortie d'une maison où l'on n'enseignait que le plat bourgeoisisme.

⁎

J'eus alors de longues vacances qui commencèrent le 1er juillet et ne finirent que le 1er octobre.

A la grande joie de mes tantes, je restai trois mois chez elles.

Le latin me passionna et je fis de réels progrès dans la lecture et la traduction des *Bucoliques*.

Mes tantes, cependant, me sermonnèrent avec sévérité sur les motifs de mon renvoi de la pension. Le *National* leur avait inspiré la sainte horreur des pillards, des « vendus à l'Étranger », et les douze mille tués des émeutes de juin, les vingt mille prisonniers et déportés ne les attendrirent pas un moment. Mes discours les intéressèrent comme des paradoxes pas trop mal soutenus, mais ne les convainquirent en aucune façon.

Môsieur le citoyen Louis Blanc avec son projet de proclamation conciliatrice, Môsieur le citoyen Caussidière avec sa motion extravagante de faire descendre les députés dans la rue, de les envoyer aux barricades et aux insurgés en parlementaires, les avaient exaspérées. Elles étaient féroces. Les récits sur les cruautés des gardes nationaux de province, des mobiles tirant sur les prisonniers insurgés par les soupiraux des caves ne les révoltaient pas. Il fallait en tuer le plus possible de ces chiens enragés. Et c'étaient de douces Françaises, de fidèles libérales ou se croyant telles, qui parlaient ainsi. Marguerite, elle-même, n'entendit à rien. Les insurgés, c'étaient des sauvages, des diables, etc. et je ne pus faire entrer ni dans l'esprit ni dans le cœur de Marguerite ou de mes tantes aucune clémence, aucune pitié. Toutes avaient eu trop peur !

Tandis que mon père s'effarait, criait à l'abomination en voyant des hommes qui depuis de longues années défendaient la liberté, qui s'en disaient les soldats, condamner, persécuter le peuple auquel ils avaient fait des promesses publiques et solennelles et qui ne leur demandait que de les tenir dans la mesure du possible, mes tantes citaient comme sublime un républicain démocrate, M. Pascal Duprat, qui, soi-disant pour sauver la République, avait réclamé le premier la dictature.

La mort du général Bréa, tué par deux bonapartistes avérés, Luc et Lhar, celle de Mgr Affre, due à un accident, et non à un assassinat, étaient pour mes tantes des crimes prémédités dont l'expiation exigeait la mort de milliers d'hommes appartenant « à la plus ignoble et à la plus abjecte populace ».

Et ma tante Constance, en me redisant son émotion lorsqu'elle avait lu le mot du Président de la Chambre montant à la tribune pour dire : « Tout est fini ! » était tremblante encore.

Essayer de convertir mes tantes à un sentiment d'humanité plus éclairé eût été de la folie. J'y renonçai. Je lisais le *National* en cachette, Marguerite me le donnant lorsqu'il avait fait le tour des lectures de mes tantes et de ma grand-grand'mère, et je souffrais d'une souffrance chaque jour renouvelée des violences de la réaction, des jugements des conseils de guerre, des persécutions, des dénonciations d'un état d'esprit public, lequel, m'écrivait mon père, devenait tellement césarien qu'il nous jetterait avant peu dans les bras du Napoléon élevé à la brochette par l'Angleterre pour nous dompter.

La séance de nuit dans laquelle furent votées les poursuites contre Louis Blanc et Caussidière passionna mes tantes. Et elles ne voulurent pas même lire la justification de Louis Blanc, cependant très tronquée dans le *National*, car je pus la comparer plus tard avec le texte de la *Démocratie Pacifique* que m'envoya mon père. Pour mes tantes, pour tous les bourgeois français, Louis Blanc était le « fondateur, l'auteur responsable des monstrueux ateliers nationaux ».

Or, Louis Blanc prouva à la tribune, ce que savaient depuis longtemps ses partisans, que les ateliers nationaux furent établis, non seulement sans sa participation, mais contre lui, et qu'il ne les visita pas même une seule fois.

L'entêtement d'une opinion faite, devant une preuve contraire absolue, indiscutable, me parut à cette époque la chose la plus extraordinaire du monde. J'essayai à plusieurs reprises de lire à mes tantes la protestation de Louis Blanc; elles ne l'écoutèrent pas, ne voulurent pas l'entendre ni s'en laisser convaincre, et elles continuèrent à appeler Louis Blanc « l'homme néfaste des ateliers nationaux ».

J'avoue que cette obstination me mit hors de moi et que ma tendresse pour mes chères tantes s'en ressentit.

Louis Napoléon fut élu dans cinq départements aux élections complémentaires. Les termes dont il se servit en remerciant ses électeurs, pour des motifs différents, irritèrent à la fois mon père et ma grand'mère, qui me l'écrivirent, et mes tantes, dont la révolte contre « Badinguet » croissait chaque jour.

« La République démocratique sera mon culte, avait dit Louis Napoléon, et j'en serai le prêtre. »

Mon grand-père lui-même eût certainement fait la grimace à ces paroles, s'il n'eût pris l'habitude de répéter à propos de toutes les manifestations de celui qu'il appelait son bien-aimé prétendant :

« Il est admirable dans sa façon de se moquer des serins de la République. »

On ne parla que de « Badinguet » tout septembre et tout octobre chez mes tantes, de son serment de reconnaissance et de dévouement à l'Assemblée Nationale, du retrait de la loi de 1832 qui avait laissé les Bonapartes libres de séjourner en France. J'entendis mes tantes discuter à l'infini sur la bonne foi des prétendants.

« Certains républicains sont par trop naïfs de croire qu'on ne peut violer un serment, disait ma tante Sophie. Il faut connaître bien peu son histoire romaine pour ne pas voir que « Badinguet » joue l'éternel jeu des Césars.

« La Présidence de la République votée, quand on vient de créer un homme de Brumaire, les modérés soutenant un tel principe d'accord en cela, ce qui devrait les éclairer? avec la montagne et l'extrême gauche, c'est de la folie, de la politique à la Jean-Louis Lambert ou à la Juliette, disait ma tante Constance. Comment M. de Lamartine peut-il appuyer de son autorité une telle aberration? à moins que M. de Lamartine s'illusionne au point de croire qu'il sera nommé Président de la République, sa conduite est inexplicable. »

La politique me passionnait encore un peu dans la conversation mais je n'y pensais pas dès que je n'en parlais plus.

« Les hommes ne valent rien, mais rien du tout, dit un jour ma tante Anastasie. Je ne connais pas un homme qui ait l'esprit juste.

— Tu en connais tant! répliqua ma tante Constance, avec sa moquerie habituelle; comme homme je ne te sais que trois amis : le meunier, son garde-moulin et Roussot! »

Je travaillai joyeusement avec ma tante Sophie qui me trouva très désireuse d'apprendre son latin, moins occupée de tout expliquer ou de tout contredire. Je ne cherchai plus l'excentricité dans les idées, dans les jugements, j'apprenais méthodiquement, consciente du temps perdu.

Je sentis, pour la première fois de ma vie peut-être, que je n'étais qu'un très jeune esprit, ayant longtemps peu appris mais seulement beaucoup retenu, comme un simple perroquet, ce que j'entendais dire. Je me jugeai prétentieuse, insupportable, et je me dis que j'allais commencer à être une autre personne, désireuse uniquement de savoir, d'être très appliquée et correcte.

***

Lorsque je revins à Chauny, ma grand'mère, que je retrouvai plus tendre, plus adorable que jamais, me dit :

« Ma Juliette tu feras ce que tu voudras maintenant, tu apprendras ce qu'il te plaira, ou rien, si bon te semble ; mais je te demande de t'intéresser à la conduite d'une maison. Tu seras chargée entièrement de la nôtre pendant six mois. Tu commanderas, tu dépenseras

en maîtresse absolue. Je ne me réserverai que
le droit de conseil. Comme tu aimes l'ordre,
les rangements, l'ornement de l'intérieur, il te
sera facile de t'en occuper avec goût. Si tu dé-
sires des leçons de cuisine, de couture, etc., il te
suffira de me le dire. Je voudrais te persuader
aussi qu'un art agrémente l'existence, surtout
celui de la musique. Le nouvel organiste est
un professeur remarquable. Le piano t'ennuie,
je désire que tu cultives ta voix. Et puis j'ai un
désir, j'aimerais à ce que tu essaies du violon ;
mais, je te le répète, tu feras ce que tu voudras
en tout.

— Grand'mère, je serai ravie de conduire la
maison, cela m'amusera beaucoup ; grand'mère,
j'essaierai du violon, c'est original ; grand'mère,
je cultiverai ma voix ; quant à travailler à mon
instruction courante, puisque tu me laisses absolument libre, c'est le meilleur moyen de
m'obliger à réfléchir au peu que je sais des
choses élémentaires. »

Et je réfléchis en effet, si bien que, les jours
suivants, je dis à ma grand'mère que je demanderais à mon père qu'il me fasse un plan d'études,
afin que tout en devenant maîtresse de maison,
perspective qui me séduisait de plus en plus,
je puisse m'éduquer un peu sur l'orthographe,
le calcul, la géographie et la littérature française, dont je savais peu de chose.

Je causai avec ma grand'mère d'une idée qui lui plut, celle de me faire donner des leçons par M. Tarvernier, maître de la pension où avait professé mon père et qu'on disait particulièrement habile à inspirer le goût de l'étude.

Mon père approuva tous mes projets et en particulier celui de choisir pour professeur un homme dont on lui avait vanté le mérite.

Il commença par me persuader qu'il fallait que je copie chaque jour cinq pages de Racine, et il me lut les cinq premières à haute voix, me soulignant la beauté des phrases, la sobre sonorité des mots; chose curieuse, avec ses idées excessives et ardentes en politique, mon père était un classique pur et n'avait d'admiration littéraire sans réserve que pour les grecs anciens et leurs imitateurs.

Quelles admirables leçons je reçus de lui durant les quelques heures qu'il passait à Chauny. Nous travaillions tous deux dans ma jolie chambre si bien tenue, si fleurie, dont il critiquait les vieux meubles, détestant ce qu'il appelait le rococo; mais où il se plaisait quand même.

Les lettres sont le plus grand des réconforts, me disait mon père; tout nous manque, elles nous restent. A Épidaure les médecins de l'antiquité affirmaient que les dernières traces d'une maladie ne disparaissent qu'après que le convalescent avait plusieurs fois senti son esprit se gonfler d'admiration en entendant des vers de Sophocle et d'Euripide.

Le rêve de mon père eût été un voyage en Grèce. « Nul n'en jouirait plus que moi », répétait-il, ajoutant : « Sois grecque, Juliette, si tu veux vivre privilégiée dans le culte de ce qui est éternellement beau, de ce qui élève l'homme au-dessus de son temps. »

Toujours navré de la politique, exécrant le général Cavaignac, lequel, prétendait-il, s'était plus que tout autre opposé aux tentatives de conciliation pour « planter son fanion de sauveteur social dans une terre noyée de sang », mon père, épouvanté du progrès que le bonapartisme faisait dans les campagnes, lui qui, jusque-là, ne m'entretenait que des événements publics, ne m'en parlait presque plus.

« Puisque la politique est la passion la plus douloureuse quand on est sincère, la plus décevante quand on est loyal, la plus désespérante quand on est passionné de justice, me dit-il un jour que je lui demandais la raison de son silence, laisse la politique. Des époques meilleures seront peut-être enfantées par nos souffrances actuelles : attends-les. Nous, les vieux combattants, engagés comme nous le sommes, nous ne pouvons nous retirer du combat, mais toi, pourquoi y entrerais-tu ? »

La proclamation de Louis-Napoléon :

« Si je suis Président, je m'engage à laisser au bout de quatre ans à mon successeur le pouvoir affermi, la liberté intacte, un progrès réel accompli », ce mensonge éhonté réveilla seul mes indignations politiques, mon grand-père nous l'ayant lue pris d'un fou rire. Les cinq millions de voix qui firent de Louis-Napoléon le Président de la République me parurent un acte insensé du peuple français. A force d'entendre mon grand-père répéter que tout Bonaparte se moquait des gribouilles républicains, je le croyais, et je ne fus pas étonnée lorsqu'il nous dit un jour :

« Mon prétendant a juré d'être infidèle à la République démocratique et de ne pas défendre la Constitution. Les benêts croient qu'il a juré le contraire, eh bien ! je perds mon nom si Louis-Napoléon Bonaparte, simple prince Louis, simple Bonaparte, n'est pas avant l'expiration de sa présidence l'empereur Napoléon III.

— Hélas ! il a raison », disait mon père qui écoutait mon grand-père, et, me parlant de ses tristesses, de ses écœurements, se reprochant de m'avoir tant prêché ses chères doctrines, de m'avoir trop jeune initiée aux désillusions de la vie, il ajoutait : « Je t'en supplie, Juliette, chasse de tes souvenirs cette année lamentable. Ta jeunesse ne peut s'alimenter de tant de doutes,

ta foi en l'avenir se vivifier dans la mort. Moi
j'ai jugé les hommes. Je méprise et je hais ;
quant aux principes auxquels j'ai cru, ils ont
reçu de tels assauts que je ne sais plus ce que
je veux et ce que je ne veux pas. Les libéraux
ne sont pas plutôt au pouvoir, qu'ils font de
l'autorité avec cynisme. Les républicains sont à
peine sortis des rangs des gouvernés pour devenir gouvernants qu'un souffle de folie passe sur
leurs esprits et qu'ils deviennent césariens. Tout
s'est écroulé pierre à pierre de mon bel édifice.
Je suis écrasé. Si j'ai connu un court moment
la joie de bâtir, la ruine a suivi de près. Je ne
veux à aucun prix t'imposer le supplice de vivre
ta vie si jeune dans les décombres. Je ne te
parlerai plus de politique. Je ne t'en écrirai plus.
Tu n'en noteras les faits que pour compatir à
une nouvelle torture de ton père.

Ma grand'mère compatissait beaucoup aux
chagrins, aux désillusions de son gendre.
« C'est un exalté, mais un sincère, disait-elle,
et un cœur d'or. »

La seule consolation de mon père fut de
s'occuper beaucoup de moi. Son avis était que,
comme je n'avais pas fait d'études premières, il
fallait que je remonte aux sources de notre littérature. Il me lisait de nombreux passages du
vieil Homère dans le texte pour me familia-
riser avec les sonorités admirables de notre

langue initiatrice, c'est ainsi qu'il la nommait.
Il me dicta le mot à mot des traductions de
chapitres tout entiers de l'*Iliade* et de l'*Odyssée*
qui lui paraissaient les plus beaux, me répétant
que nous avions des années devant nous, qu'il
se chargeait de mon instruction grecque.

« C'est avec moi que tu apprendras l'histoire
du peuple dans lequel la nature s'est incarnée
au point de le faire surnaturel. Ta tante Sophie
te latinisera dans la mesure où une lettrée doit
l'être. Elle aime la littérature romaine, la com-
prend, et je ne crains pas qu'elle moissonne
pour Rome l'admiration que j'aurai semée
en toi pour Athènes. A Chauny tu auras un
professeur de littérature exceptionnel, qui saura
t'apprendre beaucoup de choses inoubliables
et qui intéressera ta grand'mère à tes travaux,
ce qui l'arrachera un peu à ses romans. Tout
cela est, il me semble, parfait, et je ne doute pas,
si tu le veux, que tu n'arrives à penser mieux
que toutes tes compagnes laissées derrière toi
dans ta monotone pension.

**

Quelques mois de 1849 passèrent durant lesquels j'acquis de sérieuses connaissances élémentaires ; mais toute mon ardeur se dépensa

dans les études littéraires, grecques et latines, étrangères et françaises. Je m'identifiais à certaines œuvres et je les animais. Ma grand'mère, mon grand-père, Blondeau, vivaient en paix, occupés de moi, intéressés à tout ce que je faisais, amusés par les débordements de vitalité que je répandais sur toutes choses, se prêtant comme autrefois à mes plus capricieuses fantaisies. Lorsqu'un livre me passionnait, il fallait accepter autour de moi le rôle des personnages principaux de ce livre, parler leur langage, s'entretenir journellement de leurs actes et se prêter à des conversations qu'ils eussent pu avoir eux-mêmes. Je recommençai à faire des vers, un peu meilleurs peut-être que les premiers. Ce qui me plaisait le plus, naturellement, c'étaient les poèmes.

Homère, Homère, Homère! d'abord et toujours; mon père, quand j'étais à Blérancourt, consentait à se laisser appeler Ulysse, et ma mère, Pénélope, tout en protestant parfois aigrement contre le rôle que je lui imposais.

Moi, j'étais Nausicaa. J'avais la passion des savonnages, je disais des lessives, je tripotais dans l'eau avec délices, et que de fois mon père vint me trouver auprès d'une cuve mousseuse où le savon blanc se gonflait, et m'aborda en m'appelant Nausicaa aux bras blancs. Il me disait les paroles du chant VII de l'*Odyssée* :

« Le meilleur me parait être de te supplier, en me tenant loin, par des paroles caressantes, de peur que tu ne t'irrites en ton cœur. » Et il ajoutait :

« Je te compare en grandeur et en prestance à Diane, fille du grand Jupiter ; mais si tu es une mortelle qui habites sur terre, trois fois heureux sont ton père et ta mère. L'admiration me saisit en te voyant. Tel j'ai vu un jour à Delos, auprès de l'autel d'Apollon, une jeune pousse de palmier croissant. »

Et il continuait, sautant d'un vers à l'autre, courant à ce qu'il lui plaisait de choisir, et moi je lui répondais, car je savais par cœur les chants aimés, tant redits.

Mon père eut, durant mon séjour auprès de lui cet été-là, un très grand chagrin auquel je pris part, car il en souffrait de façon à attendrir ma mère elle-même. Ses dernières espérances lui furent brutalement arrachées.

Le 15 juin, il m'apprit que Ledru-Rollin avait, le 13, demandé à la nouvelle Assemblée qui venait d'être élue et dont la majorité était réactionnaire, la mise en accusation du Prince-Président et de ses ministres, coupables d'avoir violé la Constitution. Sous le prétexte mensonger de sauvegarder la liberté italienne, notre intervention se terminait par l'entrée des troupes françaises à Rome, rétablissant le pape.

Ce qui désespérait mon père et l'accablait, ce n'était pas autant, me disait-il, l'échec de leur motion que le rôle hésitant, ridicule, joué par les deux derniers champions de ses idées, Ledru-Rollin et Victor Considérant, dans l'essai d'appel au peuple, qu'on appelait l'affaire des Arts-et-Métiers, et leur fuite quelque peu honteuse par les derrières de l'école. Ceux-là, eux aussi, étaient donc sans valeur comme chefs d'opposition, sans courage?

En juillet on arracha les arbres de la Liberté, et mon père, qui avait accepté la fonction de maire pour planter l'un de ces arbres, donna sa démission le jour où il fut arraché.

Mon père commença à confondre alors, dans une même réprobation, monarchistes et réactionnaires républicains.

Les émotions devaient le frapper coup sur coup.

Depuis l'insurrection de Juin 1848, des sociétés secrètes s'étaient formées, les unes pour lutter contre la réaction, les autres, comme celle du 10 Décembre, pour préparer l'Empire, et elles s'espionnaient réciproquement, les bonapartistes dénonçant volontiers ceux de la « Marianne ».

Des perquisitions eurent lieu qu'on appelait visites domiciliaires. Les réactionnaires prétendaient que le but de certains groupes de ces sociétés était de renverser la République, et c'était un prétexte pour traquer les républicains.

La manie que j'avais de chercher les cachettes d'argent de mon grand-père m'avait fait découvrir les allées et venues de mon père au grenier qui devaient avoir aussi une cachette pour motif. Il me fallut la trouver. Entre deux poutres une cavité recélait une grosse liasse de papier, des listes de noms, la preuve d'une organisation de société dans laquelle on jurait de combattre les tyrans, de répondre au premier appel de l'insurrection, etc.

« Tu devrais bien brûler les papiers de la Marianne si compromettants pour bien des gens, dit un jour ma mère à mon père. Puisque vous n'osez plus vous réunir, mieux vaudrait se débarrasser de procès-verbaux et de listes qu'il me paraît dangereux de conserver.

— J'y ai songé, répondit mon père. Je convoquerai nos frères et amis deux à deux, à partir de demain, et je leur demanderai l'autorisation de détruire nos archives. »

Le soir même je me fabriquai une large poche attachée à un cordon que je pouvais nouer autour de ma taille et que je portai dès le lendemain sur moi.

Il était temps! Mon père n'avait pas réuni dix des affiliés de la Marianne (y eut-il des traîtres parmi les « frères et amis » convoqués séparément?) que le procureur de la République, à la tête de toute une commission, pénétra un matin chez nous à l'heure du déjeuner et qu'exhibant ses papiers il commença, aidé de deux gendarmes, à fouiller dans le secrétaire de mon père. Celui-ci était atterré, ma mère figée. Je regardai les visiteurs faire, ayant mon idée; je les aidai en les dirigeant aimablement; je dis même au procureur de la République en riant :

« Ce n'est pas très joli, monsieur, ce que vous faites là, c'est même indiscret. »

Le procureur et ses collègues s'amusèrent de ma conversation.

Je demandai tout à coup à ma mère :

« Maman, permets-tu que j'aille dire à Blatier — c'était le jardinier qui regardait effaré par la fenêtre — qu'il fasse rafraîchir du cidre pour que tu l'offres à ces messieurs? la chaleur est si grande! »

Ma mère me répondit oui par un signe. Ayant voulu passer d'une pièce dans une autre un instant plus tôt, l'un des gendarmes l'en avait empêchée. On me laissa sortir. Je dis à Blatier de tirer de l'eau au puits, et j'allai avec lui, me sentant suivie des yeux par un gendarme qui regardait à la fenêtre. Tandis que le jardinier tirait de l'eau, je descendis à la cave, remontai des bouteilles que je plaçai dans le seau. Puis je traînai les choses, je redescendis à la cave, fis chercher un autre seau pour d'autres bouteilles que je remontai, et lentement je fis mine de rentrer. Alors je me glissai d'un bond jusqu'à la porte du grenier et d'un autre bond jusqu'au grenier, après avoir enlevé mes souliers pour ne pas être entendue, la maison n'ayant qu'un étage. Je mis les papiers dans ma poche, redégringolai et rentrai tranquillement dans la chambre de mes parents qu'on fouillait avec rage.

Ma mère, tremblante, donnait la clef des meubles. Mon père, assis, ne bougeait pas. Je préparai moi-même un plateau, des verres. Je retournai dehors faire changer l'eau des seaux et je servis bientôt du cidre glacé à nos visiteurs ravis.

Ils fouillèrent l'écurie, la remise, la cave, le grenier.

Lorsque mon père les entendit monter, il se leva, la figure bouleversée, et je vis que ma mère se disait : « Les papiers doivent être là-haut, nous sommes perdus ! »

Je pris un verre plein de cidre, je m'approchai de mon père toujours gardé à vue par le gendarme. Il repoussa mon verre, je me penchai vers lui comme pour le convaincre de boire et je lui glissai ces mots :

« Ne change pas de figure. J'ai les papiers. »

Mon père avala le verre de cidre d'un trait. Je l'embrassai, ce qui attendrit le gendarme. Mon père me serra dans ses bras à m'étouffer.

Grâce à moi, ces messieurs n'avaient découvert que des choses insignifiantes.

« Mademoiselle, me dit le procureur de la République, je suis heureux de vous annoncer que nous n'avons rien trouvé de compromettant pour votre père. C'eût été grave s'il nous eût fallu constater les faits qui nous étaient dénoncés, car Monsieur votre père figure sur la liste des arrestations, et eût pu être emprisonné, déporté même. Il a la réputation d'un révolutionnaire dangereux et de plus très propagandiste.

— Je vous remercie, monsieur, répliquai-je. Vous devez avoir une fille pour être si paternel avec moi. »

Le procureur sourit et ne me répondit pas. Il salua ma mère, mon père, et sortit.

Je le reconduisis jusqu'à la porte. J'accompagnai du regard durant quelques minutes la « commission domiciliaire ». Je poussai les verrous, tournai la clef à double tour et je rentrai dans la salle à manger où mon père était de nouveau effondré.

« Il est heureux qu'ils n'aient pas trouvé ces papiers qui devaient être dans le grenier, d'après l'air que je t'ai vu », disait ma mère.

Mon père lui répondit :

« C'est Juliette qui les avait enlevés.

— Comment cela? »

Je soulevai ma jupe et victorieusement je m'écriai :

« Voilà comment on se moque des perquisitionneurs. »

Je redis les paroles de ma mère par lesquelles j'avais été mise au courant de l'importance de ces papiers et pourquoi j'aimais à découvrir les cachettes.

Mon père ne se remettait pas de son émotion dans laquelle il entrait une violente dose d'indignation.

« Une pareille République, répétait-il les jours qui suivirent la fameuse visite, m'est plus odieuse que ne me l'a jamais été la monarchie. Puissé-je voir avant peu ceux qui prétendent servir cette République de mensonge et ne pensent qu'à persécuter les républicains, plier l'échine devant le même tyran, être écrasés tous sous la même botte. »

***

Je plaignais mon père de ce qu'il souffrait, du fond de mon cœur, mais ses propres utopies n'appelaient-elles pas ce qu'il nommait la réaction effrénée? Quand ma grand'mère me disait :

« Juliette, comment veux-tu qu'un pays se laisse guider politiquement par de braves gens aussi insensés que ton père? Ils font fuir l'opinion au point extrême de leurs idées. »

J'étais alors de son avis à elle.

Durant toute cette fin d'année et au commencement de l'autre, je travaillai sérieusement, et je me rappelle, non sans plaisir, l'un de mes premiers succès littéraires. Mon professeur, M. Tavernier, chef de l'institution de jeunes gens qui nous faisait vis-à-vis, eut un jour l'idée, pour provoquer une double émulation, de me faire concourir avec ses premiers élèves.

La ville tout entière parlait beaucoup à ce moment-là d'un épouvantable orage qui avait éclaté en avril, fait plusieurs victimes, et dont le souvenir terrifiait encore les paisibles Chaunois.

Mon professeur nous le donna, à ses élèves et à moi, comme sujet de narration. J'avais suivi et observé chaque détail de cet orage et même noté mes observations : l'effarement des oiseaux, le frissonnement des feuilles, la plainte des arbres, secoués par la raffale, les terreurs des gens qui passaient, le bouleversement du ciel, les sonorités proches ou éloignées des bruits du tonnerre, les coupures tordues des éclairs, le terrible choc de la foudre qui avait failli me tuer.

Croyant l'orage terminé, étouffant, je m'étais assise dans un courant d'air établi par deux fenêtres ouvertes en face l'une de l'autre. La foudre assourdissante éclata et traversa les deux fenêtres, me renversant de ma chaise et me jetant à terre. Je décrivis tout cela avec émotion.

Parmi les élèves de la pension, il y avait beaucoup de jeunes gens que je connaissais, frères et parents de mes ex-compagnes de pension. Tous savaient la cause de mon renvoi de chez Mlles André et m'admiraient comme une jeune personne « vaillante », expression consacrée autour de moi et que répétait à satiété ma grand'mère.

Je copiai, recopiai ma narration.

Je m'appliquai, me passionnai à en avoir la fièvre, et je fus proclamée première par mes concurrents eux-mêmes. L'un d'eux vint m'en apporter la nouvelle et me féliciter. Je l'aurais embrassé : mais ma grand'mère me fit un signe impérieux et je remerciai simplement, mais avec une gratitude chaleureuse.

« Comment ! me dit ma grand'mère, tu allais embrasser ce garçon, mais regarde-toi donc.

Tu es une jeune fille, tu n'es plus une enfant.

— Mais, grand'mère, je n'ai quatorze ans que dans six mois.

— Tout le monde t'en donne seize ! »

Ma grand'mère envoya à mon père, à mes tantes, à la famille de mon père, ma fameuse composition, dont elle fit elle-même des copies, gardant le texte original retrouvé par moi quelque vingt ans plus tard.

Je ne songeai plus alors qu'à la littérature, et j'exaltai mon imagination avec ivresse.

Un chiromancien vint à Chauny à cette époque, et ma grand'mère n'eut qu'une idée, celle de « le faire lire dans ma main », comme elle disait. Il y vit, « près de Jupiter distinctement, affirma-t-il, l'étoile de la célébrité », et il ajouta : « Je retrouverai un jour cette main », et il la reconnut, en effet, plus de vingt années après, sur la côte d'azur, sans qu'il pût soupçonner qui j'étais ; ma grand'mère, à partir de ce moment, n'eut plus un doute sur ma destinée.

A cette époque je mis en action autour de moi les Lusiades de Camoëns. Chacun de nous y eut son rôle, et pendant plus d'une année mes grands parents et moi, Blondeau, mon père lui-même qui était devenu Mousshino d'Albuquerque, nous nous incarnions dans le personnage héroïque choisi par chacun de nous, entremêlant à notre grand amusement la fiction et la vie journalière, pris de rires bruyants, lorsque la vulgarité des événements compromettait les solennités de la figure de Vasco de Gama — c'était moi !

Mon grand-père, le géant Adamastor, appelait ses pigeons en récitant un passage des Lusiades. Nous savions littéralement par cœur l'admirable poème. Que c'était drôle quand une charrette qui passait dans la rue remuait la maison qui devenait notre navire. Quelles réflexions dolentes sur les dangers que nous courions ; mon équipage quelquefois se révoltait, surtout à table où nous étions tous réunis, contre mes exigences. Je faisais alors taire les mutins en drapant ma serviette autour de mon corps pour rappeler la scène du drapeau. Le mélange du respect pour l'œuvre et des cocasseries de nos interprétations était tellement amusant que nous eûmes grand peine à délaisser les Lusiades pour vivre un roman de Walter Scott, *Ivanhoë*, qui me passionna aussitôt lu.

Mon père faillit à ce moment-là quitter Blérancourt. Les prières de ma grand'mère, les miennes, le préservèrent d'une nouvelle folie qui lui eût fait perdre sa situation acquise.

Il désirait faire partie du Phalanstère de Condé-sur-Vesgres. M. Baudet Dulary, député, ayant mis à la disposition de Victor Considérant une grande partie de sa fortune pour faire l'essai des doctrines de Fourrier, mon père voulut participer à cette tentative qui échoua plus tard de façon lamentable, mais à laquelle l'un de ses amis dont j'ai déjà parlé prêtait son concours actif.

Durant ce même printemps de 1850, il vint à Chauny une troupe dramatique. Je n'étais jamais allée au théâtre qu'à l'opéra de Charles VI à Amiens, lors de mon voyage en chemin de fer. J'avais lu beaucoup de pièces de toutes sortes, car je dévorais les livres comme ma grand'mère, mais je n'avais pas vu jouer une comédie avec toutes les ressources de la réalité.

Blondeau décida qu'il me conduirait voir le drame de « *Marie Jeanne ou la fille du peuple* ». Ma grand'mère avait une telle horreur de sortir que ce fut mon grand-père qui nous accompagna, Blondeau et moi.

Le barbier de mon grand-père, Lafosse, du quartier de la Chaussée, qui venait tous les jours le raser, avait une femme modiste. Ma grand'-mère me fit faire par Mme Lafosse un gracieux bonnet de blonde avec de tout petits rubans roses. On n'allait pas en cheveux au théâtre à Chauny, et un joli bonnet était plus habillé qu'un chapeau.

On me regarda beaucoup. Mon grand-père et Blondeau ne cessaient de chuchoter, et je comprenais bien qu'ils parlaient de moi, mais Marie-Jeanne m'intéressait autrement que ma personne.

J'entendis plusieurs fois ces mots :

« Quel âge peut-elle avoir? »

Les jeunes messieurs me regardaient plus hardiment au théâtre que dans la rue, et ils se parlaient entre eux à mon propos, je le voyais bien, et je comprenais que ce n'était pas pour se moquer de mon bonnet à petits rubans roses qui m'avait inquiétée au départ.

Marie-Jeanne me fit tant pleurer que je revins à la maison les paupières toutes gonflées. Ma grand'mère m'attendait et me déclara que j'étais une sotte de m'être ainsi boursouflé les yeux.

Mais mon grand-père et Blondeau la calmèrent en lui chuchotant ce qu'ils avaient chuchoté entre eux.

Tous les amis et toutes les amies de ma grand'-mère, vinrent la voir dans la semaine qui suivit la représentation de Marie-Jeanne et lui dirent que j'avais « fait sensation ».

Ma grand'mère ne se tenait pas de joie et elle eut le tort de l'écrire à mon père. Il arriva, furieux. Le drame de famille prit cette fois des proportions tragiques. Mon père parla de ses droits. Il lui appartenait de veiller sur moi pour mettre ordre aux folies de ma grand'-mère.

Quoi! elle m'envoyait au théâtre avec un étranger, avec mon grand-père auquel ses mœurs plus que fantaisistes interdisaient le rôle de chaperon? N'était-ce pas la pire des insanités que d'affubler du bonnet d'une fille de vingt ans une enfant qui n'en avait pas quatorze?

Toute la ville avait dû me plaindre, se moquer de ma grand'mère. Ah! elle ferait tant et si bien que je ne trouverais pas de mari!

« Vous vous trompez, mon cher Jean-Louis, en cela comme en toutes choses, répliqua ma grand'mère avec colère, car non seulement la demande en futur mariage de Juliette qui m'avait été faite il y a un an m'a été renouvelée hier, mais tout à l'heure, avant votre arrivée, j'en ai reçu une autre.

— Vous ne pourriez pas dire de qui? »

Ma grand'mère montra une lettre à mon père et lui nomma une autre personne.

« Une et une font deux », dit-elle.

Mon père se tut un instant, puis bientôt, d'un ton outré, il reprit :

« Alors vous voulez marier Juliette comme **vous** vous êtes mariée, comme vous avez marié votre fille?

— Non, répliqua-t-elle cruellement, je ne **veux** pas faire moi-même la situation de mon **petit** gendre. Il faut qu'il en apporte une.

« — J'emmène Juliette, elle est à moi! s'écria mon père.

— Je garde l'enfant abandonnée! que j'ai tirée de la misère où vous l'aviez mise, monsieur mon gendre!

— Je vous enverrai les gendarmes.

— Essayez! Je vous lâche tous et j'emmène Juliette à l'étranger. »

Alors se succédèrent pour moi des jours d'une tristesse mortelle. Assaillie par les lettres de mon père qui ne revint plus, par les visites de ma mère qui trouvait moyen de m'irriter contre mon père et contre ma grand'mère, la vie me devenait insupportable.

Je restai plusieurs mois sans voir mon père. Toute la famille le condamnait. Mes tantes, durant la saison que je passai chez elles, et qui n'avaient jamais écrit à mon père, lui écrivirent; ce fut pour donner raison à ma grand'mère, pour lui dire qu'il n'avait nullement le droit d'influencer mon esprit dans le sens des excentricités du sien, que la « majorité » des affections qui m'entouraient créait des droits à ces affections.

Dans l'une de mes lettres à ma grand'mère, je lui parlai de la lettre de mes tantes à mon père et elle leur en fut profondément reconnaissante.

Chose curieuse, cette intervention la calma.

A partir de ce moment elle parla de mon père avec moins de rancune.

Peu à peu la brouille s'apaisa encore une fois. Je désirai revoir mon père. Je souffrais de notre séparation et dans mon cœur et dans le développement de mon esprit. M'attachant de plus en plus aux études sur la Grèce, j'avais besoin d'un guide, et nul ne pouvait remplacer mon père. Je dis à ma grand'mère combien il me manquait, comment j'étais arrêtée pour progresser dans la littérature, et j'ajoutai, en riant, qu'elle entravait à plaisir, par rancune, ma future carrière d'écrivain.

Un beau jour d'automne, ma grand'mère me dit qu'elle me permettait de passer Noël et une partie de janvier à Blérancourt.

Mon chagrin et celui de mon père allaient être consolés, je m'en réjouissais de tout mon cœur, et ce furent des transports de joie sans fin quand nous nous revîmes. Mon père témoigna tant d'amour à sa grande fille, il fut si tendre, si occupé de tout ce qui pouvait ou me plaire, ou m'amuser ou m'instruire, que ma mère, prise de l'un de ses accès maladifs de jalousie, entra en hostilité ouverte avec mon père à propos de tout ce qui me touchait et m'infligea des tortures continuelles.

J'étais adulée par tout le monde chez ma grand'mère ; je fus humiliée sans trêve chez ma mère. Si mon père parlait de mon intelligence, de ma beauté, ma mère déclarait que j'étais aussi sotte que laide.

Il me sembla alors que j'étais jugée avec exagération dans un sens et dans l'autre et, entre les deux, je commençai à me juger moi-même, comme je l'ai toujours fait depuis, sans bienveillance extrême, sans parti pris de malveillance. Au fond, je suis reconnaissante à ma mère de m'avoir garée de la suffisance.

Mes études sur la Grèce recommencèrent avec passion. Mon père n'était pas seulement un professeur, c'était un poète.

« Comment peux-tu être un républicain si rouge avec un tel amour de la Grèce marmoréenne? » lui disais-je.

« Le marbre chez les Hellènes n'était que le squelette de la vie architecturale et sculpturale, me répondait mon père, et dans la couleur grecque le rouge dominait. D'ailleurs il ne s'agit pas d'art dans la conception républicaine, mais de politique. L'art est éternel, la politique est la science des entraînements pour une marche en avant. Je puis être classique en art, et avoir le culte de ce qui est ancien. Je ne puis avoir en politique que le désir du nouveau. Quand le peuple aura reçu de nous la bonne parole vivifiante, il comprendra la beauté et l'art comme

nous les comprenons. Déjà il les sent intuitivement mieux que le bourgeois. »

Il fallait entendre mon père parler du peuple ;
ce mot était prononcé par lui avec ferveur et
presque religieusement.

« Moi, papa, répliquais-je, je veux une République blanche, une République Athénienne
avec une aristocratie qui surgisse de la masse et
qui soit le meilleur de cette masse. Je veux une
caste supérieure qui gouverne, qui instruise,
qui éclaire.

— Moi je veux le peuple, rien que le peuple
dans lequel nous nous fondrons comme en un
creuset puissant. Le peuple a des sèves qui sont
épuisées en nous ; il a une vitalité que nous
n'avons plus. Les petites gens, ajoutait-il, ne
sont coupables d'aucun de leurs défauts, que
personne, durant leur enfance n'a pourchassés
utilement, intelligemment et, combien ils sont
admirables dans leurs qualités natives, que tant
d'éléments travaillent à fausser ! Pourquoi le
cercle est-il vicieux ? Pourquoi le peuple n'est-il
pas instruit avant qu'on l'instruise ? Il ne se
laisserait pas exploiter par des ambitieux crimi-
nels.

Le prince Louis-Napoléon, président, passait
des revues, faisait des voyages de propagande ;
les « d'Orléans », comme on disait alors, intri-
guaient à Clermont, les légitimistes à Wiesba-

den ; ce qui restait de la forme républicaine subissait tous les assauts.

Mon père répétait : « Il nous reste le peuple ! » Mais sa conviction se heurtait à la démonstration, chaque jour plus évidente, qu'on éliminait par tous les moyens ce peuple des consultations nationales. Les ouvriers patriotes étaient prêchés par ceux qui disaient avoir souffert de la figure effacée faite par la France en Europe sous le roi Louis-Philippe, et ne cessaient de rappeler l'époque glorieuse de Napoléon Ier.

Auprès de mon père, il fallait bon gré mal gré entendre parler de politique ; comme je n'y mettais plus de passion personnelle, que je jugeais des choses avec détachement, je ne m'emportai, ni ne discutai, et notre vie eût été calme ou à peu près sans le caractère aigri de ma mère et les continuelles violences de mon père.

Sous d'autres formes qu'entre mon grand-père et ma grand'mère, les mêmes scènes de disputes interminables avaient lieu. Ces disputes entraient-elles dans la manière de vivre de chaque ménage à l'époque de ma jeunesse? Je ne sais. Était-on plus sensible alors, plus susceptible, plus dramatique qu'aujourd'hui? Je le crois.

Bien des années après, ma vie fut à nouveau mêlée à celle de mon père et de ma mère, et il me sembla que ces disputes perpétuelles comportaient une sorte de sensualité dans le raccommodement.

Pleurer, s'emporter, s'accuser, se haïr un instant, puis se calmer, se pardonner, se réconcilier, s'embrasser, s'aimer; tout cela devenait un besoin et animait l'existence.

Mon père ne pouvait se corriger de ses terribles colères, se désespérant chaque fois de les avoir eues, mais recommençant à les avoir à tous propos.

Ma mère provoquait ces violences par des réflexions ou par des observations froides, ironiques, cinglantes, comme celles-ci, par exemple :

« Le caractère de M. Lambert est à l'orage. Nous n'éviterons pas la danse de la vaisselle et des verres au déjeuner ou au dîner, » ou bien : « Monsieur le républicain voit rouge aujourd'hui, nous serons en danger, etc., etc. »

Ressemblant à mon père comme je lui ressemblais, je sentais bien souvent en moi sourdre la colère ; l'exemple de mon père si bon, si tendre, si juste, mais si aveuglé par ses emportements, devenant mauvais, cruel même, m'apprit à me dompter, et je ne me suis jamais permis dans ma longue existence, en fait de mouvements de violence, que des indignations et des haines vigoureuses contre les méchants ou contre les ennemis de mon pays.

On répète souvent : « A père avare, enfant prodigue, » ou le contraire, et cela est vrai, car les enfants, à l'école de leurs parents, prennent des leçons de faits journaliers, qui se gravent, s'impriment à tout jamais en eux, les obligent à juger et à condamner.

A force d'entendre mon père et ses nombreux « frères et amis » discuter de politique violente, « avancée », comme on disait alors, j'étais devenue tout à fait modérée. Que de projets de « Défense républicaine » ont été formés devant moi. Les uns voulaient assassiner le Prince-Président, les autres faire sauter la Chambre des Députés, les autres soulever le peuple contre les traîtres.

Je restai à Blérancourt jusqu'au 1ᵉʳ février 1851.

Il vint un jour déjeuner chez mon père un républicain très « avancé » et de plus « comtiste », ce que mon père dut m'expliquer, car c'était la première fois que j'entendais parler d'Auguste Comte. Il était avocat à la cour d'appel de Paris, mais habitait Soissons, où il ne devait pas se fixer et où il surveillait une série de procès très importants d'une tante. Il s'appelait M. Lamessine et avait la réputation d'un homme de talent. Sa conversation brillante me plut, son scepticisme me déplut. Il disait que le bien n'a pas d'autre intérêt que celui d'être la contre-partie du mal, que la morale lui apparaissait comme formant le contre-poids de la démoralisation. Il tenta de persuader à mon père qu'il faut que la société se corrompe encore plus qu'elle ne l'est pour qu'il en sorte une végétation nouvelle. Il avait le type d'un Italien du Midi. Des yeux très sombres, un teint mat, des cheveux d'un noir bleu luisant très ondulés. Son grand-père, venu de Sicile, s'appelait de la Messine; il s'était fait naturaliser Français à la grande Révolution et avait simplifié son nom.

Je me mêlai aux discussions comme toujours et me passionnai. M. Lamessine en fit autant et la joute fut amusante. Il n'avait foi en rien. J'avais foi en tout. Mon père, lorsque j'hésitais, me fournissait des arguments parfois contraires à ses propres idées; mais il me voulait victorieuse contre un négateur.

M. Lamessine nous quitta en riant et me dit : « Sans rancune, mademoiselle la batailleuse. »

Je répondis :

« Mes vœux, monsieur, pour qu'il vous pleuve du ciel un peu de conscience de ce qui est le bien et le beau. »

Ma grand'grand'mère de Chivres, très malade en mars, crut sa fin prochaine et voulut me voir. Heureusement nous n'eûmes qu'une alerte et bientôt notre joie fut complète de la voir entièrement rétablie.

Sous prétexte que des affaires l'appelaient à Condé, M. Lamessine, qui habitait Soissons, vint faire visite chez mes tantes, comme ami de mon père au moment où j'y étais. Il fut assez mal accueilli et me vit dans le costume de paysanne que j'avais quelque peu amélioré, ma grand'mère n'ayant pu admettre que je fusse fagotée, même loin d'elle.

Vêtue d'indienne, avec un fichu de cotonnade, une marmotte à la bordelaise, je n'étais pas plus laide qu'en d'autres costumes. M. Lamessine me complimenta sur ma poétique paysannerie.

L'accueil qu'il reçut ne lui permit pas de revenir.

Ma tante Constance me taquina sur ce prétendant, mais je me fâchai bel et bien en disant que j'avais des prétendus plus jeunes, et que je la priai instamment de me laisser tranquille.

Deux mois après, je retrouvai M. Lamessine chez mon père. C'était en juin 1851. Les républicains s'agitaient beaucoup. Le Président venait de prononcer son discours de Dijon dans lequel il avait dit que si son gouvernement n'avait pu réaliser toutes les améliorations désirées, c'était la faute des factions.

Pour M. Lamessine et pour mon père, ce discours contenait la menace d'un coup d'État.

On réunit le soir quelques amis et on délibéra ; bien entendu, je n'assistai pas à ces délibérations. Mon père me dit seulement le lendemain :

« Le moment est grave ; mais nous avons un homme qui a du sang de carbonaro dans les veines. Il fera quelque chose. » Mon père parlait de M. Lamessine.

M. Lamessine vint plaider à Chauny le 1er décembre. Il y arriva muni d'une lettre de mon père pour ma grand'mère et il fut avec elle d'une amabilité extrême.

Retenu à dîner, il se montra bien moins sceptique et prétendit que mes arguments et mes souhaits avaient eu beaucoup d'influence sur son esprit. Je ne le crus pas. J'y vis une flatterie dont je ne m'expliquai pas le motif, mais qui me parut hypocrite. J'éprouvai ce soir-là une sorte de malaise, d'angoisse inexplicable, et je quittai le salon de bonne heure.

Le lendemain, ma grand'mère triomphante me dit :

« M. Lamessine demande ta main. Il s'engage à habiter Paris dans trois ans. C'est mon rêve réalisé. Sa tante l'a doté pour le dédommager d'avoir quitté la capitale et de défendre sa fortune dont il a déjà reconstitué une partie ; moi aussi je te dote ; mais je ne dirai pas ce que je te donne à cause de ta mère, de sa jalousie. Il est convenu que j'irai passer tous les hivers avec toi à Paris. »

J'étais atterrée, ahurie, affolée.

« Quoi? quoi? Tu me maries comme cela, tu as promis ma main à cet homme qui a le double de mon âge. Je n'en veux pas, je n'en veux pas!

— Juliette, tu es insensée. Jamais, à Chauny, loin de toutes relations parisiennes, nous ne retrouverons une telle occasion. C'est la Providence qui nous l'envoie. D'ailleurs, il est très bien. Il ressemble trait pour trait à l'un des héros de mon Balzac, tu vas voir. »

Elle alla chercher l'un de ses volumes favoris et me lut certains passages qu'elle savait à peu près par cœur et qui me sont restés dans l'esprit.

Je pris à témoin Blondeau, mon grand-père, de la folie du projet de ma grand'mère. Peine perdue! Il était déjà trop tard. Ma grand'mère, dès le matin, les avait convaincus, sinon du bonheur que je trouverais dans ce mariage, mais de la possibilité pour moi d'habiter Paris et d'y « conquérir la célébrité ».

Mon père et ma mère, appelés, arrivèrent quelques jours plus tard. Mon père était dans un état d'excitation extraordinaire, le coup d'État, qu'il prévoyait cependant, ayant éclaté.

Ma mère, aux premiers mots, déclara qu'elle partageait les idées de ma grand'mère sur mon mariage. Mon père une fois de plus s'emporta, cria très haut qu'il ne consentirait jamais à une telle union de sa fille unique avec un « vieillard », c'est-à-dire un mari qui aurait le double de l'âge de sa femme. Il déraisonna, il dépassa la mesure des résistances et finalement quitta le salon, jurant et injuriant. Il réapparut quelques minutes plus tard, entr'ouvrant la porte. Il m'appela, me prit dans ses bras après m'avoir enveloppée d'un châle de ma mère, me porta dans sa voiture attelée dehors, et fouettant son cheval m'enleva, tandis que ma mère et ma grand'mère criaient dans la rue, lui ordonnant de me laisser.

Il était littéralement fou et me parla dans des termes violents de M. Lamessine, me disant des choses que je n'avais jamais entendues sur la conduite d'un « vieux garçon ».

Cependant, la soirée que je passai seule avec

mon père à Bléancourt m'attendrit **au delà de** tout ce que je puis redire. Sa colère était tombée. Il me peignit le désespoir d'un père qui adore sa fille qui l'a à peine eue à soi et qu'on voudrait obliger à la livrer encore enfant à un indigne. Ses larmes coulèrent. Il me dit combien il était malheureux, me raconta sa vie tout entière.

« Plus j'ai aimé, plus j'ai été broyé par ce que j'aimais, me dit-il. D'abord, broyé dans ma foi, puis broyé dans mon amour pour ma femme, mon premier, mon unique amour, broyé dans l'amitié, exploité par mon meilleur ami, le docteur Bernhardt, pour qui j'avais tout abandonné, mes minces ressources, mon bonheur, mon enfant; dois-je donc être broyé dans ma fille idolâtrée au moment où je suis broyé dans ma passion pour la République, pour la liberté?... »

Depuis quelques jours, la terreur régnait. Tous les chefs du parti de la liberté étaient exilés. Vingt-six mille déportés, les meneurs républicains expédiés à Noukahiva; leurs soldats ne pouvaient se rassembler.

A peine Louis-Napoléon Bonaparte venait-il, en novembre, de rassurer le pays sur la pureté de ses intentions, qu'il s'emparait frauduleusement de la France.

« La France a compris, dit-il, alors, que je

n'étais sorti de la légalité que pour rentrer dans le droit. »

« Tout est fini de la République et par la faute des républicains, répétait mon père avec désolation. Je hais de la même sorte ceux qui se sont laissés vaincre par mollesse, et ceux qui ont vaincu par brutalité. Et voilà que maintenant on veut sacrifier ma fille à je ne sais quel rêve idiot de célébrité, répétait-il. Juliette, Juliette, mon enfant, moi et toi, nous te défendrons ! Tu es mon dernier refuge, ma dernière espérance, je m'accroche à toi ! »

Et mon père pleurait comme un enfant. Je le consolai presque maternellement et lui dis :

« Père, rassure-toi, on ne me mariera pas malgré moi. »

Le lendemain matin, ma mère, qui avait été plantée là et qui ne sut jamais cacher une rancune, arriva furieuse, fit une scène durant laquelle des mots inoubliables furent prononcés, des mots méchants que mes parents n'eussent jamais dû se jeter à la tête devant moi, car ils mirent en mon esprit une première fois le désir d'échapper à tant de violences et au spectacle de tant de cruelles blessures rouvertes sous mes yeux.

« Plus rien, on ne me laisse plus rien, j'ai tout perdu, s'écriait mon père. Je suis un naufragé qui se débat au milieu des épaves, je voudrais mourir ! Par pitié qu'on ne m'arrache pas ma fille.

— Ta fille ne peut rester ici, répliqua ma mère, sa grand'mère l'attend, car c'est elle qui m'a ramenée ; elle est chez les Decaisne. Juliette serait ballottée sans cesse maintenant entre nous, c'est elle qui serait la naufragée. D'ailleurs je ne la veux pas ! Sa grand'mère l'a prise, élevée à sa façon, qu'elle la garde, la marie, fasse son bonheur à son gré, nous n'avons plus à nous en mêler. La responsabilité en reste à toi, qui, le premier, as oublié tes devoirs de père ! »

Et ma mère m'emmena désemparée, me sentant réduite à l'impuissance, laissant mon père à son désespoir. Et de nouveau on m'enveloppa du même châle et je revins à Chauny, cette fois dans une voiture fermée, car la nuit était noire et la pluie tombait à torrents.

Mon père m'écrivit une lettre que j'eus le tort de garder et qui, trouvée plus tard, provoqua l'une des crises les plus douloureuses de ma vie qui commençait à en compter beaucoup.

« Ma fille adorée, me disait mon père, ne te laisse pas vouer au malheur. L'homme qu'on veut te faire épouser est un sceptique ; il désire associer l'attrait de ta personne à sa valeur, comme influence dans le monde, au profit d'une situation qu'il ambitionne, ce n'est

pas l'homme qui t'aimera et que tu aimeras
jamais. On ne peut te marier sans mon consentement, ne l'oublie pas. Dussé-je perdre à tout
jamais ce qui me reste de tranquillité, je ne te
sacrifierai pas. Si toi-même tu te laissais égarer
et me demandais mon consentement à ce
mariage, je n'aurais plus qu'à ajouter le désespoir de ma vie familiale à mes désespérances de
la vie publique. »

Comment redire mes luttes durant de longs
mois? On les devine. Ma grand'mère et ma
mère voulaient ce mariage pour des raisons
différentes, mais également égoïstes, qui les
aveuglaient, ma grand'mère pour se rapprocher
de moi, M. Lamessine lui ayant promis qu'elle
habiterait avec nous l'hiver à Paris dès que
nous y serions fixés; ma mère pour m'éloigner
davantage de mon père.

Pauvre père! Il était pris de rage folle et se
jetait à nouveau et à corps perdu dans la politique, s'affichant, se compromettant, ne rêvant
que de foncer sur un ennemi, quel qu'il fût, de
batailler, de combattre, d'échapper par d'autres
souffrances à ses souffrances en se faisant envoyer à Noukahiva.

Il y réussit et figura bientôt en tête d'une
nouvelle liste de déportés du département de
l'Aisne. Lorsqu'on vint pour l'arrêter en 1852,
il était malade, au lit, à tel point qu'il ne put

être emmené. Ce délai permit à ma grand'mère d'écrire à mon ami Charles qui, après avoir quitté Flocon pour se rallier au bonapartisme, était devenu un homme influent. Il fit rayer mon père de la liste des déportés mais adjura ma grand'mère de l'obliger à se tenir tranquille, car il ne pourrait le sauver une seconde fois, écrivait-il, si ses « extravagances de démocrate socialiste le signalaient à nouveau comme dangereux ».

Hélas ! mon père, au moment où cette lettre parvint à ma grand'mère, avait une fièvre cérébrale qui mit durant une semaine sa vie en danger. Mon grand-père, dès la première nouvelle de la maladie de mon père, avait couru à Blérancourt et s'était installé au chevet de son gendre, qu'à force de soins dévoués il arracha à la mort.

Dès que mon père fut hors de danger, ma grand'mère et ma mère n'osèrent résister au désir exprimé par le pauvre convalescent, soutenu en cela par mon grand-père, de me voir.

Je vins. Mais quelle fut notre tristesse à tous deux et en quelle suspicion nous nous sentîmes ! Ma grand'mère m'accompagnait, et ni elle ni ma mère ne me laissèrent seule avec mon père.

Je lui dis devant mes deux gardiennes farouches :

« Père chéri, je crois que je ferais mieux à la

fin d'accepter ce mariage, parce qu'alors mariée je serais libre de t'appeler et de causer un peu seule cœur à cœur avec toi.

— Non, non, répliqua-t-il, j'aimerais mieux te voir morte que livrée à un malheur certain. »

Et pourtant c'est lui qui me livra au malheur qu'il prévoyait. Il signa, dans un mouvement de colère violente que ma mère réussit enfin à provoquer, un papier qu'elle lui avait jusque-là vainement présenté.

Je m'étais sentie abandonnée par mes tantes elles-mêmes qui, à l'idée de me voir habiter trois années Soissons tout près d'elles et ensuite Paris d'où je reviendrais volontiers passer quelques mois à la campagne, me déclarèrent qu'après avoir revu M. Lamesssine, qui était allé plusieurs fois leur faire visite, elles approuvaient ce mariage.

« D'ailleurs, me disait avec sa goguenardise habituelle ma tante Constance, si vous étiez malheureuse et abandonnée, ma chère Juliette, Chivres serait là pour vous donner un asile. S'il vous advenait une nombreuse progéniture, il n'y aurait que Roussot qui deviendrait insuffisant, et pour vous dédommager de l'éloignement de votre mari, nous achèterions un âne de plus. »

.˙.

J'épousai M. Lamessine. Mon père n'assista pas à mon mariage. Il fut, m'avoua-t-il plus tard, si malheureux que l'idée de se brûler la cervelle le hanta le jour de mes noces; mais il songea que peut-être j'aurais besoin de sa protection un jour et il se résigna à vivre.

Hélas! j'aurais dû réclamer cette protection dès les premières heures de mon mariage! mais je sentais qu'un mot dit fût devenu une torture pour mon père, dont il eût confirmé les craintes, pour ma grand'mère, dont il eût fait crouler tous les échafaudages, pour mes chères tantes, dont il eût troublé la paix. Ce mot, je ne le dis qu'après mes couches, que j'allai faire à Blérancourt, et, pour ainsi dire forcée aux confidences par mon père qui avait eu lui-même la preuve de ce que je devais souffrir.

Lorsqu'elle se vit bisaïeule, qu'elle put embrasser une fille de sa petite-fille, ma grand'-mère ne songea plus qu'à faire étendre à Soissons, où il nous fallait encore habiter dix-huit mois, la convention qui devait nous réunir tous les hivers à Paris.

Un jour qu'elle était venue pour compléter la dot secrète dont elle s'était engagée à faire le dernier versement, lors de notre installation à Paris, elle dit à la fin du déjeûner à mon mari :

« Savez-vous pourquoi j'ai apporté une si grande malle?

— Mais non.

— C'est parce que je compte passer l'hiver auprès de vous et de Juliette.

— Impossible, ma chère grand'mère.

— Comment, impossible?

— Je me trompe, j'ai voulu dire jamais

— Quoi, jamais?

— Jamais vous n'habiterez chez moi avec votre petite-fille.

— Vous riez.

— Non, je parle on ne peut plus sérieusement. Vous croyez Juliette heureuse, elle ne l'est pas; nous ne nous entendons en rien et pour rien. Si vous étiez encore en tiers dans notre ménage, que serait-ce?

— Est-ce vrai, ma Juliette, que tu es malheureuse?

— Oui, répondis-je, les sanglots m'étouffant, je le suis autant qu'on peut l'être! »

Ma grand'mère se leva brusquement, mais elle fut obligée de s'appuyer contre un meuble pour ne pas tomber. Elle oscillait comme un arbre qu'on déracine.

« Mais vos promesses? dit-elle à son petit-gendre.

— Elles n'étaient nécessaires, ma chère grand'mère, répliqua mon mari, que jusqu'à ce que vous ayez tenu intégralement les vôtres. »

Ma grand'mère ouvrit la porte de la salle à manger sans prononcer une parole, prit son manteau dans le vestibule et quitta notre maison. Je montai dans ma chambre pour mettre mon chapeau et la suivre. Je ne sus où la trouver. Un commissionnaire était venu chercher sa malle que je vis charger sur la diligence. J'appris seulement ceci plus tard : qu'une dame avait retenu sa place, qu'elle était partie en voiture et devait prendre la diligence au sortir de la ville. C'est ainsi qu'elle avait fait lorsqu'elle m'avait enlevée à Verberie.

Je ne pouvais quitter ma fille que je nourrissais. Je vins supplier mon mari de prendre la diligence, de rejoindre ma grand'mère et de me la ramener.

« Ah! non, par exemple, me dit-il, cela s'est trop bien passé. Pas de drame, pas de scène. Je suis enchanté. »

Je ne pus rien faire que de donner une lettre pour ma pauvre grand'mère au conducteur de la diligence, lettre où je lui disais tout mon chagrin. J'ajoutai : « A mon tour je suis atta-

chée et je broute, grand'mère, mais je me déta-
cherai sitôt que je le pourrai ».

.

Son plus cher, son dernier roman finissait
cruellement pour ma grand'mère. Rentrée à
Chauny, elle se laissa mourir de faim. Certaine
de n'avoir plus que quelques jours à vivre, elle
fit venir mon père et lui demanda pardon du
mal qu'elle nous avait fait, à lui et à moi, en me
mariant contre son gré et contre le mien.

Mon père lui pardonna, la supplia de se
défendre contre la mort (hélas! l'eût-elle voulu
qu'il n'était plus temps), lui répétant que j'avais
plus que jamais besoin de tous ceux qui m'aimaient.

Préoccupée de moi comme nourrice, elle
ne m'avait rien laissé soupçonner de ses résolutions tragiques et me rassurait, au contraire,
dans chacune de ses lettres, me disant qu'elle
ne prenait pas au sérieux les paroles de mon
mari. Je ne soupçonnais même pas qu'elle fût
malade.

Une nuit, vers dix heures, je venais de replacer ma fille dans son berceau; recouchée moi-
même, j'allais m'endormir, lorsqu'à la lueur

d'une veilleuse toujours allumée je vis entrer ma grand'mère dans ma chambre.

« Ah ! grand'mère, toi ! » m'écriai-je.

D'un geste lent elle porta la main à ses yeux. Les orbites en étaient vides ! Je me précipitai hors de mon lit, j'allai à elle... Ma grand'mère avait disparu.

J'entrai dans le cabinet de mon mari qui travaillait.

« Ma grand'mère, ma grand'mère, où est-elle ? je viens de la voir sans yeux, dans ma chambre !...

— Vous êtes folle, me dit M. Lamessine. Votre grand'mère ne peut être ici. Elle est malade, à ce que m'a écrit votre mère, me priant de vous le cacher à cause de votre lait. »

Le lendemain, j'appris que ma grand'mère était morte à l'heure même de son apparition.

*
* *

Lorsque les croyances religieuses rentrèrent en mon âme, cette apparition de ma grand'-mère fut pour moi l'une des plus grandes preuves des vérités de l'au-delà.

Le mouvement de sa main portée à ses yeux, dont les orbites étaient vides, me parut signifier :

« L'aveuglement, c'est la mort. »

Trop longtemps je restai aveuglée, et toujours dans mes rêves je revoyais ma grand'mère avec l'affreux geste de sa main à ses yeux vides.

Je ne l'ai jamais plus revue avec ce geste depuis que j'ai écrit mon « Rêve sur le Divin », que mon âme renaissante a dédié à l'âme naissante de ma petite-fille Juliette, livre ému dont je reporte l'inspiration à ma bien-aimée grand'-mère.

Le lendemain matin, je partais avec ma fille pour Chauny.

Ma mère, profondément remuée par la mort de sa mère et par les causes qui l'avaient amenée, m'accueillit avec tendresse et avec des larmes de repentir. Ma grand'mère, mourante, alors qu'elle implorait le pardon de mon père, avait exigé de sa fille qu'elle demandât en même temps pardon à son mari du mal causé par sa jalousie.

Je passai au milieu de mes parents de tristes mais douces semaines.

Mon grand-père obtint de mon père et de ma mère qu'ils vinssent habiter avec lui.

« C'est pour peu de temps, leur dit-il, car je

ne pourrai jamais vivre sans ma chère gron-
deuse, et vous m'enterrerez dans l'année. »

Il mourut onze mois après ma grand'mère.

Mon père ne songea, à partir du jour où ma
grand'mère nous eut quittés, qu'à la remplacer
auprès de moi et à me vouer une double affection. Il m'encouragea au travail, m'aidant de
ses conseils et me répétant :

« Lorsque la vie conjugale deviendra pour
toi, plus encore qu'elle ne l'est, un enfer, notre
existence à tous deux, à ta mère et à moi, t'appartient, nous te suivrons où tu nous condui-
ras. Travaille, travaille, deviens quelqu'un. Il
n'y a pas d'autre moyen pour une femme de
conquérir sa liberté que d'affirmer sa personnalité. »

En nourrissant, en élevant ma fille, je travaillai, je complétai mon instruction, très poussée en certaines matières, très insuffisante sur
d'autres points.

Puis, un beau jour, après des essais insigni-
fiants, révoltée par les insultes que Proudhon
du haut de son livre : *La Justice dans la Révolution*, avait jetées à Daniel Stern et à George
Sand, j'écrivis mes *Idées anti-Proudhoniennes*.

Alors commença ma *Vie littéraire* par laquelle je continuerai ces récits.

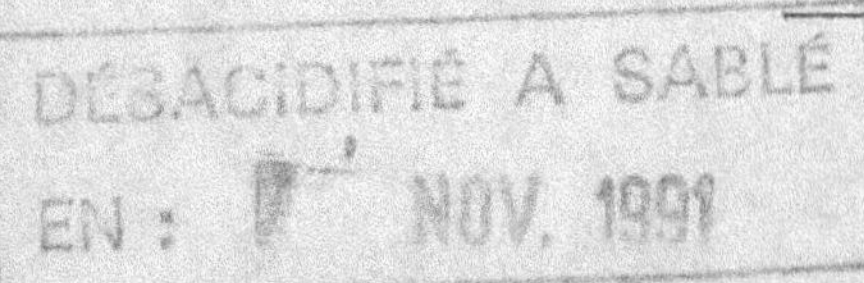

PARIS. — Imprimerie A. LEMERRE, 6, rue des Bergers.

3. — 3829.